CLASSIQUES JAUNES

Littératures francophones

Amphitryon,
George Dandin,
ou Le Mari confondu

Molière

Amphitryon, George Dandin, ou Le Mari confondu

Édition critique par Charles Mazouer

PARIS
CLASSIQUES GARNIER
2022

Charles Mazouer, professeur honoraire à l'université de Bordeaux Montaigne, est spécialiste de l'ancien théâtre français. Outre l'édition de textes de théâtre des XVIᵉ et XVIIᵉ siècles, il a notamment publié *Molière et ses comédies-ballets*, les trois tomes du *Théâtre français de l'âge classique*, *Théâtre et christianisme. Études sur l'ancien théâtre français*, ainsi que deux volumes consacrés à *La Transcendance dans le théâtre français*.

Illustration de couverture : Amphitryon. Artiste inconnu. Source : www.meisterdrucke.de

ISBN 978-2-406-12453-5
ISSN 2417-6400

ABRÉVIATIONS USUELLES

Acad.	*Dictionnaire de l'Académie* (1694)
C.A.I.E.F.	*Cahiers de l'Association Internationale des Études Françaises*
FUR.	*Dictionnaire universel* de Furetière (1690)
I. L.	*L'Information littéraire*
P.F.S.C.L.	*Papers on French Seventeenth-Century Literature*
R.H.L.F.	*Revue d'Histoire Littéraire de la France*
R.H.T.	*Revue d'Histoire du Théâtre*
RIC.	*Dictionnaire français* de Richelet (1680)
S.T.F.M.	Société des Textes Français Modernes
T.L.F.	Textes Littéraires Français

AVERTISSEMENT

L'ÉTABLISSEMENT DES TEXTES

Il ne reste aucun manuscrit de Molière.

Si l'on s'en tient au XVIIe siècle[1], comme il convient – Molière est mort en 1673 et la seule édition posthume qui puisse présenter un intérêt particulier est celle des *Œuvres* de 1682 –, il faut distinguer cette édition posthume des éditions originales séparées ou collectives des comédies de Molière.

Sauf cas très spéciaux, comme celui du *Dom Juan* et du *Malade imaginaire*, Molière a pris généralement des privilèges pour l'impression de ses comédies et s'est évidemment soucié de son texte, d'autant plus qu'il fut en butte aux mauvais procédés de pirates de l'édition qui tentèrent de faire paraître le texte des comédies avant lui et sans son aveu. C'est donc le texte de ces éditions originales qui fait autorité, Molière ne s'étant soucié ensuite ni des réimpressions des pièces séparées, ni des recueils factices constitués de pièces

---

1   Le manuel de base : Albert-Jean Guibert, *Bibliographie des œuvres de Molière publiées au XVIIe siècle*, 2 vols. en 1961 et deux *Suppléments* en 1965 et 1973 ; le CNRS a réimprimé le tout en 1977. Mais les travaux continuent sur les éditions, comme ceux d'Alain Riffaud, qui seront cités en leur lieu. Voir, parfaitement à jour, la notice du t. I de l'édition dirigée par Georges Forestier avec Claude Bourqui des *Œuvres complètes de Molière*, 2010, p. cxi-cxxv, qui entre dans les détails voulus.

déjà imprimées. Ayant refusé d'endosser la paternité des *Œuvres de M. Molière* parues en deux volumes en 1666, dont il estime que les libraires avaient obtenu le privilège par surprise, Molière avait l'intention, ou aurait eu l'intention de publier une édition complète revue et corrigée de son théâtre, pour laquelle il prit un privilège ; mais il ne réalisa pas ce travail et l'édition parue en 1674 (en six volumes ; un septième en 1675), qu'il n'a pu revoir et qui reprend des états anciens, n'a pas davantage de valeur.

En revanche, l'édition collective de 1682 présente davantage d'intérêt – même si, pas plus que l'édition de 1674, elle ne représente un travail et une volonté de Molière lui-même sur son texte[2]. On sait, indirectement, qu'elle a été préparée par le fidèle comédien de sa troupe La Grange, et un ami de Molière, Jean Vivot. Si, pour les pièces déjà publiées par Molière, le texte de 1682 ne montre guère de différences, cette édition nous fait déjà connaître le texte des sept pièces que Molière n'avait pas publiées de son vivant (*Dom Garcie de Navarre, L'Impromptu de Versailles, Dom Juan, Mélicerte, Les Amants magnifiques, La Comtesse d'Escarbagnas, Le Malade imaginaire*). Ces pièces, sauf exception, seraient autrement perdues. En outre, les huit volumes de cette édition entourent de guillemets les vers ou passages omis, nous dit-on, à la représentation, et proposent un certain nombre de didascalies censées représenter la tradition de jeu de la troupe de Molière. Quand on compare les deux états du texte, pour les pièces déjà publiées du vivant de Molière, on s'aperçoit que 1682 corrige (comme le prétend la Préface)... ou ajoute des fautes et propose des variantes (ponctuation, graphie, style,

---

2   Voir Edric Caldicott, « Les stemmas et le privilège de l'édition des *Œuvres complètes de Molière* (1682) », [in] *Le Parnasse au théâtre...*, 2007, p. 277-295, qui montre que Molière n'a jamais entrepris ni contrôlé une édition complète de son œuvre, ni pour 1674 ni pour 1682.

texte) passablement discutables. Bref, cette édition de 1682, malgré un certain intérêt, n'autorise pas un texte sur lequel on doute fort que Molière ait pu intervenir avant sa mort.

Voici la description de cette édition :

— Pour les tomes I à VI : LES / ŒUVRES / DE / MONSIEUR / DE MOLIERE. Reveuës, corrigées & augmentées. / *Enrichies de Figures en Taille-douce.* / A PARIS, / Chez DENYS THIERRY, ruë saint Jacques, à / l'enseigne de la Ville de Paris. / CLAUDE BARBIN, au Palais, sur le second / Perron de la sainte Chapelle. / ET / Chez PIERRE TRABOUILLET, au Palais, dans la / Gallerie des Prisonniers, à l'image S. Hubert ; & à la / Fortune, proche le Greffe des Eaux & Forests. / M. DC. LXXXII. / *AVEC PRIVILEGE DV ROY.*

— Pour les tomes VII et VIII, seul le titre diffère : LES / ŒUVRES / POSTHUMES / DE / MONSIEUR / DE MOLIERE. / Imprimées pour la première fois en 1682.

Je signale pour finir l'édition en 6 volumes des *Œuvres de Molière* (Paris, Pierre Prault pour la Compagnie des Libraires, 1734), qui se permet de distribuer les scènes autrement et même de modifier le texte, mais propose des jeux de scène plus précis dans ses didascalies ajoutées.

La conclusion s'impose et s'est imposée à toute la communauté des éditeurs de Molière. Quand Molière a pu éditer ses œuvres, il faut suivre le texte des éditions originales. Mais force est de suivre le texte de 1682 quand il est en fait le seul à nous faire connaître le texte des œuvres non éditées par Molière de son vivant. *Dom Juan* et *Le Malade imaginaire* posent des problèmes particuliers qui seront examinés en temps voulu.

Au texte des éditions originales, ou pourra adjoindre quelques didascalies ou quelques indications intéressantes de 1682, voire, exceptionnellement, de 1734, à titre de variantes – en n'oubliant jamais que l'auteur n'en est certainement pas Molière.

Selon les principes de la collection, la graphie sera modernisée. En particulier en ce qui concerne l'usage ancien de la majuscule pour les noms communs. La fréquentation assidue des éditions du XVIIe siècle montre vite que l'emploi de la majuscule ne répond à aucune rationalité, dans un même texte, ni à aucune intention de l'auteur. La fantaisie des ateliers typographiques, que les écrivains ne contrôlaient guère, ne peut faire loi.

La ponctuation des textes anciens, en particulier des textes de théâtre, est toujours l'objet de querelles et de polémiques. Personne ne peut contester ce fait : la ponctuation ancienne, avec sa codification particulière qui n'est plus tout à fait la nôtre, guidait le souffle et le rythme d'une lecture orale, alors que notre ponctuation moderne organise et découpe dans le discours écrit des ensembles logiques et syntaxiques. On imagine aussitôt l'intérêt de respecter la ponctuation ancienne pour les textes de théâtre – comme si, en suivant la ponctuation d'une édition originale de Molière[3], on pouvait en quelque sorte restituer la diction qu'il désirait pour son théâtre !

Il suffirait donc de transcrire la ponctuation originale. Las ! D'abord, certains signes de ponctuation, identiques

---

3   À cet égard, Michael Hawcroft (« La ponctuation de Molière : mise au point », *Le Nouveau Moliériste*, n° IV-V, 1998-1999, p. 345-374) tient pour les originales, alors que Gabriel Conesa (« Remarques sur la ponctuation de l'édition de 1682 », *Le Nouveau Moliériste*, n° III, 1996-1997, p. 73-86) signale l'intérêt de 1682.

dans leur forme, ont changé de signification depuis le XVIIᵉ siècle : trouble fâcheux pour le lecteur contemporain. Surtout, comme l'a amplement démontré, avec science et sagesse, Alain Riffaud[4], là non plus on ne trouve pas de cohérence entre les pratiques des différents ateliers, que les dramaturges ne contrôlaient pas – si tant est que, dans leurs manuscrits, ils se soient souciés d'une ponctuation précise ! La ponctuation divergente de différents états d'une même œuvre de théâtre le prouve. On me pardonnera donc de ne pas partager le fétichisme à la mode pour la ponctuation originale.

J'aboutis donc au compromis suivant : respect autant que possible de la ponctuation originale, qui sera toutefois modernisée quand les signes ont changé de sens ou quand cette ponctuation rend difficilement compréhensible tel ou tel passage.

PRÉSENTATION
ET ANNOTATION DES COMÉDIES

Comme l'écrivait très justement Georges Couton dans l'Avant-propos de son édition de Molière[5], tout commentaire d'une œuvre est toujours un peu un travail collectif, qui tient compte déjà des éditions antécédentes – et les éditions de Molière, souvent excellentes, ne manquent pas, à commencer par celle de Despois-Mesnard[6], fondamentale et

---

4   *La Ponctuation du théâtre imprimé au* XVIIᵉ *siècle*, Genève, Droz, 2007.
5   *Œuvres complètes*, t. I, 1971, p. xi-xii.
6   *Œuvres complètes* de Molière, pour les « Grands écrivains de la France », 13 volumes de 1873 à 1900.

remarquable, et dont on continue de se servir… sans toujours le dire. À partir d'elles, on complète, on rectifie, on abandonne dans son annotation, car on reste toujours tributaire des précédentes annotations. On doit tenir compte aussi de son lectorat. Une longue carrière dans l'enseignement supérieur m'a appris que mes lecteurs habituels – nos étudiants (et nos jeunes chercheurs) sont de bons représentants de ce public d'honnêtes gens qui auront le désir de lire les classiques – ont besoin de davantage d'explications et d'éléments sur les textes anciens, qui ne sont plus maîtrisés dans l'enseignement secondaire. Le texte de Molière sera donc copieusement annoté.

Mille fois plus que l'annotation, la présentation de chaque pièce engage une interprétation des textes. Je n'y propose pas une herméneutique complète et définitive, et je n'ai pas de thèse à imposer à des textes si riches et si polyphoniques, dont, dans sa seule vie, un chercheur reprend inlassablement (et avec autant de bonheur !) le déchiffrement. Les indications et suggestions proposées au lecteur sont le fruit d'une méditation personnelle, mais toujours nourrie des recherches d'autrui qui, approuvées ou discutées, sont évidemment mentionnées.

En sus de l'apparat critique, le lecteur trouvera, en annexes ou en appendice, divers documents ou instruments (comme une chronologie) qui lui permettront de mieux contextualiser et de mieux comprendre les comédies de Molière.

Mais, malgré tous les efforts de l'éditeur scientifique, chaque lecteur de goût sera renvoyé à son déchiffrement, à sa rencontre personnelle avec le texte de Molière !

Nota bene :

1/ Les grandes éditions complètes modernes de Molière, que tout éditeur (et tout lecteur scrupuleux) est amené à consulter, sont les suivantes :

MOLIÈRE (Jean-Baptiste Poquelin, dit), *Œuvres*, éd. Eugène Despois et Paul Mesnard, Paris, Hachette et Cie, 13 volumes de 1873 à 1900 (Les Grands Écrivains de la France).

MOLIÈRE (Jean-Baptiste Poquelin, dit), *Œuvres complètes*, éd. Georges Couton, Paris, Gallimard, 1971, 2 vol. (La Pléiade).

MOLIÈRE (Jean-Baptiste Poquelin, dit), *Œuvres complètes*, édition dirigée par Georges Forestier avec Claude Bourqui, Paris, Gallimard, 2010, 2 vol. (La Pléiade).

2/ Le présent volume, comme tous ceux de la série des volumes de poche parus et à paraître en 2022-2023, sont issus du *Théâtre complet* de Molière, édité par Charles Mazouer (Paris, Classiques Garnier, 5 volumes de 2016 à 2021).

3/ Signalons quelques études générales, classiques ou récentes, utiles pour la connaissance de Molière et pour la compréhension de son théâtre – étant entendu que chaque comédie sera dotée de sa bibliographie particulière :

BRAY, René, *Molière homme de théâtre*, Paris, Mercure de France, 1954.

CONESA, Gabriel, *Le Dialogue moliéresque. Étude stylistique et dramaturgique*, Paris, PUF, s. d. [1983] ; rééd. Paris, SEDES, 1992.

DANDREY, Patrick, *Molière ou l'esthétique du ridicule*, Paris,

Klincksieck, 1992 ; seconde édition revue, corrigée et augmentée, en 2002.

DEFAUX, Gérard, *Molière ou les métamorphoses du comique : de la comédie morale au triomphe de la folie*, 2ᵉ éd., Paris, Klincksieck, 1992 (Bibliothèque d'Histoire du Théâtre) (1980).

DUCHÊNE, Roger, *Molière*, Paris, Fayard, 1998.

FORESTIER (Georges), *Molière*, Paris, Gallimard, 2018.

GUARDIA, Jean de, *Poétique de Molière. Comédie et répétition*, Genève, Droz, 2007 (Histoire des idées et critique littéraire, 431).

JURGENS, Madeleine et MAXFIELD-MILLER, Élisabeth, *Cent ans de recherches sur Molière, sur sa famille et sur les comédiens de sa troupe*, Paris, Imprimerie nationale, 1963. – Complément pour les années 1963-1973 dans *R.H.T.*, 1972-4, p. 331-440.

MCKENNA, Anthony, *Molière, dramaturge libertin*, Paris, Champion, 2005 (Essais).

MONGRÉDIEN, Georges, *Recueil des textes et des documents du XVIIᵉ siècle relatifs à Molière*, Paris, CNRS, 1965, 2 volumes.

PINEAU, Joseph, *Le Théâtre de Molière. Une dynamique de la liberté*, Paris-Caen, Les Lettres Modernes-Minard, 2000 (Situation, 54).

4/ Sites en ligne :

Tout Molière.net donne déjà une édition complète de Molière.

Molière 21, conçu comme complément à l'édition 2010 des *Œuvres complètes* dans la Pléiade, donne une base de données intertextuelles considérable et offre un outil de visualisation des variantes textuelles.

CHRONOLOGIE

(6 janvier 1668 – 31 décembre 1668)

1668   6 janvier. Molière revient sur scène. La troupe joue
Le Médecin malgré lui aux Tuileries, pour la cour.
13 janvier. Création d'*Amphitryon* au Palais-Royal.
16 janvier. *Amphitryon* est donné aux Tuileries,
dans la salle des machines aménagée par Vigarani,
qui permettait décors et machinerie somptueux.
Février. La conquête de la Franche-Comté est
achevée le 19 février. Molière écrit le sonnet *Au
Roi, sur la conquête de la Franche-Comté*, publié dans
la deuxième édition (100 pages) d'*Amphitryon*,
achevée d'imprimer, comme la première, le 5 mars.
20 février. Privilège accordé pour l'impression
du *Mariage forcé* et d'*Amphitryon*.
4 mars. *Tartuffe* est donné pour Condé, en son
Hôtel.
5 mars. Édition originale d'*Amphitryon*.
9 mars. Édition originale du *Mariage forcé*.
18 mars – 12 avril. Clôture de Pâques.
25-29 avril. La troupe de Molière, qui séjourne
à Versailles sur ordre, donne, de son chef,
Amphitryon, *Le Médecin malgré lui* et *L'École des
femmes*. Le 26 juin, Molière recevra 400 livres
« pour les ajustements et augmentations des
habits de la Fête de Versailles ».

2 mai. Traité d'Aix-la-Chapelle et paix avec l'Espagne.

14-24 mai. Interruption des représentations au théâtre du Palais-Royal.

2-7 juillet. Nouvelle interruption.

10-19 juillet. La troupe est à Versailles pour le *Grand Divertissement royal de Versailles*, donné le 16 ou le 18, dans lequel s'insère *George Dandin*, créé à cette occasion.

13-18 août et 20-25 août : deux interruptions.

9 septembre. Création de *L'Avare* au Palais-Royal.

17 septembre. Selon la *Relation* de Santot, la troupe de Molière représente, à Versailles, *Amphitryon* pour l'ambassadeur de Russie, son fils et toute sa suite. La Grange ne mentionne pas cette représentation, mais signale que le 18 septembre, au théâtre parisien du Palais-Royal, *L'Avare* fut exceptionnellement remplacé par *Amphitryon*. Toujours pour l'ambassade russe? Ou bien y a-t-il confusion dans les dates et dans les lieux?

20 septembre. Représentation du *Tartuffe* chez le Prince de Condé à Chantilly, en présence de Monsieur et de Madame.

22 au 29 septembre. Interruption des représentations au Palais-Royal.

26 septembre. Néanmoins, au moment de son départ de Paris, l'ambassade moscovite assiste à une nouvelle représentation d'*Amphitryon*.

30 septembre. Molière prend, pour sept ans, un privilège pour l'impression de *George Dandin* et de *L'Avare*; privilège enregistré le 2 novembre.

10 au 20 octobre. Nouvelle interruption.

Octobre. Obsèques, à l'église Saint-Sauveur, de Marie Pocquelin, troisième enfant de Molière.

2 au 7 novembre. La troupe est à Saint-Germain-en-Laye, où elle joue trois fois *George Dandin* (probablement les 3, 4 et 5) et une fois *L'Avare*. Elle reçoit du roi 3000 livres.

9 novembre. Création de *George Dandin* au Palais-Royal.

11 novembre. Molière reçoit du Trésorier de l'argenterie une somme de 440 livres pour la nourriture et le logement de la troupe à Saint-Germain-en-Laye au début du mois.

20 novembre. Deuxième édition, chez Pierre Trabouillet, de *L'Amour médecin*.

5 décembre. Molière obtient un privilège pour cinq ans pour *La Gloire du Val-de-Grâce*, que Ribou publiera en 1669.

11 décembre. Mort de Marquise Du Parc, qui sera inhumée le 13 aux Billettes.

22 décembre. Robinet affirme que Molière a lu son poème de *La Gloire du Val-de-Grâce* en divers lieux, et il en fait l'éloge.

31 décembre. Gratification royale de 1000 livres accordée à Molière « en considération de son application aux belles-lettres ».

AMPHITRYON

INTRODUCTION

L'année 1667 fut difficile pour Molière et pour sa troupe. À cause des problèmes de santé du chef de troupe, dont l'affection pulmonaire se réveilla ; plusieurs interruptions et fermetures du théâtre mentionnées par le Registre de La Grange furent probablement dues au mauvais état de santé de Molière. À cause aussi des affaires du théâtre. *Attila*, acheté à Corneille, échoua ; la Du Parc, Marquise, rompit son contrat avec la troupe du Palais-Royal et, devenue la maîtresse de Racine, passa dans la troupe royale de l'Hôtel de Bourgogne, où elle fit triompher *Andromaque*. Malgré les soucis que lui donnèrent sa santé, Molière tenta de faire représenter la deuxième version de son *Tartuffe, L'Imposteur*, en août ; la pièce n'eut qu'une seule représentation, brillante, car elle fut interdite le lendemain par le premier président Lamoignon, tandis que l'archevêque de Paris fulmina sa condamnation. Les démarches auprès du roi, qui restait pourtant acquis à Molière, seront restées vaines. La troupe va demeurer sept semaines sans jouer. Quand elle représenta devant le roi, revenu en triomphateur, au début de novembre, aucune œuvre du chef de troupe ne fut inscrite au programme. Molière n'a rien créé depuis décembre 1666-février 1667, alors qu'il contribuait au *Ballet des Muses*.

C'est dans ce climat morose que surgit *Amphitryon*, une fantaisie mythologique fort allègre. Créée avec grand succès au Palais-Royal, le 13 janvier 1668, cette pièce à

machines fut réclamée par le roi qui la découvrit trois jours
après, dans la salle des Tuileries aménagée par Vigarani.
L'atmosphère de plaisir et de volupté de la comédie, nuancée
de fine raillerie, ne pouvait que resserrer la connivence entre
le roi et Molière. Quoi qu'il en soit, *Amphitryon* affirme de
manière triomphante la maîtrise du dramaturge Molière.

LE SUJET

Pour sa nouvelle comédie, Molière semble délaisser
l'observation réaliste des mœurs de son siècle pour se
complaire à une fable venue de l'Antiquité et promise à
un bel avenir théâtral[1]. Trente-six *Amphitryon* aurait dit
Giraudoux, plus celui qui compte, celui de Molière, et l'on
arrive au sien : *Amphitryon 38* !

Retour à Plaute, donc, dont *Amphitruo*, désigné justement
par lui comme possible tragi-comédie, est à l'origine de
ce véritable mythe théâtral. Ce fut d'abord le modèle de
Molière. Le vieux sujet mythologique narrait les circonstances miraculeuses de la conception et de la naissance
d'Hercule, fruit des amours d'Alcmène la mortelle et de
Jupiter, le roi des dieux, qui dut, pour accéder à la couche
d'Alcmène, prendre l'apparence d'Amphitryon le général
thébain, tout nouveau mari d'Alcmène. Mais Molière, ins-
piré par le maître de tous les comiques, fut aussi attentif
au succès durable des *Sosies* de Rotrou, imitation de Plaute,

---

1   Voir : Hans Robert Jauss, *Pour une herméneutique littéraire*, 1988, p. 218-275
     (« L'interrogation du mythe et l'affirmation de l'identité dans l'histoire
     d'*Amphitryon* ») ; et Ariane Ferry, *Amphitryon, un mythe théâtral : Plaute,
     Rotrou, Molière, Dryden, Kleist. Essai*, 2011.

créés en 1636 – les comédiens du Marais en avaient tiré, en 1650 déjà, une pièce à machines, sous le titre de *La Naissance d'Hercule*.

Le mythe utilisait la ressemblance réalisée entre Amphitryon et le pseudo-Amphitryon qu'est Jupiter. C'est Plaute qui ajouta Sosie et fit de Mercure un pseudo-Sosie, tirant un certain nombre d'effets de cette double ressemblance. On imagine que le dramaturge baroque Rotrou, le dramaturge de l'illusion, s'empara avec délices de cette histoire où les imposteurs et les ressemblances font vaciller le sentiment des réalités et ses certitudes.

À l'acte V d'*Amphitruo*, Plaute nous fait assister à la naissance d'Hercule. De même, chez Rotrou, nous sont racontés la naissance d'Hercule et de son jumeau, et les premiers témoignages de la force d'Hercule qui étouffe les serpents à son berceau. Cela disparaît chez Molière, qui se concentre heureusement sur la donnée de la ressemblance et sur le jeu des doubles. Manière déjà de prendre distance d'avec la fable et de gommer, pour les spectateurs du XVIIe siècle, la part d'invraisemblance inadmissible. Manière aussi de fixer l'attention sur la géométrie des doubles et sur les méprises et quiproquos qui résultent de l'existence de ces deux doubles.

L'invraisemblance n'est pas totalement éliminée, et Molière s'en amuse : l'ouverture du théâtre se fait au ciel où le dieu Mercure est mollement installé sur un nuage, tandis que la Nuit passe sur son char. L'intrigue qui suit pourrait avoir un ancrage historique et réaliste : nous sommes à Thèbes, un lieu réel, à un moment qui pourrait appartenir à l'histoire des hommes : le général thébain Amphitryon a pris Télèbe d'assaut et mis à mort Ptérélas, le chef des ennemis – selon ce que rapporte, de manière plaisante, Sosie en I, 1. Mais ces noms sont purement littéraires et nous

restons dans la fiction, sinon dans le mythe et la légende. Et
l'apparition des dieux qui se mêlent aux mortels nous plonge
définitivement dans l'irréalité, dans un temps mythique.
Molière a bien choisi la fantaisie.

Sans doute retrouve-t-on – comment pourrait-il en être
autrement ? – des thèmes moliéresques qui nourrissent les
comédies réalistes[2] et qui lestent *Amphitryon* d'un peu de
réalité. On a voulu davantage et affirmé le caractère allé-
gorique de la fable : les amours de Jupiter et d'Alcmène
représenteraient celles de Louis XIV avec la Montespan.
Certains commentateurs y tiennent[3] ; d'autres[4] nient cette
clé ou en proposent une autre[5]. Ce petit jeu des clés, qui peut
laisser sceptique, s'avère finalement bien vain et détourne
de l'essentiel de la comédie d'*Amphitryon*, qui est délectable
par sa fantaisie même.

LES FORMES

La mise en spectacle de l'invraisemblance et du merveilleux païen de la fable se réalise dans la forme d'une
pièce à machines. À vrai dire, l'utilisation des machines est
limitée à deux moments, mais deux moments capitaux de la
comédie. Au Prologue, le dialogue entre Mercure et la Nuit

---

2   Voir Ivanna Bugliani, « *Amphitryon* et l'œuvre de Molière », *Modern
     Language Notes*, t. 84 (1969), p. 565-598.
3   Comme Georges Couton, dans son édition de Molière.
4   Comme René Pommier, « Sur une clef d'*Amphitryon* », *R.H.L.F.*, 1996-2,
     p. 212-228.
5   Pour Jacques Truchet, Alcmène est surtout La Vallière (« À propos de
     l'*Amphitryon* de Molière : Alcmène et La Vallière », [in] *Mélanges Lebègue*,
     1969, p. 241-248).

se déroule en l'air ; quand il est achevé, jeu des machines :
le nuage de Mercure descend, tandis que le char de la Nuit
disparaît dans les cintres en continuant de voler. Les trois
actes de la comédie se déroulent bien sur terre, à Thèbes et
devant la maison d'Amphitryon. La machinerie n'intervient
ensuite que pour finir : en III, 9, Mercure prend congé des
mortels et nommément de Sosie, dont il se dit las de porter
le visage si laid, annonce la venue de Jupiter et vole dans
le ciel. Aussitôt après, en III, 10, Jupiter apparaît « *dans une
nue, sur son aigle, armé de son foudre, au bruit du tonnerre et des
éclairs* » – dit la didascalie de l'édition de 1682.

Cette machinerie, réalisable dans la salle du Palais-Royal
et attendue par les spectateurs parisiens, connut toute sa
magnificence devant le roi, dans la salle des machines
des Tuileries, cette grande et célèbre salle des machines,
construite dans l'aile des Tuileries par Le Vau et que la
famille Vigarani fut chargée d'aménager par une machinerie gigantesque et aussi perfectionnée que possible[6].
Le gazetier Robinet signale, dans sa *Lettre à Madame* du
21 janvier 1668, l'importance de l'aspect spectaculaire –
machinerie et décors :

> Et bref, les décorations,
> Avec les machines volantes
> Font un spectacle si charmant...

On se doute bien que ni les costumes, ni le jeu des acteurs
n'étaient en reste, comme d'ordinaire dans les comédies
de Molière.

Mais la forme du texte théâtral même requiert l'attention.
À commencer par le format en trois actes, plus souple, plus

6   Voir Charles Mazouer, « Molière et Carlo Vigarani », [in] *Gaspare & Carlo
     Vigarani dalle corte degli Este a quella di Luigi XIV*, 2009, p. 319-326.

libre, et qui se démarque de la grande comédie en cinq
actes. Originalité capitale chez Molière : cette comédie est
entièrement écrite en vers mêlés, à l'imitation des premiers
Contes de La Fontaine et surtout de l'*Agésilas* de Pierre
Corneille – toutes œuvres datant des années 1665 et 1666,
donc très proches. Finis les alexandrins monotones à rimes
plates ; se suivent de manière irrégulière des vers de 12,
10, 8, 7 et 6 syllabes[7]. De cette forme irrégulière de la
versification, Molière tire évidemment des effets tout à
fait intéressants, que permettent la variété et la souplesse
de la métrique. Artur Greive a commencé de repérer certains de ces effets[8] : le changement de mètre peut signaler
quelque changement dans un passage long, ou souligner
un contraste ; à côté de cette fonction antithétique, existe
aussi une fonction de mise en relief. Les analyses métriques
seraient à poursuivre ; mais on a tout de suite une idée des
effets possibles, en I, 1, dans le début du monologue de
Sosie, où alternent l'alexandrin, l'octosyllabe et quelques
heptasyllabes.

Amphitryon est également marqué, dans sa forme, par
la diversité des langages, selon l'art habituel de Molière,
qui adapte à sa personnalité propre le langage de chacun
des personnages. Il faut se reporter aux analyses de Jacques
Prévot[9], qui dégage les singularités et leur portée sociale.
Discours de maître (Amphitryon), discours de beau parleur,

---

7   Dans un ouvrage ancien (sur lequel les éditeurs de la nouvelle édition de
     la Pléiade, t. I, n. 4, p. 1521-1522, ont attiré l'attention), Charles Comte
     affirme même qu'*Amphitryon* est écrit en une succession de stances ou
     de strophes, sans obligation de l'alternance des rimes (*Les Stances libres
     dans Molière*, 1893).

8   Artur Greive, « Les vers mêlés dans *Amphitryon* de Molière », [in] *Le
     Langage littéraire au* XVIIe *siècle*, 1991, p. 22-34.

9   « L'*Amphitryon* de Molière ou ce que parler veut dire », XVIIe *siècle*, 1979-4,
     p. 359-372.

de galant familier des ruelles (Jupiter), et qui plaît à Alcmène (peut-être rêve-t-elle qu'on lui parle joliment...); discours de la dénonciation et de l'ironie (Mercure), à quoi il faut ajouter la véritable habileté linguistique, qui va se renforçant au fur et à mesure, de Sosie. Oui, *Amphitryon* est bien aussi une comédie du langage.

Surtout, au-delà de l'écriture des dialogues, la forme d'*Amphitryon* est marquée par le travail de Molière sur la structure dramaturgique[10], toute régie par le jeu, la géométrie peut-on dire[11], que rendent possibles les doubles, avec les procédés de duplications et de variations, qui sont propres à Molière[12]. L'exploitation est ici comme systématique des effets de l'imposture des dieux sur les deux couples des mortels, d'ailleurs mis en parallèle, celui des maîtres et celui des valets. Entre les six personnages, l'intrigue va multiplier confusions, méprises et rencontres, selon ce que Sosie appellera « l'aveugle fantaisie » du sort (vers 1805-1806). Autant de situations à la fois imprévues et attendues, cocasses ou plus amères.

Dans cette configuration, les ressemblances désorganisent les rapports entre les époux, davantage ceux d'Alcmène et d'Amphitryon que ceux de Sosie et de Cléanthis, déjà

---

10   Voir André Tissier, « Structure dramaturgique et schématique de l'*Amphitryon* de Molière », [in] *Mélanges pour Jacques Scherer. Dramaturgies. Langage dramatique*, 1986, p. 225-233.

11   Expression empruntée à Noémi Hepp, dans son bel article « L'amour dans l'*Amphitryon* de Molière ou la comédie de la "géométrie" et de la "finesse" », [in] *Amour tragique, amour comique, de Bandello à Molière*, 1989, p. 135-143. – Sur ces notions centrales de double, de dualité et de dédoublement, voir aussi : Jacques Scherer, « Dualités d'*Amphitryon* » (étude de 1973, reprise dans *Molière, Marivaux, Ionesco... 60 ans de critique*, 2007, p. 114-121); et le riche article de Jean Mesnard, « Le dédoublement dans l'*Amphitryon* de Molière » ([in] *Thèmes et genres littéraires aux XVIIᵉ et XVIIIᵉ siècles. Mélanges en l'honneur de Jacques Truchet*, 1992, p. 452-472).

12   Voir toujours Jean de Guardia, *Poétique de Molière. Comédie et répétition*, 2007.

mauvais. Ainsi, trompée par la ressemblance, Alcmène a reçu Jupiter (I, 3), d'où le malentendu quand le vrai mari d'Alcmène revient (II, 2), Amphitryon soulignant inconsciemment l'ironie de sa situation, quand il voit apparaître Alcmène dans l'éclat de sa beauté :

> En ce moment sans doute elle ne m'attend pas
> Et mon abord la va surprendre[13].

En effet ; et le ton devient aigre, préludant à la rupture. Mais le faux Amphitryon fait retour, prend la suite du vrai et se réconcilie avec Alcmène (II, 6), en une séquence qui était déjà chez Plaute et chez Rotrou. Retour à un bonheur conjugal parfaitement illusoire d'Alcmène, qui dès lors ne paraîtra plus. Soit la suite : accord faux (I, 3), désaccord (II, 2), accord faux (II, 6).

Les ressemblances machinées par les imposteurs désorganisent aussi les rapports entre SOSIE et son maître et, tout en ajoutant à la confusion, favorisent la tension dramatique. En II, 6, le faux Amphitryon envoie le vrai Sosie convier les officiers de l'armée à dîner ; Sosie s'acquitte de la mission à l'entracte. En III, 2, le faux Sosie empêche le vrai Amphitryon d'entre chez lui et provoque sa colère. Selon une disposition différente de la précédente, Molière noue le fil des deux méprises de II, 6 et de III, 2 dans la scène III, 4 : le vrai valet revient après avoir accompli l'ordre donné par le faux maître mais jamais donné par Amphitryon ; le vrai maître s'emporte contre le vrai valet alors que c'est le faux qui lui a barré l'entrée de sa maison. Il est temps que les deux imposteurs – Mercure en s'envolant (III, 9) et Jupiter dans sa nue (III, 10) – dénoncent l'imposture et fassent cesser les méprises. C'est le dénouement attendu.

---

13 II, 1, vers 845-846.

Particulièrement piquantes, dans ce dispositif, s'avèrent les rencontres entre les doubles. Sosie se heurte dès I, 2 à son double qui, lui volant son identité, le fait douter de son être, mais l'amène finalement à croire qu'il a deux *moi*. Molière ménage une autre rencontre de Sosie avec Mercure son double, en III, 6, en quelque façon symétrique ; la réduplication n'est pas inutile car on avait bien besoin de détente après la confrontation entre Amphitryon et son double Jupiter, en III, 5. Car si Sosie admet l'existence de deux Sosies identiques, son maître ne se satisfait pas de cette explication du mystère, n'admet pas qu'il puisse être à la fois ailleurs et dans les bras d'Alcmène ; il se perd dans ce « funeste chaos » qu'il ne peut débrouiller (vers 1465). Amenée par un long *crescendo*, la rencontre entre le général thébain et le dieu imposteur qui sort du logis d'Amphitryon a lieu en III, 5 – sorte d'*acmè* de la tension, à la suite d'étapes en III, 1(Amphitryon ne peut admettre une si totale ressemblance entre lui et un autre) et III, 3 (Amphitryon n'est pas reconnu par le faux Sosie). Il lui faut admettre qu'il y a deux Amphitryons, le vrai et un imposteur dont le mari trompé se vengera. Nous sommes à quelques scènes de l'éclaircissement final qui apaisera la tension.

Pour les rencontres comme pour les méprises, on aura remarqué avec quelle habileté Molière veille à la répartition des scènes, à leur équilibre dans l'ensemble de la comédie, prend soin des alternances, à la fois entre les maîtres et entre les valets et entre les tonalités différentes que ces personnages donnent aux situations. Bel agencement de la forme dramaturgique.

SÉRIEUX ET GRAVITÉ

Plaute n'avait pas tort d'affirmer, dans le Prologue de son *Amphitruo*, que son traitement du mythe tenait à la fois de la tragédie et de la comédie. Le sujet ne manque pas de potentialités tragiques, et dès l'Antiquité il arriva à ce mythe d'être traité en tragédie. Molière, quant à lui, propose toute une palette de nuances qui vont du sentiment du tragique à des mises en cause philosophiques, en passant par la recherche des émotions humaines.

Le jeu des dieux nous plongerait en plein tragique. Des dieux interviennent dans la vie des mortels, se moquent d'eux et détruisent leur bonheur : image des supercheries et des maléfices d'un destin indéchiffrable. Un dieu s'incarne, le dieu des dieux, Jupiter lui-même, non pour apporter le salut aux hommes, comme le veut le christianisme, mais pour satisfaire sa sensualité grâce à sa puissance ; on pourrait presque voir là une parodie libertine de l'Incarnation[14]. L'autre dieu imposteur, Mercure, ravalé au rang de simple auxiliaire des plaisirs de son maître, prend plaisir à tromper les hommes et à se jouer de Sosie :

> Et je vais m'égayer avec lui comme il faut,
> En lui volant son nom, avec sa ressemblance[15].

Ces dieux imposteurs sont des dieux méchants. Et les humains ne peuvent que se soumettre, et tendre le dos. Sous les coups de bâton répétés, Sosie admet qu'il n'est

---

14   Voir Antony McKenna, « En marge d'*Amphitryon* », [in] *Dissidents, excentriques et marginaux de l'âge classique…*, 2006, p. 257-264, et son *Molière libertin* de 2005.

15   I, 2, vers 280-281.

plus Sosie, puis qu'il y a deux Sosies. Amphitryon, éclairé
sur l'imposture de Jupiter qui lui a volé son identité pour
satisfaire son désir et lui prendre sa femme, s'enferme
dans le silence, qui n'est évidemment ni approbation, ni
consentement pour cet adultère qui le fera père d'Hercule.
Comme le dit Sosie, prudemment railleur – et ce sont les
deux derniers vers de la comédie :

> Sur telles affaires, toujours
> Le meilleur est de ne rien dire[16].

Mais Molière malmène ces dieux dont l'imposture fait
plier les mortels. Mercure est présenté comme un vulgaire
et cynique entremetteur. Quant à Jupiter, son triomphe
est quelque peu écorné. Certes, de par son pouvoir, il jouit
d'Alcmène. Mais pour ce faire, il a dû cesser d'être lui-même,
entrer dans le personnage d'un homme et même de celui
d'un époux ; l'immoralité et l'adultère ne sont possibles
pour lui que sous les espèces de la moralité conjugale.
C'est une première défaite. Mais, en II, 6, quand il vient
apaiser Alcmène malheureuse des reproches d'Amphitryon,
il obtient sans doute son pardon ; mais il a beau déployer
sa casuistique précieuse avec sa subtile distinction entre le
mari et l'amant, il n'est jamais considéré par Alcmène que
comme un mari. Juste retour des choses : Alcmène lui vole
son identité de dieu et d'amant et le ravale à celle d'un
mortel et d'un mari, comme Jupiter a volé son identité à
Amphitryon. Jupiter n'a jamais été aimé d'Alcmène que
comme Amphitryon. Il a été pris au piège de son imposture.
    Au demeurant, le jeu de la comédie avec les identités n'est
pas sans portée philosophique. Molière est assez au fait des
idées philosophiques de son temps pour qu'on le soupçonne

---

16   III, 10, vers 1942-1943.

à juste raison de s'être passablement moqué du rationalisme cartésien[17]. On sait, pour Descartes, l'importance de la certitude du moi dans le *cogito*. Or, dans le dialogue de Sosie avec Mercure, cette certitude vacille ; Sosie est victime du malin génie, doute de son identité et se persuade que Mercure est un autre lui-même. Cet échec de la raison, pour plaisant qu'il soit dans l'invraisemblance fantaisiste de la fable, pourrait aussi être mis au compte du libertinisme de Molière.

La gravité, avec sa charge d'émotion, est particulièrement présente chez les victimes des dieux imposteurs et de leur violence. Déjà, le vol de l'identité par la ressemblance parfaite touche à l'être même, qui ne sait plus qui il est, ni même s'il est. D'autre part, les impostures et les ressemblances laissent dans l'indécision quant à la vérité. Que s'est-il passé ? Où est la vérité ? Tous les fondements d'un ordre humain possible sont mis en cause. Mais l'imposture des dieux tend à désagréger un couple, celui d'Amphitryon et d'Alcmène, dont le rang permet qu'on les prenne au sérieux. Comme Noémi Hepp en a fait la démonstration précise[18], Molière présente un véritable panorama des situations amoureuses et des sortes de couples, et parfaitement contrasté. Alcmène et Amphitryon représentent le sérieux de l'amour conjugal, à côté du marivaudage galant et adultère de Jupiter et des chamailleries drolatiques de Sosie et Cléanthis, l'autre couple marié.

N'oublions pas qu'Amphitryon et Alcmène sont des époux nouvellement mariés, remplis de plaisirs et de tendresse réciproque – la dislocation du couple n'en paraîtrait

---

17   Voir Olivier Bloch, *Molière / Philosophie*, 1999, en particulier le dernier chapitre ; et Selma Zebouni, « L'*Amphitryon* de Molière ou l'autre du sujet », [in] *L'Autre au* xviiᵉ *siècle*, *Biblio 17*, nᵒ 117, 1999, p. 347-355.
18   Article cité *supra*, n. 11, p. 551.

que plus cruelle, plus inadmissible et plus touchante. Le personnage d'Amphitryon était un personnage difficile à traiter, en tant que mari trompé ; Molière lui laisse une partie de sa dignité. En tout cas, son discours noble et impérieux, l'effroi devant sa disgrâce, sa colère justifiée pourraient peut-être lui assurer une place dans quelque tragédie, où ils seraient propres à émouvoir.

Alcmène surtout suscite la pitié, d'autant que Molière nous donne d'elle l'image d'une épouse aimée, fidèle et pure, en sauvegardant sa vertu. Quand Jupiter se glisse dans son lit, elle accueille celui qu'elle croit son mari avec une belle sincérité dans sa passion amoureuse. Au retour du véritable Amphitryon, sa souffrance est visible, à l'instar de la cassure du couple. C'est une épouse blessée par le soupçon d'adultère, après l'épouse comblée. Et elle aura assez d'amour pour pardonner après avoir été bafouée, disparaissant ensuite de la scène. Coupable de fait et par force, chez Molière Alcmène reste innocente d'intention. Laissons à Giraudoux d'imaginer et d'expliciter, dans son *Amphitryon 38*, ce qui n'est pas dit ni suggéré chez Molière : qu'avec le dieu, l'amant, Alcmène a goûté des plaisirs inconnus dont elle pourra garder la nostalgie dans le mariage[19].

Le ton sérieux est bien présent dans *Amphitryon* et Molière ne s'interdit ni la gravité métaphysique, ni la satire philosophique, ni l'émotion quasi tragique. Il le fait cependant comme en effleurant la matière, avec une certaine réserve, un certain détachement, dans le climat de fantaisie qui est celui de la pièce. C'est qu'il a voulu écrire un divertissement comique.

---

19   Voir René Jasinski, « Deux Alcmènes : de Molière à Giraudoux », [in] *Mélanges Jourda*, 1970, p. 413-429.

RIRE, SOURIRE

La grande dualité d'*Amphitryon* est sans doute bien celle du tragique et du comique ou, pour le dire autrement et peut-être plus finement, celle du sérieux et du rire, ou du sourire. Quand le tragique ou l'émotion risqueraient de s'imposer, Molière introduit la détente, le décalage comique ou humoristique.

On le voit à plein dans le traitement qu'il réserve aux dieux. J'ai rappelé que Plaute, dans le Prologue d'*Amphitruo* prononcé par Mercure, hésitait sur le genre de sa pièce, finalement définie comme tragi-comédie car elle conjoignait des dieux et l'esclave Sosie ; mais chez Plaute l'intervention de Jupiter est prise au sérieux, avec révérence, et *Amphitruo* garde un côté religieux. Grande différence avec le XVIIᵉ siècle, qui ne croit plus à cette mythologie : Molière fait perdre toute dignité à ses dieux et se moque de la mythologie antique, par le procédé de la dégradation burlesque. Ses dieux, violents et nuisibles, sont aussi réduits à la simple et parfois ridicule ou méprisable humanité. Mercure n'est qu'un courtisan immoral, et il ne prend guère au sérieux ni lui-même ni les divinités en général. On le voit dès le Prologue, où il arrête la Nuit d'un « Tout beau » bien familier, se plaint de la fatigue et affirme que Jupiter agit « en dieu qui n'est pas bête » (vers 79). Bref, comme le dit la Nuit, il ne garde pas « le *decorum* de la divinité » (vers 14). La moquerie est plus subtile à l'endroit de Jupiter. Lui aussi ravalé à l'état d'homme, il se trouve enfermé dans son rôle d'amoureux galant ; il en oublie même son immortalité et propose à Alcmène de se tuer devant elle (II, 6) ! On l'a vu quelque peu empêtré dans sa casuistique galante et voulant faire distinguer le mari et l'amant – ce qui est une plaisanterie à double entente, Molière se moquant autant de l'amour galant que de Jupiter galant. Et le beau parleur échoue dans la mesure où s'il a satisfait son désir, il n'a pas réussi à se faire aimer comme tel, comme dieu. Tout cela est du très fin burlesque mythologique.

Les procédés structuraux que nous avons relevés au cours de notre présentation interviennent grandement dans ce passage du sérieux au rire, dans la réalisation de la détente. Pensons déjà aux dédoublements, aux parallélismes et aux oppositions qui en résultent, particulièrement en matière d'amour. Le couple d'Amphitryon et d'Alcmène a sa manière conjugale, son ton noble ; et si Molière se garde bien de dégrader Alcmène (mais la comédie de *Dom Juan* avait fait aussi d'une femme, Elvire, une figure de sainte, que le comique ne pouvait atteindre), il n'en va pas de même d'Amphitryon. Ce dernier risque-t-il de nous émouvoir ? Non, pas vraiment, car il fait trop penser à la lignée des jaloux et autres maris trompés, ridicules de tradition. Qu'on relise l'aigre scène 2 de l'acte II ! On voit Amphitryon craindre pour son honneur, assassiné, en *a parte*, par le récit ingénu que lui fait Alcmène de sa fameuse nuit (comme Arnolphe écoutant les récits d'Horace dans *L'École des femmes*), laissant passer cette question d'un ridicule achevé et si profond, quand Alcmène narre que le couple allait se coucher : « Ensemble ? » (vers 1020). À ce couple s'oppose, et c'est une invention de Molière, celui de Sosie et de Cléanthis, cette servante acariâtre et insatisfaite, véritable antithèse comique à Alcmène, qui tient tête à Mercure comme à son véritable mari et se guinde quelque peu dans son langage, avec une discrète touche d'héroï-comique. Les valets sont l'image passablement triviale et dégradée des maîtres. Bien évidemment, on a la réduplication, dans le registre comique, des scènes de brouille ou de réconciliation des maîtres, grâce au couple des serviteurs, avec des variations qui introduisent la diversité. Effets de miroirs déformants. Et Molière ne cesse de jouer avec les doubles – Jupiter double d'Amphitryon ; Mercure double de Sosie – dans toutes les situations et dans tous les rapports possibles.

Dans cette volonté de Molière d'alléger la gravité, il ne faudrait pas oublier la répartition de la matière dramatique, Molière faisant intervenir des scènes de détente comique quand le ton deviendrait trop sérieux ou la tension trop vive. À l'acte I, trois scènes uniquement comiques (1, 2 et 4) encadrent le dialogue de ton galant et sérieux entre Alcmène et Jupiter (scène 3). Par deux fois à l'acte II, on passe de la tension (scène 1 et 2) et du sérieux (scène 6 : réconciliation entre Alcmène et Jupiter) à la détente (scène 3 : contrepartie comique entre les valets de la scène 2 ; scène 7 : contrepartie comique de la scène 6, mais où Cléanthis refuse la réconciliation, le « rapatriage »). Même alternance à l'acte III, où le dénouement apporte la détente finale, non peut-être sans réserves muettes.

Cependant, c'est bien sur le rôle de Sosie, à peu près certainement tenu par Molière, que repose la plus grande part de la fantaisie et du comique d'*Amphitryon*. Le héros comique, qui paraît dans quinze scènes sur vingt-et-une, présente d'abord les traits convenus du valet de comédie : la peur, la lâcheté devant les coups de bâton, l'attachement aux bons morceaux (« Le véritable Amphitryon / Est l'Amphitryon où l'on dîne », vers 1703-1704), les fanfaronnades. Des réflexions assez attendues chez un valet de Molière (le Mascarille de *L'Étourdi* ou Hali dans *Le Sicilien* avaient déjà préludé à ce genre de remarques) sur sa condition de valet et sur le comportement de son maître confirment non seulement son bon sens, mais son humour, qui triomphera dans la manière dont il juge finalement cette aventure humo-divine.

L'embarras dans lequel le dieu Mercure plonge Sosie avait déjà fait l'objet de beaux passages comiques chez Plaute et chez Rotrou ; Molière en tire à son tour de nombreux effets. Le premier choc avec son double Mercure est brutal pour Sosie. Sous les coups, le pleutre plie, est obligé d'admettre que l'autre est Sosie, commence à douter de son être, tout en gardant le sentiment de son existence (« Et puis-je cesser d'être moi ? », vers 427). En une formule qui résume le bilan de I, 2 : il ne se peut pas que cet inconnu ne soit Sosie, mais il ne se peut pas que Sosie ne soit pas lui ! Sosie gardera toujours – nonobstant la raillerie à l'égard de Descartes – la certitude de son moi, le sentiment de soi, refusant qu'on le « dés-Sosie ». Mais le crédule personnage admet comme possible et authentique l'existence d'un double de lui-même, d'un deuxième moi, car il y voit une image améliorée de lui-même – un moi à l'air noble, courageux : « ce moi plus robuste que moi » (vers 811), ce « moi vaillant » (vers 816), à qui il voudrait que croie son maître et qu'il tente d'amadouer quand Mercure lui barre la porte du festin[20] !

Enfin, Sosie reste un maître du verbe comique et des jeux de théâtre. Il joue avec les mots et maîtrise la fantaisie verbale. La répétition qu'il fait du récit de la bataille destiné à Alcmène, dès I, 1, a des allures de parodie de récit épique. Une métaphore plaisante (« cet embarras met mon esprit sur les dents », vers 517), des répétitions de mots (tous les *moi* de II, 1 ; jeu sur *rien* en II, 3, vers 1089 *sqq.*), des plaisanteries (à Mercure, au vers 1888-1889 : « Et je n'ai vu de ma vie / Un dieu plus diable que toi)

---

20   « Faisons en bonne paix vivre les deux Sosies ! », plaide-t-il en III, 6, vers 1766.

émaillent et égaient son discours. Et Sosie est un acteur dont la présence et la présence comique sont capitales. On relira ce passage génial de la première scène où il répète, met en scène et joue à lui tout seul l'entrevue qu'il va avoir, du moins à ce qu'il croit, avec Alcmène, représentée alors par sa lanterne ; il trouve même le moyen, outre son rôle de messager et les répliques d'Alcmène, d'introduire une troisième voix, celle de Sosie commentant son rôle de messager – tout cela dans un monologue à un seul acteur ! Belle allégorie des prestiges et des pouvoirs du théâtre moliéresque.

À la fin des fins, de cette fable parfaitement invraisemblable et tranquillement immorale, qui fait vaciller des certitudes, se mêle d'être ici ou là ravageuse dans la critique[21], est aussi tentée par l'émotion, il ne faut retenir que la fantaisie et la gaité ; la gravité n'est qu'effleurée et un probable scepticisme de Molière dissipé derrière l'affirmation du rire et le charme du spectacle.

LE TEXTE

Nous donnons le texte de l'édition originale[22] :

AMPHITRYON, / COMEDIE. / *PAR I. B.P. DE MOLIERE.* / A PARIS, / Chez IEAN RIBOV, au Palais,

---

21   Voir Delia Gambelli, *Vane carte…*, 2010, p. 69-84 (« "Je me suis trouvé deux chez nous" : imitazione e invenzione nell' *Amphitryon* »).

22   Sur la véritable édition originale, voir Verène de Diesbach-Soultrait, « Du nouveau sur l'*Amphitryon* de Molière », *Bulletin du bibliophile*, nº 1, 2012, p. 24-321.

vis-à-vis / la Porte de l'Eglise de la Sainte Chapelle, / à l'Image Saint Louis. / M. DC. LXVIII. / *AVEC PRIVILEGE DV ROY.* In-12 : 4 ff. non ch. (dédicace ; privilège ; liste des acteurs) et 88 pages (texte de la pièce).

Exemplaires à la BnF : à Tolbiac (RES-YF-4118 ; texte numérisé : NUMM-70332 ; lot d'images numérisées : IFN-861782) ; aux Arts du spectacle (8-RF-3387 (RES)).

BIBLIOGRAPHIE

Éd. Jean-Pierre Collinet, pour Le Livre de poche, Paris, Librairie Générale Française, 1988, puis 1999.

Mise en scène d'Anatoli Vassiliev, Paris, L'Avant-scène, 2002 (*L'Avant-scène. Théâtre* du 15 février, n° 1106).

Éd. François Mourad, pour les Classiques Bordas, Paris, Bordas, 2004.

Éd. Annie Lermant-Panès, pour les Petits classiques Larousse, Paris, Larousse, 2009.

BUGLIANI, Ivanna, « *Amphitryon* et l'œuvre de Molière », *Modern Language Notes*, t. 84 (1969), p. 565-598.

TRUCHET, Jacques, (« À propos de l'*Amphitryon* de Molière : Alcmène et La Vallière », [in] *Mélanges d'histoire littéraire, XVIe-XVIIe siècle, offerts à Raymond Lebègue*, Paris, Nizet, 1969, p. 241-248.

JASINSKI, René, « Deux Alcmènes : de Molière à Giraudoux », [in] *De Jean Lemaire de Belges à Jean Giraudoux. Mélanges d'histoire et de critique littéraire offerts à Pierre Jourda*, Paris, Nizet, 1970, p. 413-429.

Prévot, Jacques, « L'*Amphitryon* de Molière ou ce que parler veut dire », XVII*e* *siècle*, 1979-4, p. 359-372.

Tisser, André, « Structure dramaturgique et schématique de l'*Amphitryon* de Molière », [in] *Mélanges pour Jacques Schérer. Dramaturgies. Langage dramatique*, Paris, Nizet, 1986, p. 225-233.

Jauss, Hans Robert, *Pour une herméneutique littéraire*, Paris, Gallimard, 1988, p. 218-275 (« L'interrogation du mythe et l'affirmation de l'identité dans l'histoire d'*Amphitryon* »).

Hepp, Noémi, « L'amour dans l'*Amphitryon* de Molière ou la comédie de la "géométrie" et de la "finesse" », [in] *Amour tragique, amour comique, de Bandello à Molière*, Paris, SEDES, 1989, p. 135-143.

Greive, Artur, « Les vers mêlées dans *Amphitryon* de Molière », [in] *Le Langage littéraire au* XVII*e* *siècle. De la rhétorique à la littérature*, Tübingen, Gunter Narr, 1991, p. 22-34.

Mesnard, Jean, « Le dédoublement dans l'*Amphitryon* de Molière », [in] *Thèmes et genres littéraires aux* XVII*o* *et* XVIII*e* *siècles. Mélanges en l'honneur de Jacques Truchet*, Paris, PUF, 1992, p. 452-472.

Pommier, René, « Sur une clef d'*Amphitryon* », *R.H.L.F.*, 1996-2, p. 212-228.

Zebouni, Selma, « L'*Amphitryon* de Molière ou l'autre du sujet », [in] *L'Autre au* XVII*e* *siècle, Biblio 17*, n° 117, 1999, p. 347-355.

Bloch, Olivier, *Molière* / « *Philosophie* », Paris, A. Michel, 2000.

Népote-Desmarres, Fanny, « "Amphitryon [...] Chez toi doit naître un fils qui, sous le nom d'Hercule [...]" », [in] *Mythe et Histoire dans le Théâtre classiques. Hommage à Christian Delmas*, édité par Fanny Népote-Desmarres avec la collaboration de J.-Ph. Grosperrin, diffusion : Librairie Honoré Champion, 2002, p. 243-260.

McKenna, Antony, « En marge d'*Amphitryon* », [in] *Dissidents, excentriques et marginaux de l'âge classique. Autour de Cyrano de Bergerac*, Paris, Champion, 2006, p. 257-264.

Scherer, Jacques, *Molière, Marivaux, Ionesco… 60 ans de critique*, Paris, Nizet, 2007, p. 114-121.

Mazouer, Charles, « Molière et Carlo Vigarani », [in] *Gaspare & Carlo Vigarani dalle corte degli Este a quella di Luigi XIV*, a cura di Walter Baricchi e Jérôme de La Gorce, Milano-Versailles, Silvana Editoriale-Centre de recherche du Château de Versailles, 2009, p. 319-326 (Biblioteca d'arte).

Gambelli, Delia, *Vane carte. Scritti su Molière e il teatro francese del Seicento*, Rome, Bulzoni, 2010, p. 69-84 (« "Je me suis trouvé deux chez nous" : imitazione e invenzione nell' *Amphitryon* »), et p. 121-134 (« La morale e il sue doppio »).

Ferry, Ariane, *Amphitryon, un mythe théâtral : Plaute, Rotrou, Molière, Dryden, Kleist. Essai*, Grenoble, Ellug, 2011.

Ubersfeld, Anne, « Le double dans l'*Amphitryon* de Molière », article de 1986 repris dans *Galions engloutis*, textes réunis par Pierre Frantz, Isabelle Moindrot et Florence Naugrette, Presses universitaires de Rennes, 2011, p. 21-32.

Cornuaille, Philippe, *Les Décors de Molière. 1658-1674*, Paris, PUPS, 2015.

McKenna, Antony, « *Amphitryon* : autorité, vérité, identité », [in] *Autorité et marginalité sur les scènes européennes : XVIIᵉ-XVIIIᵉ siècles*, Paris, Classiques Garnier, 2017, p. 77-93.

Candiard, Céline, *Esclaves et valets vedettes dans les comédies de la Rome Antique et de la France d'Ancien Régime*, Paris, Champion, 2017 (Lumière Classique).

CAVALLINI, Concetta, « 'Le Cabaret honnête' : *Amphitryon de Molière à Giraudoux* », [in] *Molière Re-Envisioned. Twenty-First Century Retakes – Renouveau et renouvellement moliéresques. Reprises contemporaines*, sous la direction de M. J. Muratore, Paris, Hermann, 2018, p. 587-604.

DELMAS, Christian, « Molière et les pièces à machine », [in] *« Jusqu'au sombre plaisir d'un cœur mélancolique ». Études de littérature française du XVIIe siècle offertes à Patrick Dandrey*, Paris, Hermann, 2018, p. 27-36.

AMPHITRYON

COMEDIE

PAR I. B. P. DE MOLIERE

A PARIS,

Chez IEAN RIBOV, au Palais, vis-à-vis
La Porte de l'Eglise de la Sainte Chapelle,
à l'Image Saint Louis.

M. DC. LXVIII.

AVEC PRIVILEGE DV ROY.

À SON ALTESSE SÉRÉNISSIME
MONSEIGNEUR LE PRINCE[1]

Monseigneur,

*N'en déplaise à nos beaux esprits, je ne vois rien de plus
ennuyeux[2] que les épîtres dédicatoires; et* VOTRE ALTESSE
SÉRÉNISSIME *trouvera bon, s'il lui plaît, que je ne suive
point ici le style de ces Messieurs-là, et refuse de me servir* [ã ij]
[n. p.] *de deux, ou trois misérables pensées, qui ont été tournées et
retournées tant de fois, qu'elles sont usées de tous les côtés. Le nom
du GRAND CONDÉ est un nom trop glorieux pour le traiter
comme on fait tous les autres noms. Il ne faut l'appliquer, ce nom
illustre, qu'à des emplois qui soient dignes de lui; et pour dire de
belles choses, je voudrais parler de le mettre à la tête d'une armée,
plutôt qu'à la tête d'un livre. Et je conçois bien mieux ce qu'il est
capable de faire en l'opposant aux forces des ennemis de cet État,
qu'en l'opposant à la critique des ennemis d'une comédie.*

Ce n'est pas, MONSEIGNEUR, *que la glorieuse approbation
de V. A. S. ne fût une puissante protection pour toutes ces sortes
d'ouvrages, et qu'on ne soit persuadé des lumières de votre esprit,
autant que de l'intrépidité de votre cœur et de la grandeur de
votre âme. On sait par toute la terre que l'éclat de votre mérite
n'est point renfermé dans les bornes de cette valeur indomptable,
qui se fait des adorateurs* [n. p.] *chez ceux même qu'elle surmonte;
qu'il s'étend, ce mérite, jusques aux connaissances les plus fines et
les plus relevées; et que les décisions de votre jugement sur tous les*

---

1   Louis II de Bourbon, dit le Grand Condé, l'ancien rebelle qui, rentré en
     grâce auprès de Louis XIV, venait de faire la conquête de la Franche-
     Comté à la tête de l'armée d'Allemagne (février 1668). Il avait été le
     partisan de Molière dans l'affaire du *Tartuffe*.
2   *Ennuyeux* : douloureux, insupportable (sens fort au XVIIe siècle).

ouvrages d'esprit ne manquent point d'être suivies par le sentiment des plus délicats. Mais on sait aussi, MONSEIGNEUR, que toutes ces glorieuses approbations dont nous nous vantons au public, ne nous coûtent rien à faire imprimer, et que ce sont des choses dont nous disposons comme nous voulons. On sait, dis-je, qu'une épître dédicatoire dit tout ce qu'il lui plaît ; et qu'un auteur est en pouvoir d'aller saisir les personnes les plus augustes, et de parer de leurs grands noms les premiers feuillets de son livre ; qu'il a la liberté de s'y donner autant qu'il veut l'honneur de leur estime, et de se faire des protecteurs qui n'ont jamais songé à l'être.

*Je n'abuserai, MONSEIGNEUR, ni de votre nom, ni de vos bontés, pour combattre les censeurs de l'*Amphitryon*, et m'attribuer une gloire que je n'ai pas peut-être méritée ; et je ne prends la liberté* [n. p.] *de vous offrir ma comédie, que pour avoir lieu de vous dire que je regarde incessamment[3] avec une profonde vénération, les grandes qualités que vous joignez au sang auguste dont vous tenez le jour, et que je suis, MONSEIGNEUR, avec tout le respect possible, et tout le zèle imaginable,*

De VOTRE ALTESSE SÉRÉNISSIME,

Le très humble, très obéissant,
et très obligé serviteur,
MOLIÈRE.

---

3   *Incessamment* : sans cesse, continuellement.

EXTRAIT DU PRIVILÈGE DU ROY   [n. p.]

Par grâce et privilège du Roy, donné à Saint-Germain-en-Laye, le 20ᵉ jour de février 1668. Signé, par le Roy en son Conseil, MARGERET : Il est permis à I. B. P. DE MOLIERE, de faire imprimer par tel libraire ou imprimeur qu'il voudra choisir, une pièce de théâtre de sa composition, intitulée L'AMPHITRYON, pendant le temps et espace de cinq années entières et accomplies, à commencer du jour quelle sera achevée d'imprimer. Et défenses sont faites à tous autres libraires et imprimeurs, d'imprimer, ou faire imprimer, vendre et débiter ladite pièce, sans le consentement de l'exposant, ou de ceux qui auront droit de lui, à peine aux contrevenants de trois mille livres d'amende, confiscation des exemplaires contrefaits, et de tous dépens, dommages et intérêts, ainsi que plus au long il est porté par lesdites Lettres de Privilège.

Et ledit Sieur DE MOLIERE a cédé et transporté son droit de Privilège, à IEAN RIBOV marchand libraire à Paris, pour en jouir, suivant l'accord fait entre eux.

Registré sur le Livre de la Communauté, suivant l'arrêt de la Cour de Parlement.

Achevé d'imprimer pour la première fois le 5ᵉ mars 1668.

MERCURE.

LA NUIT.

JUPITER, sous la forme d'Amphitryon.

AMPHITRYON, Général des Thébains.

ALCMÈNE, femme d'Amphitryon.

CLÉANTHIS, Suivante d'Alcmène, et femme de Sosie.

SOSIE, Valet d'Amphitryon.

ARGATIPHONTIDAS[4],
NAUCRATÈS,
POLIDAS,
POSICLÈS, } Capitaines thébains.

La scène est à Thèbes, devant la maison d'Amphitryon.

---

4   Ce long nom sonore dévoile une version moderne et moliéresque, plus
     noble, du soldat fanfaron.

AMPHITRYON,

Comédie

PROLOGUE

MERCURE, *sur un nuage,* LA NUIT,
dans un char traîné par deux chevaux.

MERCURE

Tout beau, charmante Nuit ; daignez vous arrêter.
Il est certain secours que de vous on désire ;
      Et j'ai deux mots à vous dire,
      De la part de Jupiter[5].

LA NUIT

5   Ah ! ah ! c'est vous, Seigneur Mercure !
Qui vous eût deviné là, dans cette posture ?

MERCURE   [A] [2]

Ma foi, me trouvant las, pour ne pouvoir fournir[6]
Aux différents emplois où Jupiter m'engage,
Je me suis doucement assis sur ce nuage,
10   Pour vous attendre venir.

LA NUIT

Vous vous moquez, Mercure, et vous n'y songez pas.
Sied-il bien à des dieux de dire qu'ils sont las ?

---

5   La déclamation du XVIIᵉ siècle peut faire rimer *Jupiter* et *arrêter* (dont la
     dernière consonne se prononce).

6   Parce que je ne peux pas fournir.

MERCURE

Les dieux sont-ils de fer ?

LA NUIT

Non, mais il faut sans cesse
Garder le *decorum*[7] de la divinité.
15   Il est de certains mots, dont l'usage rabaisse
Cette sublime qualité,
Et que, pour leur indignité,
Il est bon qu'aux hommes on laisse.

MERCURE

À votre aise vous en parlez,
20   Et vous avez, la belle, une chaise roulante[8],
Où par deux bons chevaux, en dame nonchalante,
Vous vous faites traîner partout où vous voulez.
Mais de moi ce n'est pas de même ;
Et je ne puis vouloir, dans mon destin fatal,
25   Aux poètes assez de mal
De leur impertinence extrême,
D'avoir, par une injuste loi,
Dont on veut maintenant l'usage,
À chaque dieu, dans son emploi,
30   Donné quelque allure[9] en partage ;
Et de me laisser à pied, moi,
Comme un messager de village.

---

7   « Mot latin devenu français, qui se dit en cette phrase proverbiale *garder le décorum* pour dire observer toutes les bienséances » (Furetière).
8   C'est, selon Furetière, un petit carrosse coupé ; le dictionnaire de l'Académie (1694) la définit comme « une voiture à deux roues traînée par un cheval ou par un homme ».
9   *Allure* : manière d'aller, de se mouvoir.

Moi qui suis, comme on sait, en terre[10], et dans les
                                                    [cieux,
Le fameux messager du souverain des dieux,
35   Et qui, sans rien exagérer,   [3]
                Par tous les emplois qu'il me donne,
                Aurais besoin, plus que personne,
                D'avoir de quoi me voiturer[11].

                        LA NUIT
                Que voulez-vous faire à cela ?
40   Les poètes font à leur guise.
                Ce n'est pas la seule sottise,
                Qu'on voit faire à ces Messieurs-là.
Mais contre eux toutefois votre âme à tort s'irrite,
Et vos ailes aux pieds sont un don de leurs soins[12].

                        MERCURE
45   Oui ; mais, pour aller plus vite,
                Est-ce qu'on se lasse moins ?

                        LA NUIT
                Laissons cela, Seigneur Mercure,
                Et sachons ce dont il s'agit.

                        MERCURE
                C'est Jupiter, comme je vous l'ai dit,

---

10 Sur terre.
11 *Voiturer*, c'est transporter d'une manière quelconque.
12 C'est l'invention des poètes qui a doté Mercure de chaussures ailées.
    Mercure, l'Hermès grec, protégeait les commerçants et les voyageurs ;
    il était aussi représenté comme le messager de Jupiter, et même son
    serviteur dans ses entreprises amoureuses. Un de ses attributs est le
    port de sandales ailées.

50   Qui de votre manteau veut la faveur obscure[13],
                    Pour certaine douce aventure,
                    Qu'un nouvel amour lui fournit.
         Ses pratiques, je crois, ne vous sont pas nouvelles.
         Bien souvent, pour la terre, il néglige les cieux ;
55   Et vous n'ignorez pas que ce maître des dieux
         Aime à s'humaniser[14] pour des beautés mortelles,
                    Et sait cent tours ingénieux,
                    Pour mettre à bout les plus cruelles[15].
              Des yeux d'Alcmène il a senti les coups ;
60   Et tandis qu'au milieu des béotiques[16] plaines,
                    Amphitryon, son époux,
                    Commande aux troupes thébaines,
         Il en a pris la forme, et reçoit là-dessous[17]
                    Un soulagement à ses peines,
65   Dans la possession des plaisirs les plus doux. [A ij] [4]
         L'état des mariés à ses feux est propice :
         L'hymen ne les a joints, que depuis quelques jours ;
         Et la jeune chaleur de leurs tendres amours,
         A fait que Jupiter à ce bel artifice
70   S'est avisé d'avoir recours.
         Son stratagème ici se trouve salutaire ;
                    Mais, près de maint objet[18] chéri,
         Pareil déguisement serait pour ne rien faire ;
         Et ce n'est pas partout un bon moyen de plaire,

---

13   La Nuit (poétiquement : son manteau) fera la faveur de l'obscurité à
     Jupiter.
14   *S'humaniser*, c'est de se faire homme, avec les faiblesses de l'homme pour
     l'amour…
15   Les frasques extraconjugales de Jupiter sont bien connues, et les multiples
     déguisements, métamorphoses et tours utilisés pour parvenir à ses fins.
16   Les plaines de la Béotie.
17   *Là-dessous*, c'est sur terre ; Mercure et la Nuit sont en l'air.
18   *L'objet* est la femme aimée.

75   Que la figure d'un mari.

LA NUIT

J'admire[19] Jupiter ; et je ne comprends pas
Tous les déguisements qui lui viennent en tête.

MERCURE

Il veut goûter par là toutes sortes d'états ;
        Et c'est agir en dieu qui n'est pas bête.
80 Dans quelque rang qu'il soit des mortels regardé,
            Je le tiendrais fort misérable,
        S'il ne quittait jamais sa mine redoutable,
        Et qu'au faîte des cieux il fut toujours guindé[20].
        Il n'est point, à mon gré, de plus sotte méthode
85 Que d'être emprisonné toujours dans sa grandeur ;
        Et surtout, aux transports de l'amoureuse ardeur,
        La haute qualité devient fort incommode.
        Jupiter, qui sans doute en plaisirs se connaît,
        Sait descendre du haut de sa gloire suprême ;
90   Et pour entrer dans tout ce qu'il lui plaît,
                Il sort tout à fait de lui-même,
        Et ce n'est plus alors Jupiter qui paraît.

LA NUIT

Passe encor de le voir de ce sublime étage,
            Dans celui des hommes venir,
95 Prendre tous les transports[21] que leur cœur peut
                                                [fournir,
                Et se faire à leur badinage,   [5]

---

19 *Admirer* : considérer avec stupeur, avec surprise.
20 *Guinder* est un terme de marine : c'est hisser les voiles ou quelque autre
    chose, dit Furetière ; le mot s'employait aussi au sens moral.
21 Prendre tous les mouvements des passions humaines.

Si dans les changements où son humeur l'engage,
À la nature humaine il s'en veut tenir ;
       Mais de voir Jupiter taureau,
100   Serpent, cygne[22], ou quelque autre
                      [chose,
       Je ne trouve point cela beau,
Et ne m'étonne pas[23], si parfois on en cause.

MERCURE

       Laissons dire tous les censeurs.
       Tels changements ont leurs douceurs,
105   Qui passent[24] leur intelligence.
Ce dieu sait ce qu'il fait[25] aussi bien là qu'ailleurs ;
Et dans les mouvements de leurs tendres ardeurs,
Les bêtes ne sont pas si bêtes que l'on pense.

LA NUIT

Revenons à l'objet dont il a les faveurs.
110 Si par son stratagème, il voit sa flamme heureuse,
Que peut-il souhaiter ? et qu'est-ce que je puis ?

MERCURE

Que vos chevaux par vous au petit pas réduits,
Pour satisfaire aux vœux de son âme amoureuse,
       D'une nuit si délicieuse
115   Fasse la plus longue des nuits.
       Qu'à ses transports vous donniez plus d'espace,
       Et retardiez la naissance du jour,

---

22 Trois métamorphoses de Jupiter pour séduire respectivement Europe,
    Perséphone (en serpent ou en dragon) et Léda.
23 *Étonner* : ébranler, frapper d'une émotion violente.
24 *Passer* : dépasser.
25 L'originale a *ce qu'il a fait*, qui est une faute évidente de métrique,
    d'ailleurs corrigée dans les éditions suivantes. Il faut *ce qu'il fait*.

Qui doit avancer le retour
De celui dont il tient la place.

LA NUIT

120   Voilà sans doute un bel emploi
Que le grand Jupiter m'apprête,
Et l'on donne un nom fort honnête[26]
Au service qu'il veut de moi.

MERCURE

Pour une jeune déesse,

125   Vous êtes bien du bon

[temps[27] ! [A iij] [6]

Un tel emploi n'est bassesse,
Que chez les petites gens.
Lorsque dans un haut rang on a l'heur[28] de paraître,
Tout ce qu'on fait est toujours bel et bon ;

130   Et suivant ce qu'on peut être,
Les choses changent de nom.

LA NUIT

Sur de pareilles matières,
Vous en savez plus que moi ;
Et pour accepter l'emploi,

135   J'en veux croire vos lumières.

MERCURE

Hé, là, là, Madame la Nuit,
Un peu doucement je vous prie.

---

26 Le nom de « maquerelle », d'entremetteuse au service des amours adul-
tères de Jupiter.
27 Du temps d'autrefois.
28 Le bonheur.

Vous avez dans le monde un bruit[29]
De n'être pas si renchérie[30].
140   On vous fait confidente, en cent climats[31] divers,
De beaucoup de bonnes affaires ;
Et je crois, à parler à sentiments ouverts,
Que nous ne nous en devons guère[32].

LA NUIT
Laissons ces contrariétés[33],
145   Et demeurons ce que nous sommes.
N'apprêtons point à rire aux hommes
En nous disant nos vérités.

MERCURE
Adieu, je vais là-bas, dans ma commission[34],
Dépouiller promptement la forme de Mercure,
150   Pour y vêtir[35] la figure
Du valet d'Amphitryon.

LA NUIT
Moi, dans cet hémisphère, avec ma suite obscure[36],
Je vais faire une station.

---

29   *Bruit* : renommée, réputation.
30   Au sens figuré : difficile, dédaigneuse.
31   *Climat* : pays, contrée.
32   Que nous nous valons.
33   *Contrariétés* : ce débat où s'opposent des opinions contraires. Le mot
compte 5 syllabes.
34   Selon ma charge.
35   Revêtir, prendre.
36   Dans la mythologie, la déesse Nuit est souvent représentée dans son
char tiré par deux chevaux noirs et tenant au-dessus de sa tête un voile
parsemé d'étoiles – sans doute ce qu'elle désigne par sa « suite obscure ».

MERCURE   [7]
Bon jour, la Nuit.

LA NUIT
                              Adieu, Mercure.
Mercure descend de son nuage en terre,
et la Nuit passe dans son char.

ACTE PREMIER   [9]

Scène PREMIÈRE[37]

SOSIE[38]

155   Qui va là ? Heu ? Ma peur, à chaque pas, s'accroît.
      Messieurs[39], ami de tout le monde.
      Ah ! quelle audace sans seconde
      De marcher à l'heure qu'il est !
      Que mon maître couvert de gloire,
160   Me joue ici d'un vilain tour[40] !
      Quoi ! si pour son prochain il avait quelque amour,
      M'aurait-il fait partir par une nuit si noire ?
      Et pour me renvoyer annoncer son retour
      Et le détail de sa victoire,
165   Ne pouvait-il pas bien attendre qu'il fût jour ?
      Sosie, à quelle servitude
      Tes jours sont-ils assujettis !

---

37   Pour cette scène et la suivante, *cf.* l'*Amphitruo* de Plaute, I, 1 et *Les Sosies*
     de Rotrou, I, 2 et 3.
38   Sosie arrive sur scène avec une lanterne sourde la main.
39   À qui s'adresse-t-il ? à des présences que sa peur invente sur la scène ?
     aux spectateurs qu'il voit et pense hostiles ?
40   *Jouer d'un tour* comme *jouer un tour.*

Notre sort est beaucoup plus rude
Chez les grands, que chez les petits.
170   Ils veulent que pour eux tout soit dans la nature
Obligé de s'immoler.
Jour et nuit, grêle, vent, péril, chaleur, froidure,   [10]
Dès qu'ils parlent, il faut voler.
Vingt ans d'assidu service
175   N'en obtiennent rien pour nous ;
Le moindre petit caprice
Nous attire leur courroux.
Cependant notre âme insensée
S'acharne au vain honneur de demeurer près d'eux,
180   Et s'y veut contenter de la fausse pensée
Qu'ont tous les autres gens que nous sommes heureux.
Vers la retraite en vain la raison nous appelle ;
En vain notre dépit quelquefois y consent :
Leur vue a sur notre zèle
185   Un ascendant[41] trop puissant,
Et la moindre faveur d'un coup d'œil caressant,
Nous rengage de plus belle.
Mais enfin, dans l'obscurité,
Je vois notre maison, et ma frayeur s'évade[42].
190   Il me faudrait, pour l'ambassade,
Quelque discours prémédité.
Je dois aux yeux d'Alcmène un portait militaire
Du grand combat qui met nos ennemis à bas ;
Mais comment diantre le faire,
195   Si je ne m'y trouvai pas ?
N'importe, parlons-en, et d'estoc, et de taille[43],

---

41 En astrologie *l'ascendant* désigne l'influence des astres sur la destinée de
     quelqu'un.
42 Se dissipe.
43 Hardiment.

Comme oculaire témoin.
Combien de gens font-ils des récits de bataille,
Dont ils se sont tenus loin ?
200   Pour jouer mon rôle sans peine,
Je le veux un peu repasser.
Voici la chambre, où j'entre en courrier que l'on
[mène[44],
Et cette lanterne est Alcmène,
À qui je me dois adresser.

Il pose sa lanterne à terre, et lui adresse son compliment[45].

205   « Madame, Amphitryon, mon maître, et votre
[époux... [11]
(Bon ! Beau début[46] !) l'esprit toujours plein de vos
[charmes,
M'a voulu choisir entre tous,
Pour vous donner avis du succès de ses armes,
Et du désir qu'il a de se voir près de vous. »
210   *« Ah ! vraiment, mon pauvre Sosie,*
À te revoir, j'ai de la joie au cœur. »
« Madame, ce m'est trop d'honneur,
Et mon destin doit faire envie. »
(Bien, répondu !) *« Comment se porte Amphitryon ? »*
215   « Madame, en homme de courage,
Dans les occasions[47] où la gloire l'engage. »

---

44   *Le courrier* désigne l'homme qui portait rapidement les dépêches à grandes
     distances. Sosie entre comme un messager important qu'on amène.
45   Son petit discours.
46   À juste raison, on met traditionnellement entre parenthèses la troisième
     voix de ce discours : les commentaires de Sosie sur le récit à Alcmène
     qu'il répète. Le rôle de Sosie et celui d'Alcmène sont entre guillemets ;
     en italiques les répliques prêtées à Alcmène.
47   *Occasions* : rencontres de la guerre, combats.

          (Fort bien ! belle conception !)
          « *Quand viendra-t-il, par son retour charmant,*
             Rendre mon âme satisfaite ? »
220   « Le plus tôt qu'il pourra, Madame, assurément,
           Mais bien plus tard que son cœur ne souhaite. »
     (Ah !) « *Mais quel est l'état, où la guerre l'a mis ?*
     Que dit-il ? que fait-il ? contente un peu mon âme. »
          « Il dit moins qu'il ne fait, Madame,
225   Et fait trembler les ennemis. »
     (Peste ! où prend mon esprit toutes ces gentillesses[48] ?)
     « *Que font les révoltés ? Dis-moi, quel est leur sort ?* »
     « Ils n'ont pu résister, Madame, à notre effort :
           Nous les avons taillés en pièces,
230   Mis Ptérélas leur chef à mort,
    Pris Télèbe[49] d'assaut, et déjà dans le port
          Tout retentit de nos prouesses. »
     « *Ah ! quel succès ! ô dieux ! qui l'eût pu jamais croire ?*
     Raconte-moi, Sosie, un tel événement. »
235   « Je le veux bien, Madame ; et, sans m'enfler de
                            [gloire,
           Du détail de cette victoire
           Je puis parler très savamment.
           Figurez-vous donc que Télèbe,   [12]
     Il marque les lieux sur sa main, ou à terre.
           Madame, est de ce côté ;
240   C'est une ville, en vérité,
           Aussi grande quasi que Thèbe(s)[50].
           La rivière est comme là.

---

48 *Gentillesse* : trait d'esprit, tour adroit.
49 Plaute a fourni à Molière les éléments de l'histoire : *Ptérélas* serait le roi
     des Téléboens, peuple de pirates que Créon a chargé Amphitryon de
     réduire ; Rotrou a tiré le nom de la capitale de ce peuple, *Télèbe*.
50 L'édition originale supprime l'*s* final pour la rime avec *Télèbe*.

Ici nos gens se campèrent ;
Et l'espace que voilà,
245   Nos ennemis l'occupèrent.
Sur un haut, vers cet endroit,
Était leur infanterie ;
Et plus bas, du côté droit,
Était la cavalerie.
250   Après avoir aux dieux adressé les prières,
Tous les ordres donnés, on donne le signal.
Les ennemis pensant nous tailler des croupières[51],
Firent trois pelotons de leurs gens à cheval ;
Mais leur chaleur par nous fut bientôt réprimée,
255   Et vous allez voir comme quoi[52].
Voilà notre avant-garde, à bien faire animée ;
Là les archers de Créon notre roi ;
Et voici le corps d'armée,
Qui d'abord… Attendez ». Le corps d'armée a peur.
260   J'entends quelque bruit, ce me semble.
On fait un peu de bruit.

Scène 2   [13]

MERCURE, SOSIE[53]

MERCURE, *sous la forme de Sosie.*
Sous ce minois qui lui ressemble,
Chassons de ces lieux ce causeur,

---

51 *Tailler des croupières*, c'est obliger à fuir (Furetière).
52 Comment.
53 Mercure apparaît, sortant de la maison d'Amphitryon et, pendant une
    vingtaine de vers, Sosie ne le voit pas.

Dont l'abord[54] importun troublerait la douceur
        Que nos amants goûtent ensemble.

SOSIE

265   Mon cœur tant soit peu se rassure,
        Et je pense que ce n'est rien.
    Crainte pourtant de sinistre aventure,
    Allons chez nous achever l'entretien.

MERCURE

    Tu seras plus fort que Mercure,
270   Ou je t'en empêcherai bien.

SOSIE

Cette nuit, en longueur, me semble sans pareille ;
Il faut, depuis le temps que je suis en chemin,
Ou que mon maître ait pris le soir pour le matin,
Ou que trop tard au lit le blond Phébus sommeille[55],
275   Pour avoir trop pris de son vin.

MERCURE

        Comme avec irrévérence
        Parle des dieux ce maraud !
        Mon bras saura bien tantôt
        Châtier cette insolence ;
280 Et je vais m'égayer avec lui comme il faut,
En lui volant son nom, avec sa ressemblance.

SOSIE   [B] [14]
    Ah ! par ma foi, j'avais raison !

---

54 *Abord* : arrivée.
55 Le soleil (Phébus) ne se lève pas.

C'est fait de moi, chétive créature[56].

Je vois devant notre maison,

285   Certain homme dont l'encolure[57]

Ne me présage rien de bon.

Pour faire semblant d'assurance,

Je veux chanter un peu d'ici.

Il chante ; et lorsque Mercure parle,

sa voix s'affaiblit peu à peu.

MERCURE

Qui donc est ce coquin, qui prend tant de licence,

290   Que de chanter et m'étourdir ainsi ?

Veut-il qu'à l'étriller, ma main un peu s'applique ?

SOSIE[58]

Cet homme, assurément, n'aime pas la musique.

MERCURE

Depuis plus d'une semaine,

Je n'ai trouvé personne à qui rompre les os.

295   La vertu[59] de mon bras se perd dans le repos ;

Et je cherche quelque dos,

Pour me remettre en haleine[60].

SOSIE

Quel diable d'homme est-ce ci ?

De mortelles frayeurs je sens mon âme atteinte.

300   Mais pourquoi trembler tant aussi ?

---

56 Sosie aperçoit alors Mercure.

57 *Encolure* : mine, apparence.

58 Les deux répliques suivantes de Sosie sont prononcées évidemment en aparté.

59 *Vertu* : vigueur, puissance.

60 Pour me remettre en bonne forme.

Peut-être a-t-il dans l'âme autant que moi de crainte,
Et que le drôle parle ainsi
Pour me cacher sa peur sous une audace feinte.
Oui, oui, ne souffrons[61] point qu'on nous croie un
                                                    [oison[62].

305   Si je ne suis hardi, tâchons de le paraître.
                    Faisons-nous du cœur[63] par raison.
Il est seul comme moi ; je suis fort, j'ai bon maître[64],
Et voilà notre maison.

                    MERCURE   [15]
Qui va là ?

                         SOSIE
        Moi.

                         MERCURE
                    Qui, moi ?

                         SOSIE
                              Moi. Courage, Sosie !

                    MERCURE
310   Quel est ton sort, dis-moi ?

                         SOSIE
                              D'être homme, et de
                                            [parler.

---

61   *Souffrir* : supporter.
62   Un niais.
63   *Cœur* : courage.
64   *Avoir bon maître* est une expression proverbiale qui signifie « être au
     service d'un homme puissant qui protégera son serviteur ».

MERCURE

Es-tu maître, ou valet ?

SOSIE

Comme il me prend envie.

MERCURE

Où s'adressent tes pas ?

SOSIE

Où j'ai dessein d'aller.

MERCURE

Ah ! ceci me déplaît.

SOSIE

J'en ai l'âme ravie.

MERCURE

Résolument, par force ou par amour,
315   Je veux savoir de toi, traître,
Ce que tu fais, d'où tu viens avant jour,
     Où tu vas, à qui tu peux être.

SOSIE

Je fais le bien, et le mal, tour à tour ;
Je viens de là, vais là ; j'appartiens à mon maître.

MERCURE

320 Tu montres de l'esprit ; et je te vois en train
De trancher avec moi de l'homme
               [d'importance. [B ij] [16]
Il me prend un désir, pour faire connaissance,
     De te donner un soufflet de ma main.

SOSIE

À moi-même ?

MERCURE

À toi-même ; et t'en voilà certain.
Il lui donne un soufflet.

SOSIE

325 Ah ! ah ! c'est tout de bon !

MERCURE

Non, ce n'est que pour
[rire,
Et répondre à tes quolibets.

SOSIE

Tudieu ! l'ami, sans vous rien dire,
Comme vous baillez des soufflets !

MERCURE

Ce sont là de mes moindres coups,
330 De petits soufflets ordinaires.

SOSIE

Si j'étais aussi prompt que vous,
Nous ferions de belles affaires.

MERCURE

Tout cela n'est encor rien,
Pour y faire quelque pause.
335 Nous verrons bien autre chose ;
Poursuivons notre entretien.

SOSIE

Il veut s'en aller[65].

Je quitte la partie.

MERCURE

Où vas-tu ?

SOSIE

Que t'importe ?

MERCURE   [17]

Je veux savoir où tu vas.

SOSIE

Me faire ouvrir cette porte.
340   Pourquoi retiens-tu mes pas ?

MERCURE

Si jusqu'à l'approcher tu pousses ton audace,
Je fais sur toi pleuvoir un orage de coups.

SOSIE

Quoi ! tu veux, par ta menace,
M'empêcher d'entrer chez nous ?

MERCURE

345   Comment, chez nous ?

SOSIE

Oui, chez nous.

---

65   Il veut entrer dans la maison, et Mercure va l'en empêcher.

MERCURE

Oh ! le traître !
Tu te dis de cette maison ?

SOSIE

Fort bien. Amphitryon n'en est-il pas le maître ?

MERCURE

Eh bien ! que fait cette raison ?

SOSIE

Je suis son valet.

MERCURE
Toi ?

SOSIE
Moi.

MERCURE
Son valet ?

SOSIE

Sans doute[66].

MERCURE
350   Valet d'Amphitryon ?

SOSIE   [B iij] [18]
D'Amphitryon, de lui.

MERCURE
Ton nom est... ?

_____

66 Assurément.

SOSIE

Sosie.

MERCURE

Heu ? Comment ?

SOSIE

Sosie.

MERCURE

Écoute.

Sais-tu que de ma main je t'assomme aujourd'hui ?

SOSIE

Pourquoi ? De quelle rage est ton âme saisie ?

MERCURE

Qui te donne, dis-moi, cette témérité,
355   De prendre le nom de Sosie ?

SOSIE

Moi, je ne le prends point, je l'ai toujours porté.

MERCURE

Oh ! le mensonge horrible ! et l'impudence extrême !
Tu m'oses soutenir que Sosie est ton nom ?

SOSIE

Fort bien, je le soutiens ; par la grande raison,
360   Qu'ainsi l'a fait des dieux la puissance suprême,
Et qu'il n'est pas en moi de pouvoir dire non,
          Et d'être un autre que moi-même.
                    Mercure le bat.

MERCURE

Mille coups de bâton doivent être le prix
D'une pareille effronterie.

SOSIE

365   Justice, citoyens! au secours, je vous prie!

MERCURE   [19]

Comment, bourreau[67], tu fais des cris?

SOSIE

De mille coups tu me meurtris,
Et tu ne veux pas que je crie?

MERCURE

C'est ainsi que mon bras…

SOSIE

L'action ne vaut rien.
370   Tu triomphes de l'avantage
Que te donne sur moi mon manque de courage;
Et ce n'est pas en user bien.
C'est pure fanfaronnerie
De vouloir profiter de la poltronnerie
375   De ceux qu'attaque notre bras.
Battre un homme à jeu sûr n'est pas d'une belle
[âme;
Et le cœur[68] est digne de blâme,
Contre les gens qui n'en ont pas.

---

67   Simple injure, d'autant que c'est plutôt Mercure qui fait violence à
     Sosie…
68   Voir au v. 306.

MERCURE
Eh bien! es-tu Sosie à présent? qu'en dis-tu?

SOSIE
380   Tes coups n'ont point en moi fait de métamorphose.
Et tout le changement que je trouve à la chose,
C'est d'être Sosie battu[69].

MERCURE[70]
Encor? Cent autres coups pour cette autre
[impudence.

SOSIE
De grâce, fais trêve à tes coups.

MERCURE
385   Fais donc trêve à ton insolence.

SOSIE
Tout ce qu'il te plaira; je garde le silence :
La dispute[71] est par trop inégale entre nous.

MERCURE   [20]
Es-tu Sosie encor? dis, traître!

SOSIE
Hélas! je suis ce que tu veux.
390   Dispose de mon sort, tout au gré de tes vœux;
Ton bras t'en a fait le maître.

---

69 C'est un heptasyllabe. Certains ont voulu le transformer en octosyllabe
    en donnant trois syllabes à *Sosie.*
70 Mercure menace Sosie.
71 *Dispute* : discussion, débat.

MERCURE

Ton nom était Sosie, à ce que tu disais ?

SOSIE

Il est vrai, jusqu'ici j'ai cru la chose claire ;
            Mais ton bâton, sur cette affaire,
395   M'a fait voir que je m'abusais.

MERCURE

C'est moi qui suis Sosie ; et tout Thèbes l'avoue[72].
Amphitryon jamais n'en eut d'autre que moi.

SOSIE

Toi Sosie ?

MERCURE

            Oui, Sosie, et si quelqu'un s'y joue[73],
            Il peut bien prendre garde à soi.

SOSIE[74]

400   Ciel ! me faut-il ainsi renoncer à moi-même,
Et par un imposteur me voir voler mon nom ?
            Que son bonheur est extrême,
            De ce que je suis poltron !
Sans cela, par la mort...

MERCURE

            Entre tes dents, je pense,
405   Tu murmures je ne sais quoi ?

---

72 *Avouer* : reconnaître.
73 *Se jouer à* : s'attaquer à, s'en prendre à.
74 En *a parte*.

SOSIE

Non ; mais au nom des dieux, donne-moi la licence[75]
De parler un moment à toi.

MERCURE

Parle.

SOSIE   [21]
        Mais promets-moi, de grâce,
    Que les coups n'en seront point.
410   Signons une trêve.

MERCURE

                            Passe ;
    Va, je t'accorde ce point.

SOSIE

Qui te jette, dis-moi, dans cette fantaisie[76] ?
Que te reviendra-t-il de m'enlever mon nom ?
Et peux-tu faire enfin, quand tu serais démon,
415   Que je ne sois pas moi ? que je ne sois Sosie ?

MERCURE[77]
Comment, tu peux...

SOSIE

                            Ah ! tout doux :
    Nous avons fait trêve aux coups.

MERCURE

Quoi ! Pendard, imposteur, coquin...

---

75   La permission.
76   *Fantaisie* : imagination.
77   Mercure lève à nouveau son bâton sur Sosie.

SOSIE

> Pour des injures,
> Dis-m 'en tant que tu voudras :
420 Ce sont légères blessures,
> Et je ne m'en fâche pas.

MERCURE

Tu te dis Sosie ?

SOSIE

Oui, quelque conte frivole…

MERCURE

Sus, je romps notre trêve, et reprends ma parole.

SOSIE

N'importe, je ne puis m'anéantir pour toi,
425 Et souffrir[78] un discours, si loin de l'apparence[79].
Être ce que je suis, est-il en ta puissance ?
> Et puis-je cesser d'être moi ?   [22]
S'avisa-t-on jamais d'une chose pareille ?
Et peut-on démentir cent indices pressants ?
430 Rêvé-je ? est-ce que je sommeille ?
Ai-je l'esprit troublé par des transports[80] puissants ?
> Ne sens-je pas bien que je veille ?
> Ne suis-je pas dans mon bon sens ?
Mon maître Amphitryon ne m'a-t-il pas commis,
435 À venir, en ces lieux, vers Alcmène sa femme ?
Ne lui dois-je pas faire, en lui vantant sa flamme,

---

78   Voir au vers 304.
79   *Apparence* : probabilité, vraisemblance.
80   *Transports* : mouvements passionnés ; mais, employé seul, le mot peut
     aussi désigner un transport au cerveau, un égarement de l'esprit causé
     par quelque maladie, un délire.

Un récit de ses faits[81] contre nos ennemis ?
Ne suis-je pas du port arrivé tout à l'heure[82] ?
    Ne tiens-je pas une lanterne en main ?
440   Ne te trouvé-je pas devant notre demeure ?
Ne t'y parlé-je pas d'un esprit tout humain ?
Ne te tiens-tu pas fort de ma poltronnerie
      Pour m'empêcher d'entrer chez nous ?
N'as-tu pas sur mon dos exercé ta furie ?
445   Ne m'as-tu pas roué de coups ?
    Ah ! tout cela n'est que trop véritable,
      Et, plût au Ciel, le fût-il moins[83] !
Cesse donc d'insulter au sort d'un misérable ;
Et laisse à mon devoir s'acquitter de ses soins.

MERCURE

450   Arrête, ou sur ton dos le moindre pas attire
Un assommant éclat de mon juste courroux[84].
      Tout ce que tu viens de dire,
      Est à moi, hormis les coups[85].
C'est moi qu'Amphitryon députe vers Alcmène,
455   Et qui du port persique[86] arrive de ce pas.
Moi qui viens annoncer la valeur de son bras,

---

81 De ses hauts faits.
82 À l'instant.
83 Et je souhaiterais que cela ne fût pas.
84 La colère amènera Mercure à assommer Sosie.
85 1682, qui indique que les vers 428-453 étaient supprimés à la repré-
    sentation, ajoute ici les quatre vers suivants, prononcés par Sosie : « Ce
    matin du vaisseau, plein de frayeur en l'âme, / Cette lanterne sait comme
    je suis parti. / Amphitryon, du camp, vers Alcmène sa femme / M'a-t-il
    pas envoyé ? » ; et Mercure enchaîne alors : « Vous en avez menti : / C'est
    moi qu'Amphitryon, » etc.
86 C'est le *portu Persico* de Plaute, que Rotrou, à juste raison, avait transformé
    en « port Euboïque », Plaute semblant avoir voulu désigner plutôt la mer
    d'Eubée. Molière garde l'expression de Plaute.

Qui nous fait remporter une victoire pleine,
Et de nos ennemis a mis le chef à bas.
C'est moi qui suis Sosie enfin, de certitude[87] ;
460   Fils de Dave, honnête berger ;   [23]
Frère d'Arpage, mort en pays étranger ;
                Mari de Cléanthis la prude,
                Dont l'humeur me fait enrager.
Qui dans Thèbe(s) ai reçu mille coups d'étrivière[88],
465   Sans en avoir jamais dit rien[89].
Et jadis, en public, fus marqué par derrière[90],
                Pour être trop homme de bien[91].

                        SOSIE[92]
        Il a raison. à moins d'être Sosie,
        On ne peut pas savoir tout ce qu'il dit.
470   Et dans l'étonnement[93] dont mon âme est saisie,
        Je commence, à mon tour, à le croire un petit[94].
        En effet, maintenant que je le considère,
        Je vois qu'il a de moi, taille, mine, action[95].
                Faisons-lui quelque question,
475   Afin d'éclairer ce mystère.
        Parmi tout le butin fait sur nos ennemis,
        Qu'est-ce qu'Amphitryon obtient pour son partage ?

---

87   Certainement.
88   « *Étrivières* : courroie de cuir par laquelle les étriers sont suspendus » ;
     donner des étrivières, c'est châtier les valets, les fouetter avec ces étrivières
     (Furetière).
89   Quoi que ce soit (sens positif de *rien*). C'est-à-dire : sans une plainte.
90   « On *marque*, on flétrit les coupeurs de bourse d'une fleur de lis sur
     l'épaule » (Furetière). La marque au fer rouge était appliquée aux criminels.
91   Joli trait d'ironie de valet, qui parle par antiphrase.
92   Les huit premiers vers de cette réplique sont un aparté.
93   Sens fort, comme *étonner* : stupéfaction.
94   *Un petit* : un peu.
95   *L'action* désigne les gestes et l'attitude.

MERCURE

Cinq fort gros diamants, en nœud[96] proprement mis,
Dont leur chef se parait, comme d'un rare ouvrage.

SOSIE

480   À qui destine-t-il un si riche présent ?

MERCURE

À sa femme ; et sur elle il le veut voir paraître.

SOSIE

Mais où, pour l'apporter, est-il mis à présent ?

MERCURE

Dans un coffret, scellé des armes de mon maître[97].

SOSIE[98]

Il ne ment pas d'un mot à chaque repartie,
485   Et de moi je commence à douter tout de bon.
Près de moi, par la force, il est déjà Sosie ;
Il pourrait bien encor l'être par la raison.   [24]
Pourtant, quand je me tâte et que je me rappelle,
          Il me semble que je suis moi.
490   Où puis-je rencontrer quelque clarté fidèle,
          Pour démêler ce que je vois ?
Ce que j'ai fait tout seul, et que n'a vu personne,
À moins d'être moi-même, on ne le peut savoir.
Par cette question il faut que je l'étonne[99] :

_____

96   *Nœuds de diamants :* les diamants forment un ornement en forme de
     nœud.
97   Le sceau représente les armoiries d'Amphitryon.
98   Seuls les deux derniers vers de la réplique sont adressés à Mercure ; le
     reste en *a parte.*
99   Voir au v. 102.

495   C'est de quoi le confondre, et nous allons le voir.
         Lorsqu'on était aux mains, que fis-tu dans nos tentes
                    Où tu courus seul te fourrer ?

                              MERCURE
         D'un jambon…

                               SOSIE
                            L'y voilà !

                              MERCURE
                                Que j'allai déterrer,
         Je coupai bravement deux tranches succulentes,
500   Dont je sus fort bien me bourrer ;
         Et joignant à cela d'un vin que l'on ménage[100],
         Et dont, avant le goût, les yeux se contentaient,
                     Je pris un peu de courage,
                    Pour nos gens qui se battaient.

                               SOSIE
505   Cette preuve sans pareille
                    En sa faveur conclut bien ;
                    Et l'on n'y peut dire rien,
                    S'il n'était dans la bouteille[101].
         Je ne saurais nier, aux preuves qu'on m'expose,
510   Que tu ne sois Sosie ; et j'y donne ma voix.
         Mais si tu l'es, dis-moi qui tu veux que je sois ?
         Car encor faut-il bien que je sois quelque chose.

---

100 Que l'on ne boit que dans les grandes occasions.
101 Comprendre : tout cela est indiscutable ; c'est à croire qu'il était caché
     dans la bouteille (celle du vin dont Sosie arrosa les deux tranches de
     jambon !). Quatre vers prononcés en *a parte*.

MERCURE

Quand je ne serai plus Sosie,
    Sois-le, j'en demeure d'accord ;   [25]
515 Mais tant que je le suis, je te garantis mort,
    Si tu prends cette fantaisie.

SOSIE

Tout cet embarras[102] met mon esprit sur les dents[103] ;
    Et la raison à ce qu'on voit s'oppose.
    Mais il faut terminer enfin par quelque chose,
520 Et le plus court pour moi, c'est d'entrer là-dedans.

MERCURE[104]

Ah ! tu prends donc, pendard, goût à la bastonnade ?

SOSIE

Ah ! qu'est-ce ci, grands dieux ! il frappe un ton
                             [plus fort[105] ;
    Et mon dos, pour un mois, en doit être malade.
    Laissons ce diable d'homme ; et retournons au port.
525 Ô juste Ciel ! j'ai fait une belle ambassade !

MERCURE

Enfin, je l'ai fait fuir ; et sous ce traitement
De beaucoup d'actions il a reçu la peine.
Mais je vois Jupiter, que fort civilement
    Reconduit l'amoureuse Alcmène.

---

102 *Embarras* : situation confuse, embrouillée.
103 Met mon esprit dans une attente fébrile, dans l'embarras. Noter le joli
    rapprochement entre l'*esprit* et la métaphore concrète des *dents*.
104 Mercure joint le geste à la parole.
105 Il frappe d'un degré d'intensité plus fort.

Scène 3[106]

JUPITER[107], ALCMÈNE, CLÉANTHIS, MERCURE

JUPITER

530   Défendez, chère Alcmène, aux flambeaux
                              [d'approcher ;
       Ils m'offrent des plaisirs en m'offrant votre vue ;
       Mais ils pourraient ici découvrir ma venue,   [C] [26]
                 Qu'il est à propos de cacher.
       Mon amour, que gênaient[108] tous ces soins éclatants
535   Où me tenait lié la gloire de nos armes,
       Au devoir de ma charge a volé les instants
                 Qu'il vient de donner à vos charmes[109].
       Ce vol, qu'à vos beautés mon cœur a consacré,
       Pourrait être blâmé dans la bouche publique ;
540   Et j'en veux, pour témoin unique,
                 Celle qui peut m'en savoir gré.

ALCMÈNE

       Je prends, Amphitryon, grande part à la gloire[110],
       Que répandent sur vous vos illustres exploits ;
                 Et l'éclat de votre victoire
545   Sait toucher de mon cœur les sensibles endroits.
              Mais quand je vois que cet honneur fatal
                 Éloigne de moi ce que j'aime,
       Je ne puis m'empêcher, dans ma tendresse extrême,
                 De lui vouloir un peu de mal,
550   Et d'opposer mes vœux à cet ordre suprême

---

106 *Cf.* Plaute, I, 3 et Rotrou, I, 5.
107 Sous la figure d'Amphitryon, évidemment.
108 *Gêner* : torturer.
109 *Charme*, au sens fort de « puissance magique ».
110 J'éprouve les mêmes sentiments que vous quant à la gloire.

Qui des Thébains vous fait le général.
C'est une douce chose, après une victoire,
Que la gloire où l'on voit ce qu'on aime élevé ;
Mais parmi les périls mêlés à cette gloire,
555   Un triste coup, hélas ! est bientôt arrivé.
De combien de frayeurs a-t-on l'âme blessée,
     Au moindre choc[111] dont on entend parler !
Voit-on, dans les horreurs d'une telle pensée,
     Par où jamais se consoler
560   Du coup dont on est menacée ?
Et de quelque laurier qu'on couronne un vainqueur ;
Quelque part que l'on ait à cet honneur suprême,
Vaut-il ce qu'il en coûte aux tendresses d'un cœur
Qui peut, à tout moment, trembler pour ce qu'il
                              [aime ?

JUPITER   [27]
565   Je ne vois rien en vous, dont mon feu ne s'augmente.
Tout y marque à mes yeux un cœur bien enflammé ;
Et c'est, je vous l'avoue, une chose charmante[112],
De trouver tant d'amour dans un objet aimé.
Mais, si je l'ose dire, un scrupule me gêne[113],
570   Aux tendres sentiments que vous me faites voir ;
Et pour les bien goûter, mon amour, chère Alcmène,
Voudrait n'y voir entrer, rien de votre devoir :
Qu'à votre seule ardeur, qu'à ma seule personne,
Je dusse les faveurs que je reçois de vous ;
575   Et que la qualité que j'ai de votre époux,
          Ne fût point ce qui me les donne.

---

111 Au moindre combat.
112 Sens fort, comme *charme.*
113 Me fait souffrir.

ALCMÈNE

C'est de ce nom pourtant que l'ardeur qui me brûle,
        Tient le droit de paraître au jour ;
Et je ne comprends rien à ce nouveau scrupule,
580   Dont s'embarrasse votre amour.

JUPITER

Ah ! ce que j'ai pour vous d'ardeur, et de tendresse,
        Passe[114] aussi celle d'un époux ;
Et vous ne savez pas, dans des moments si doux,
        Quelle en est la délicatesse[115].
585 Vous ne concevez point qu'un cœur bien amoureux
Sur cent petits égards s'attache avec étude
        Et se fait une inquiétude,
        De la manière d'être heureux.
        En moi, belle et charmante Alcmène,
590 Vous voyez un mari, vous voyez un amant ;
Mais l'amant seul me touche, à parler franchement,
Et je sens, près de vous, que le mari le gêne.
Cet amant, de vos vœux jaloux au dernier point,
Souhaite qu'à lui seul votre cœur s'abandonne,
595   Et sa passion ne veut point,
        De ce que le mari lui donne.   [C ij] [28]
Il veut de pure source obtenir vos ardeurs ;
Et ne veut rien tenir des nœuds de l'hyménée,
Rien d'un fâcheux devoir, qui fait agir les cœurs,
600 Et par qui, tous les jours, des plus chères faveurs
        La douceur est empoisonnée.
Dans le scrupule enfin, dont il est combattu,
Il veut, pour satisfaire à sa délicatesse,
Que vous le sépariez d'avec ce qui le blesse,

---

114 Dépasse.
115 *Délicatesse* : raffinement.

605 Que le mari ne soit que pour votre vertu,
Et que de votre cœur, de bonté revêtu,
L'amant ait tout l'amour, et toute la tendresse.

ALCMÈNE

Amphitryon, en vérité,
Vous vous moquez de tenir ce langage ;
610 Et j'aurais peur qu'on ne vous crût pas sage,
Si de quelqu'un vous étiez écouté.

JUPITER

Ce discours est plus raisonnable,
Alcmène, que vous ne pensez.
Mais un plus long séjour me rendrait trop coupable,
615 Et du retour au port, les moments sont pressés.
Adieu. De mon devoir l'étrange[116] barbarie,
Pour un temps, m'arrache de vous.
Mais, belle Alcmène, au moins, quand vous verrez
[l'époux,
Songez à l'amant, je vous prie.

ALCMÈNE

620 Je ne sépare point ce qu'unissent les dieux[117],
Et l'époux et l'amant me sont fort précieux.

---

116 *Étrange* : extraordinaire.
117 Les chrétiens pensent évidemment à Matthieu, 19, 6, qui rapporte la
réponse du Christ aux Pharisiens à propos du mariage de l'homme et
de la femme et de la répudiation : « Ainsi ils ne sont plus deux, mais
une seule chair. Que l'homme ne sépare pas ce que Dieu a uni ! ». Mais,
visiblement, ce n'est pas à l'union de l'homme et de la femme que songe
Alcmène, qui pense que les dieux veulent unis, en un même homme,
l'amant et l'époux. Jeu d'anachronisme avec l'Évangile dont les spectateurs de Molière étaient familiers.

CLÉANTHIS[118]
Ô Ciel ! que d'aimables caresses[119]
D'un époux ardemment chéri !
Et que mon traître de mari
625   Est loin de toutes ces tendresses !

MERCURE   [29]
La Nuit, qu'il me faut avertir,
N'a plus qu'à plier tous ses voiles ;
Et, pour effacer les étoiles,
Le Soleil, de son lit, peut maintenant sortir.

Scène 4
CLÉANTHIS, MERCURE

Mercure veut s'en aller[120].

CLÉANTHIS
630   Quoi, c'est ainsi que l'on me quitte ?

MERCURE
Et comment donc ? ne veux-tu pas,
Que de mon devoir je m'acquitte ?
Et que d'Amphitryon j'aille suivre les pas ?

CLÉANTHIS
Mais avec cette brusquerie,
635   Traître, de moi te séparer !

---

118 Les deux répliques de Cléanthis et de Mercure sont des apartés.
119 *Caresses* : démonstrations d'amour.
120 Mais Cléanthis va l'arrêter.

MERCURE

Le beau sujet de fâcherie !
Nous avons tant de temps ensemble à demeurer.

CLÉANTHIS

Mais quoi ! partir ainsi d'une façon brutale,
Sans me dire un seul mot de douceur pour régale[121] !

MERCURE

640   Diantre, où veux-tu que mon esprit
             T'aille chercher des fariboles ?
Quinze ans de mariage[122] épuisent les paroles ;
Et depuis un long temps, nous nous sommes tout
                                              [dit.

CLÉANTHIS   [C iij] [30]
             Regarde, traître, Amphitryon.
645   Vois combien, pour Alcmène, il étale de flamme.
Et rougis là-dessus, du peu de passion[123]
             Que tu témoignes pour ta femme.

MERCURE

Hé, mon Dieu ! Cléanthis, ils sont encore amants.
             Il est certain âge où tout passe ;
650   Et ce qui leur sied bien dans ces commencements,
En nous, vieux mariés, aurait mauvaise grâce.
Il nous ferait beau voir[124], attachés face à face,
             À pousser les beaux sentiments !

---

121 Un *régal* ou un *régale* : cadeau, présent.
122 Diérèse.
123 Autre diérèse.
124 Nous aurions l'air ridicule.

CLÉANTHIS

Quoi ! suis-je hors d'état, perfide, d'espérer
655   Qu'un cœur auprès de moi soupire ?

MERCURE

Non, je n'ai garde de le dire ;
Mais je suis trop barbon, pour oser soupirer,
Et je ferais crever de rire.

CLÉANTHIS

Mérites-tu, pendard, cet insigne bonheur,
660   De te voir, pour épouse, une femme d'honneur ?

MERCURE

Mon Dieu, tu n'es que trop honnête ;
Ce grand honneur ne me vaut rien.
Ne sois point si femme de bien,
Et me romps un peu moins la tête.

CLÉANTHIS

665   Comment ? de trop bien vivre on te voit me blâmer ?

MERCURE

La douceur d'une femme est tout ce qui me charme ;
Et ta vertu fait un vacarme,
Qui ne cesse de m'assommer.

CLÉANTHIS   [31]

Il te faudrait des cœurs pleins de fausses tendresses,
670   De ces femmes aux beaux et louables talents,
Qui savent accabler leurs maris de caresses,
Pour leur faire avaler l'usage des galants.

MERCURE

Ma foi, veux-tu que je te dise ?
Un mal d'opinion[125] ne touche que les sots.
675   Et je prendrais pour ma devise,
           Moins d'honneur et plus de repos.

CLÉANTHIS

Comment ! tu souffrirais[126], sans nulle répugnance,
Que j'aimasse un galant avec toute licence[127] ?

MERCURE

Oui, si je n'étais plus de tes cris rebattu,
680   Et qu'on te vît changer d'humeur et de méthode.
           J'aime mieux un vice commode,
           Qu'une fatigante vertu.
           Adieu, Cléanthis, ma chère âme,
           Il me faut suivre Amphitryon.
           Il s'en va.

CLÉANTHIS

685   Pourquoi, pour punir cet infâme,
   Mon cœur n'a-t-il assez de résolution ?
           Ah ! que dans cette occasion,
           J'enrage d'être honnête femme !

Fin du premier Acte.

---

125 Un mal qui n'est un mal qu'en idée, dans l'imagination. Mercure,
   d'ailleurs, comme le Chrysalde de *L'École des femmes*, préférerait le cocuage,
   qui n'est pas tant mal que cela, à la charge d'une femme vertueuse mais
   insupportable (IV, 8, vers 1288-1305) !
126 Tu supporterais.
127 En toute liberté.

ACTE II   [32]

Scène PREMIÈRE[128]
AMPHITRYON, SOSIE

AMPHITYRYON
Viens çà, bourreau[129], viens çà. Sais-tu, maître fripon,
690   Qu'à te faire assommer, ton discours peut suffire ?
Et que pour te traiter comme je le désire,
       Mon courroux n'attend qu'un bâton.

SOSIE
      Si vous le prenez sur ce ton,
      Monsieur, je n'ai plus rien à dire ;
695   Et vous aurez toujours raison.

AMPHITRYON
Quoi ! tu veux me donner pour des vérités, traître,
Des contes que je vois d'extravagance outrés[130] ?

SOSIE
Non, je suis le valet, et vous êtes le maître ;
Il n'en sera, Monsieur, que ce que vous voudrez. [33]

AMPHITRYON
700   Çà, je veux étouffer le courroux qui m'enflamme,
Et, tout du long, t'ouïr sur ta commission[131].

---

128 *Cf.* Plaute, *Amphitruo*, II, 1.
129 *Bourreau* est employé comme terme de reproche, et marque l'humeur,
    l'impatience et la colère du maître.
130 *Outrer de* : remplir exagérément de.
131 Deux diérèses dans cet alexandrin (*ouïr* et *commission*).

Il faut, avant que[132] voir ma femme,
Que je débrouille ici cette confusion.
Rappelle tous tes sens ; rentre bien dans ton âme,
705   Et réponds, mot pour mot, à chaque question.

SOSIE

Mais de peur d'incongruité,
Dites-moi, de grâce, à l'avance,
De quel air il vous plaît que ceci soit traité.
Parlerai-je, Monsieur, selon ma conscience,
710   Ou comme auprès des grands on le voit usité ?
Faut-il dire la vérité,
Ou bien user de complaisance ?

AMPHITRYON

Non, je ne te veux obliger
Qu'à me rendre de tout un compte fort sincère.

SOSIE

715   Bon, c'est assez ; laissez-moi faire ;
Vous n'avez qu'à m'interroger.

AMPHITRYON

Sur l'ordre que tantôt je t'avais su[133] prescrire ?

SOSIE

Je suis parti, les cieux d'un noir crêpe voilés,
Pestant fort contre vous dans ce fâcheux martyre,
720   Et maudissant vingt fois l'ordre dont vous parlez.

---

132 *Avant que* suivi d'un infinitif prépositionnel marque aussi l'antériorité
au XVIIᵉ siècle, et équivaut à *avant de*.
133 La périphrase *savoir* suivi d'un infinitif ne semble pas exprimer ici une
modalité bien précise, et *savoir* fonctionne un peu comme une sorte
d'auxiliaire.

AMPHITRYON
Comment, coquin ?

SOSIE
Monsieur, vous n'avez rien qu'à
[dire[134],
Je mentirai, si vous voulez.

AMPHITRYON   [34]
Voilà comme un valet montre pour nous du zèle.
Passons. Sur les chemins que t'est-il arrivé ?

SOSIE
725   D'avoir une frayeur mortelle,
        Au moindre objet que j'ai trouvé.

AMPHITRYON
Poltron !

SOSIE
En nous formant, Nature a ses caprices.
Divers penchants en nous elle fait observer.
Les uns à s'exposer trouvent mille délices ;
730   Moi, j'en trouve à me conserver.

AMPHITRYON
Arrivant au logis ?

SOSIE
J'ai devant notre porte,
En moi-même voulu répéter un petit[135],

_____
134 Vous n'avez rien à faire que de dire, vous n'avez qu'à le dire.
135 Un petit peu.

> Sur quel ton et de quelle sorte,
> Je ferais du combat le glorieux récit.

AMPHITRYON

735 Ensuite ?

SOSIE

> On m'est venu troubler, et mettre en peine.

AMPHITRYON

Et qui ?

SOSIE

> Sosie, un moi, de vos ordres jaloux,
> Que vous avez du port envoyé vers Alcmène,
> Et qui de nos secrets a connaissance pleine,
> Comme le moi qui parle à vous.

AMPHITRYON

740 Quels contes !

SOSIE   [35]

> Non, Monsieur, c'est la vérité pure.
> Ce moi, plus tôt que moi, s'est au logis trouvé ;
> Et j'étais venu, je vous jure,
> Avant que je fusse arrivé.

AMPHITRYON

> D'où peut procéder, je te prie,
745 Ce galimatias maudit ?
> Est-ce songe ? est-ce ivrognerie ?
> Aliénation d'esprit ?

Ou méchante[136] plaisanterie ?

SOSIE

Non, c'est la chose comme elle est,
750   Et point du tout conte frivole.
Je suis homme d'honneur, j'en donne ma parole,
          Et vous m'en croirez, s'il vous plaît.
Je vous dis que croyant n'être qu'un seul Sosie,
          Je me suis trouvé deux chez nous.
755   Et que de ces deux moi piqués de jalousie,
L'un est à la maison, et l'autre est avec vous.
Que le moi que voici, chargé de lassitude,
A trouvé l'autre moi frais, gaillard et dispos,
          Et n'ayant d'autre inquiétude,
760   Que de battre et casser des os.

AMPHITRYON

Il faut être, je le confesse,
D'un esprit bien posé, bien tranquille, bien doux,
Pour souffrir[137] qu'un valet de chansons me repaisse.

SOSIE

Si vous vous mettez en courroux,
765   Plus de conférence[138] entre nous ;
Vous savez que d'abord[139] tout cesse.

AMPHITRYON

Non, sans emportement je te veux écouter.
Je l'ai promis. Mais dis, en bonne conscience,   [36]

---

136 Mauvaise.
137 Supporter.
138 *Conférence* : entretien, conversation privée.
139 *D'abord* : aussitôt.

Au mystère nouveau que tu me viens conter,
770   Est-il quelque ombre d'apparence ?

SOSIE

Non ; vous avez raison ; et la chose à chacun,
          Hors de créance[140] doit paraître.
          C'est un fait à n'y rien connaître[141] ;
Un conte extravagant, ridicule, importun ;
775   Cela choque le sens commun :
          Mais cela ne laisse pas d'être[142].

AMPHITRYON

Le moyen d'en rien croire[143], à moins qu'être insensé ?

SOSIE

Je ne l'ai pas cru, moi, sans une peine extrême.
Je me suis, d'être deux, senti l'esprit blessé[144] ;
780   Et longtemps, d'imposteur j'ai traité ce moi-même.
Mais à me reconnaître[145], enfin il m'a forcé :
J'ai vu que c'était moi, sans aucun stratagème.
Des pieds jusqu'à la tête, il est comme moi fait,
Beau, l'air noble, bien pris, les manières charmantes :
785   Enfin deux gouttes de lait
          Ne sont pas plus ressemblantes ;
Et n'était que ses mains sont un peu trop pesantes,
          J'en serais fort satisfait.

---

140 *Créance* : caractère de ce qui est croyable ; *hors de créance* : incroyable.
141 *Connaître* : reconnaître, comprendre.
142 Mais cela est néanmoins.
143 D'en croire quelque chose (sens positif de *rien*).
144 *Blesser* : troubler au point de rendre fou.
145 À reconnaître qui j'étais réellement.

AMPHITRYON

À quelle patience il faut que je m'exhorte !

790   Mais enfin, n'es-tu pas entré dans la maison ?

SOSIE

Bon, entré ! Hé !de quelle sorte ?

Ai-je voulu jamais entendre de raison ?

Et ne me suis-je pas interdit notre porte ?

AMPHITRYON

Comment donc ?

SOSIE   [37]

Avec un bâton,

795   Dont mon dos sent encor une douleur très forte.

AMPHITRYON

On t'a battu ?

SOSIE

Vraiment !

AMPHITRYON

Et qui ?

SOSIE

Moi.

AMPHITRYON

Toi, te battre ?

SOSIE

Oui, moi ; non pas le moi d'ici,

Mais le moi du logis, qui frappe comme quatre.

AMPHITRYON

Te confonde le Ciel, de me parler ainsi !

SOSIE

800   Ce ne sont point des badinages.
          Le moi que j'ai trouvé tantôt
Sur le moi qui vous parle a de grands avantages :
          Il a le bras fort, le cœur haut ;
          J'en ai reçu des témoignages,
805   Et ce diable de moi m'a rossé comme il faut ;
          C'est un drôle qui fait des rages[146].

AMPHITRYON

Achevons. As-tu vu ma femme ?

SOSIE

                    Non.

AMPHITRYON

                              Pourquoi ?

SOSIE

Par une raison assez forte.

AMPHITRYON   [D] [38]

Qui t'a fait y manquer, maraud, explique-toi ?

SOSIE

810   Faut-il le répéter vingt fois de même sorte ?

---

146 Un *drôle* est, selon Furetière, un bon compagnon, un gaillard prêt à tout,
    plutôt dangereux. Il *fait des rages*, comme *il fait rage* : il est merveilleux
    de vigueur.

Moi, vous dis-je, ce moi plus robuste que moi,
Ce moi, qui s'est de force emparé de la porte.
   Ce moi qui m'a fait filer doux,
   Ce moi, qui le seul moi veut être,
815   Ce moi, de moi-même jaloux,
   Ce moi vaillant, dont le courroux,
   Au moi poltron s'est fait connaître,
   Enfin ce moi qui suis chez nous,
   Ce moi qui s'est montré mon maître,
820   Ce moi qui m'a roué de coups[147].

AMPHITRYON

Il faut que ce matin, à force de trop boire,
   Il se soit troublé le cerveau.

SOSIE

Je veux être pendu, si j'ai bu que de l'eau[148] :
   À mon serment on m'en peut croire.

AMPHITRYON

825 Il faut donc qu'au sommeil tes sens se soient portés ?
Et qu'un songe fâcheux, dans ses confus mystères,
   T'ait fait voir toutes les chimères,
   Dont tu me fais des vérités.

SOSIE

   Tout aussi peu. Je n'ai point sommeillé ;
830   Et n'en ai même aucune envie.
   Je vous parle bien éveillé,
J'étais bien éveillé ce matin, sur ma vie.
Et bien éveillé même était l'autre Sosie,

---

147 *Cf.* dans Rotrou, *Les Sosies*, II, 1, vers 586-589, l'ébauche de ce couplet.
148 Autre chose que de l'eau.

Quand il m'a si bien étrillé.

AMPHITRYON

835   Suis-moi, je t'impose silence.
          C'est trop me fatiguer l'esprit.   [39]
Et je suis un vrai fou, d'avoir la patience,
D'écouter d'un valet, les sottises qu'il dit.

SOSIE

          Tous les discours sont des sottises,
840   Partant d'un homme sans éclat.
          Ce serait paroles exquises,
          Si c'était un grand qui parlât.

AMPHITRYON

          Entrons, sans davantage attendre.
Mais Alcmène paraît avec tous ses appas.
845   En ce moment, sans doute[149], elle ne m'attend pas,
          Et mon abord[150] la va surprendre.

Scène 2[151]
ALCMÈNE, CLÉANTHIS, AMPHITRYON, SOSIE

ALCMÈNE
Allons pour mon époux, Cléanthis, vers[152] les dieux
          Nous acquitter de nos hommages;
Et les remercier des succès glorieux[153],
850   Dont Thèbes, par son bras, goûte les avantages.

---

149 Assurément.
150 *Abord* : arrivée.
151 *Cf.* Plaute, *Amphitruo*, II, 2 et Rotrou, *Les Sosies*, II, 3-4.
152 Envers.
153 Diérèse presque attendue.

Ô dieux !

AMPHITRYON

Fasse le Ciel qu'Amphitryon vainqueur
Avec plaisir soit revu de sa femme ;
Et que ce jour favorable à ma flamme,
Vous redonne à mes yeux, avec le même cœur,
855   Que j'y retrouve autant d'ardeur,
Que vous en rapporte mon âme. [D ij] [40]

ALCMÈNE[154]

Quoi ! de retour si tôt ?

AMPHITRYON

Certes, c'est en ce jour,
Me donner de vos feux, un mauvais témoignage ;
Et ce « Quoi ! si tôt de retour »,
860   En ces occasions, n'est guère le langage
D'un cœur bien enflammé d'amour.
J'osais me flatter en moi-même,
Que loin de vous j'aurais trop demeuré.
L'attente d'un retour ardemment désiré
865   Donne à tous les instants une longueur extrême ;
Et l'absence de ce qu'on aime,
Quelque peu qu'elle dure, a toujours trop duré.

ALCMÈNE

Je ne vois…

AMPHITRYON

Non, Alcmène, à son impatience
On mesure le temps en de pareils états ;

---

154 Alcmène aperçoit seulement Amphitryon quand il s'adresse à elle.

870   Et vous comptez les moments de l'absence,
                      En personne qui n'aime pas.
                      Lorsque l'on aime comme il faut,
                      Le moindre éloignement nous tue ;
                      Et ce dont on chérit la vue,
875   Ne revient jamais assez tôt.
                      De votre accueil, je le confesse,
              Se plaint ici mon amoureuse ardeur ;
                      Et j'attendais de votre cœur,
              D'autres transports de joie, et de tendresse.

                      ALCMÈNE
880   J'ai peine à comprendre sur quoi
       Vous fondez les discours que je vous entends faire ;
                      Et si vous vous plaignez de moi,
                      Je ne sais pas, de bonne foi,   [41]
                      Ce qu'il faut pour vous satisfaire.
885   Hier au soir, ce me semble, à votre heureux retour,
       On me vit témoigner une joie assez tendre,
                      Et rendre aux soins de votre amour
       Tout ce que de mon cœur vous aviez lieu d'attendre.

                      AMPHITRYON
       Comment ?

                      ALCMÈNE
                      Ne fis-je pas éclater à vos yeux,
890   Les soudains mouvements d'une entière allégresse ?
       Et le transport d'un cœur peut-il s'expliquer mieux,
       Au retour d'un époux qu'on aime avec tendresse ?

                      AMPHITRYON
       Que me dites-vous là ?

ALCMÈNE

Que même votre amour
Montra, de mon accueil, une joie incroyable ;
895   Et que m'ayant quittée[155] à la pointe du jour,
Je ne vois pas qu'à ce soudain retour,
Ma surprise soit si coupable.

AMPHITRYON

Est-ce que du retour que j'ai précipité
Un songe, cette nuit, Alcmène, dans votre âme,
900   A prévenu la vérité[156] ?
Et que m'ayant, peut-être, en dormant, bien traité,
Votre cœur se croit, vers[157] ma flamme
Assez amplement acquitté ?

ALCMÈNE

Est-ce qu'une vapeur[158], par sa malignité,
905   Amphitryon, a dans votre âme
Du retour d'hier au soir brouillé la vérité ?
Et que du doux accueil duquel je m'acquittai,
Votre cœur prétend à ma flamme,
Ravir toute l'honnêteté[159] ?   [D iij] [42]

AMPHITRYON

910   Cette vapeur, dont vous me régalez[160],
Est un peu, ce me semble, étrange[161].

---

155 Et que, comme vous m'avez quittée.
156 Est-ce qu'un songe a précédé la vérité de mon retour ?
157 Envers.
158 *Vapeur* : « fumée d'un sang échauffé qui monte au cerveau » (Richelet).
159 Alcmène a accueilli Amphitryon comme doit le faire une honnête épouse,
      et elle ne comprend pas la présente accusation de son mari.
160 *Régaler*, c'est faire un présent ; Amphitryon emploie le mot ironiquement.
161 *Étrange* : extraordinaire, scandaleux.

ALCMÈNE

C'est ce qu'on peut donner pour change,
Au songe dont vous me parlez[162].

AMPHITRYON

À moins d'un songe, on ne peut pas, sans
[doute[163],
915   Excuser ce qu'ici votre bouche me dit.

ALCMÈNE

À moins d'une vapeur, qui vous trouble l'esprit,
On ne peut pas sauver[164] ce que de vous j'écoute.

AMPHITRYON

Laissons un peu cette vapeur, Alcmène.

ALCMÈNE

Laissons un peu ce songe, Amphitryon.

AMPHITRYON

920   Sur le sujet dont il est question,
Il n'est guère de jeu que trop loin on ne mène.

ALCMÈNE

Sans doute[165] ; et pour marque certaine,
Je commence à sentir un peu d'émotion[166].

AMPHITRYON

Est-ce donc que par là vous voulez essayer

---

162 C'est ce qu'on peut donner en réponse, en retour, à ce songe dont vous
    parlez.
163 Assurément.
164 *Sauver* : excuser.
165 Assurément.
166 *Émotion* : malaise.

925   À réparer l'accueil dont je vous ai fait plainte ?

ALCMÈNE
Est-ce donc que par cette feinte,
Vous désirez vous égayer ?

AMPHITRYON
Ah ! de grâce, cessons, Alcmène, je vous prie ;
Et parlons sérieusement.

ALCMÈNE
930   Amphitryon, c'est trop pousser l'amusement[167] ;
Finissons cette raillerie.   [43]

AMPHITRYON
Quoi ! vous osez me soutenir en face
Que plus tôt qu'à cette heure[168] on m'ait ici pu voir ?

ALCMÈNE
Quoi ! vous voulez nier avec audace,
935   Que dès hier, en ces lieux, vous vîntes sur le soir ?

AMPHITRYON
Moi, je vins hier ?

ALCMÈNE
Sans doute. Et dès devant
[l'aurore[169],
Vous vous en êtes retourné.

---

167 *Amusement* : retard, perte de temps.
168 Avant l'instant présent.
169 Assurément. Et dès avant l'aurore.

AMPHITRYON[170]

Ciel ! un pareil débat s'est-il pu voir encore !
Et qui, de tout ceci, ne serait étonné[171] ?
940   Sosie ?

SOSIE

Elle a besoin de six grains d'ellébore[172],
Monsieur, son esprit est tourné[173] !

AMPHITRYON

Alcmène, au nom de tous les dieux,
Ce discours a d'étranges[174] suites.
Reprenez vos sens un peu mieux,
945   Et pensez à ce que vous dites.

ALCMÈNE

J'y pense mûrement aussi,
Et tous ceux du logis ont vu votre arrivée.
J'ignore quel motif vous fait agir ainsi ;
Mais si la chose avait besoin d'être prouvée,
950   S'il était vrai qu'on pût bien ne s'en souvenir pas,
De qui puis-je tenir, que de vous, la nouvelle
          Du dernier de tous vos combats ?
Et les cinq diamants que portait Ptérélas,
          Qu'a fait dans la nuit éternelle
955   Tomber l'effort de vos bras ?

---

170 Amphitryon cesse de s'adresser à Alcmène, puis parle à Sosie ; avant de
     reprendre le dialogue avec sa femme.
171 *Étonner* : ébranler, abasourdir.
172 « On dit proverbialement qu'un homme a besoin de deux grains d'ellébore,
     pour dire qu'il est fou ; parce qu'autrefois on se servait d'ellébore pour
     guérir la folie » (Furetière).
173 Son esprit tourne à la folie.
174 Voir au vers 911.

En pourrait-on vouloir un plus sûr témoignage ?

AMPHITRYON
Quoi ! je vous ai déjà donné
Le nœud de diamants que j'eus pour mon partage,
Et que je vous ai destiné ?

ALCMÈNE
960   Assurément. Il n'est pas difficile
De vous en bien convaincre.

AMPHITRYON
Et comment ?

ALCMÈNE[175]
Le voici.

AMPHITRYON
Sosie !

SOSIE
Elle se moque et je le tiens ici[176] ;
Monsieur, la feinte est inutile.

AMPHITRYON
Le cachet est entier.

ALCMÈNE
Est-ce une vision ?
965   Tenez. Trouverez-vous cette preuve assez forte ?

---

175 Alcmène montre à sa ceinture le nœud de diamants (didascalie de 1734).
176 Sosie tire alors le coffret de sa poche, le montre à son maître, qui vérifie
que le sceau n'a pas été brisé.

AMPHITRYON

Ah ! Ciel ! ô juste Ciel !

ALCMÈNE

Allez, Amphitryon,
Vous vous moquez d'en user de la sorte ;
Et vous en devriez avoir confusion.

AMPHITRYON

Romps vite ce cachet.

SOSIE, *ayant ouvert le coffret.*

Ma foi, la place est vide.
970 Il faut que par magie on ait su le tirer ;
Ou bien que de lui-même il soit venu, sans guide, [45]
Vers celle qu'il a su qu'on en voulait parer.

AMPHITRYON[177]

Ô dieux, dont le pouvoir sur les choses préside,
Quelle est cette aventure[178] ! et qu'en puis-je augurer,
975   Dont mon amour ne s'intimide[179] !

SOSIE

Si sa bouche dit vrai, nous avons même sort,
Et de même que moi, Monsieur, vous êtes double.

AMPHITRYON

Tais-toi.

---

177 Nouvel aparté d'Amphitryon.
178 *L'aventure* est ce qui arrive.
179 *Intimider* : remplir de crainte.

ALCMÈNE

Sur quoi vous étonner[180] si fort ?
Et d'où peut naître ce grand trouble ?

AMPHITRYON

980   Ô Ciel, quel étrange embarras[181] !
Je vois des incidents qui passent la nature ;
Et mon honneur redoute une aventure[182]
Que mon esprit ne comprend pas.

ALCMÈNE

Songez-vous, en tenant preuve sensible,
985   À me nier encor votre retour pressé ?

AMPHITRYON

Non ; mais à ce retour, daignez, s'il est possible,
Me conter ce qui s'est passé.

ALCMÈNE

Puisque vous demandez un récit de la chose,
Vous voulez dire donc que ce n'était pas vous ?

AMPHITRYON

990   Pardonnez-moi ; mais j'ai certaine cause,
Qui me fait demander ce récit entre nous.

ALCMÈNE

Les soucis importants, qui vous peuvent saisir,
Vous ont-ils fait si vite en perdre la mémoire ?

---

180 Voir au vers 939.
181 Quelle confusion (*embarras*) extraordinaire (*étrange*) !
182 Voir au vers 974.

AMPHITRYON   [46]
Peut-être ; mais enfin, vous me ferez plaisir
995   De m'en dire toute l'histoire[183].

ALCMÈNE
L'histoire n'est pas longue. À vous je m'avançai,
        Pleine d'une aimable surprise ;
        Tendrement je vous embrassai,
Et témoignai ma joie, à plus d'une reprise.

AMPHITRYON, *en soi-même.*
1000   Ah ! d'un si doux accueil je me serais passé.

ALCMÈNE
Vous me fîtes d'abord un présent d'importance,
Que du butin conquis vous m'aviez destiné.
        Votre cœur, avec véhémence,
M'étala de ses feux toute la violence[184],
1005   Et les soins[185] importuns qui l'avaient enchaîné,
L'aise de me revoir, les tourments de l'absence,
        Tout le souci que son impatience
            Pour le retour s'était donné.
Et jamais votre amour, en pareille occurrence,
1010   Ne me parut si tendre, et si passionné.

AMPHITRYON, *en soi-même.*
Peut-on plus vivement se voir assassiné !

ALCMÈNE
Tous ces transports, toute cette tendresse,

183 Amphitryon désire le récit d'Alcmène comme Arnolphe désire celui
    d'Agnès, à l'acte II de *L'École des femmes.*
184 Diérèse intéressante.
185 *Soin* : tâche, souci.

Comme vous croyez bien, ne me déplaisaient pas ;
              Et s'il faut que je le confesse,
1015   Mon cœur, Amphitryon, y trouvait mille appâts.

AMPHITRYON
Ensuite, s'il vous plaît.

ALCMÈNE
                    Nous nous entrecoupâmes
De mille questions, qui pouvaient nous toucher[186].
On servit. Tête à tête, ensemble nous soupâmes ;
Et le souper fini, nous nous fûmes coucher.   [47]

AMPHITRYON
1020   Ensemble ?

ALCMÈNE
                    Assurément. Quelle est cette demande ?

AMPHITRYON[187]
Ah ! c'est ici le coup le plus cruel de tous,
Et dont à s'assurer tremblait mon feu jaloux !

ALCMÈNE
D'où vous vient, à ce mot, une rougeur si grande ?
Ai-je fait quelque mal, de coucher avec vous ?

AMPHITRYON
1025   Non, ce n'était pas moi, pour ma douleur sensible[188].
        Et qui dit qu'hier ici mes pas se sont portés

---

186 Nous nous coupâmes la parole l'un l'autre avec mille questions qui
    pouvaient nous concerner.
187 En *a parte*.
188 Comme « pour mon malheur ».

Dit, de toutes les faussetés,
La fausseté la plus horrible.

ALCMÈNE

Amphitryon !

AMPHITRYON

Perfide !

ALCMÈNE

Ah ! quel emportement !

AMPHITRYON

1030   Non, non, plus de douceur, plus de déférence.
Ce revers vient à bout de toute ma constance,
Et mon cœur ne respire, en ce fatal moment,
Et que fureur, et que vengeance.

ALCMÈNE

De qui donc vous venger ? et quel manque de foi
1035   Vous fait ici me traiter de coupable ?

AMPHITRYON

Je ne sais pas, mais ce n'était pas moi ;
Et c'est un désespoir qui de tout rend capable.

ALCMÈNE   [48]

Allez, indigne époux, le fait parle de soi,
Et l'imposture est effroyable.
1040   C'est trop me pousser là-dessus,
Et d'infidélité me voir trop condamnée.
Si vous cherchez, dans ces transports confus,
Un prétexte à briser les nœuds d'un hyménée
Qui me tient à vous enchaînée,

1045   Tous ces détours sont superflus ;
                         Et me voilà déterminée
        À souffrir[189] qu'en ce jour, nos liens soient rompus.

                        AMPHITRYON
        Après l'indigne affront que l'on me fait connaître,
        C'est bien à quoi, sans doute[190], il faut vous préparer.
1050   C'est le moins qu'on doit voir ; et les choses,
                                              [peut-être,
                         Pourront n'en pas là demeurer.
        Le déshonneur est sûr, mon malheur m'est visible,
        Et mon amour en vain voudrait me l'obscurcir.
        Mais le détail encor ne m'en est pas sensible[191],
1055   Et mon juste courroux prétend s'en éclaircir.
        Votre frère, déjà, peut hautement[192] répondre,
        Que jusqu'à ce matin je ne l'ai point quitté.
        Je m'en vais le chercher, afin de vous confondre
        Sur ce retour, qui m'est faussement imputé.
1060   Après nous percerons jusqu'au fond d'un mystère
                         Jusques à présent inouï ;
        Et dans les mouvements d'une juste colère,
                         Malheur à qui m'aura trahi !

                        SOSIE
        Monsieur…

                        AMPHITRYON
                         Ne m'accompagne pas ;

---

189 Voir aux vers 425, 677 et 763.
190 Voir aux vers 936, 922, 915, etc.
191 *Sensible* : clairement connu, évident.
192 *Hautement* : publiquement, sans crainte.

1065   Et demeure ici pour m'attendre[193].

                         CLÉANTHIS   [49]
                    Faut-il...

                    ALCMÈNE
                         Je ne puis rien entendre :
               Laisse-moi seule, et ne suis point mes pas.

                              Scène 3
                    CLÉANTHIS, SOSIE[194]

                         CLÉANTHIS
               Il faut que quelque chose ait brouillé sa cervelle :
                         Mais le frère, sur le champ,
1070   Finira cette querelle.

                              SOSIE
               C'est ici, pour mon maître, un coup assez
                    touchant[195] ;
                         Et son aventure[196] est cruelle.
               Je crains fort, pour mon fait, quelque chose
                    approchant,
               Et je m'en veux, tout doux, éclaircir avec elle.

                         CLÉANTHIS
1075   Voyez s'il me viendra seulement aborder ?

_____

193 Amphitryon quitte la scène, puis Cléanthis s'adresse à Alcmène.
194 Les quatre premières répliques de la scène sont des apartés ; ensuite
    seulement commence la confrontation entre les époux – double dégradé
    de la confrontation entre Amphitryon et Alcmène.
195 Un *coup touchant* provoque une émotion douloureuse.
196 Ce qui lui arrive.

Mais je veux m'empêcher de rien[197] faire paraître.

SOSIE

La chose quelquefois est fâcheuse à connaître,
            Et je tremble à la demander.
Ne vaudrait-il point mieux, pour ne rien hasarder,
1080   Ignorer ce qu'il en peut être ?
            Allons, tout coup vaille[198], il faut voir,
            Et je ne m'en saurais défendre.
            La faiblesse humaine est d'avoir
            Des curiosités d'apprendre
1085   Ce qu'on ne voudrait pas savoir.   [E] [50]
Dieu te gard'[199], Cléanthis.

CLÉANTHIS

                    Ah ! ah ! Tu t'en avises,
            Traître, de t'approcher de nous !

SOSIE

Mon Dieu, qu'as-tu ? toujours on te voit en courroux ;
            Et sur rien tu te formalises.

CLÉANTHIS

1090 Qu'appelles-tu sur rien ? Dis ?

SOSIE

                    J'appelle sur rien,
Ce qui sur rien s'appelle en vers, ainsi qu'en prose ;

---

197 Sens positif.
198 « *Tout coup vaille* est une façon de parler des joueurs de paume ou de
    boule, pour faire valoir un coup joué hors de son rang » (Furetière). Cela
    équivaut à « à tout hasard ».
199 Forme habituelle de *garde* dans le souhait ou dans la salutation. On ne
    prononçait pas le *d*.

Et rien, comme tu le sais bien,
Veut dire rien, ou peu de chose.

CLÉANTHIS

Je ne sais qui me tient[200], infâme,
1095   Que je ne t'arrache les yeux ;
Et ne t'apprenne où va le courroux d'une femme.

SOSIE

Holà ! D'où te vient donc ce transport furieux ?

CLÉANTHIS

Tu n'appelles donc rien le procédé, peut-être,
Qu'avec moi ton cœur a tenu ?

SOSIE

1100   Et quel ?

CLÉANTHIS

Quoi ! tu fais l'ingénu !
Est-ce qu'à l'exemple du maître,
Tu veux dire qu'ici tu n'es pas revenu ?

SOSIE

Non, je sais fort bien le contraire.
Mais je ne t'en fais pas le fin[201] ;
1105   Nous avions bu de je ne sais quel vin,
Qui m'a fait oublier tout ce que j'ai pu faire.   [51]

CLÉANTHIS

Tu crois, peut-être, excuser par ce trait…

---

200 Ce qui me retient.
201 *Faire le fin*, c'est dissimuler, ne pas expliquer ses sentiments.

SOSIE

Non, tout de bon ; tu m'en peux croire.
J'étais dans un état, où je puis avoir fait
1110   Des choses, dont j'aurais regret,
Et dont je n'ai nulle mémoire.

CLÉANTHIS

Tu ne te souviens point du tout de la manière,
Dont tu m'as su traiter, étant venu du port ?

SOSIE

Non plus que rien[202]. Tu peux m'en faire le rapport.
1115   Je suis équitable et sincère ;
Et me condamnerai moi-même, si j'ai tort.

CLÉANTHIS

Comment ! Amphitryon m'ayant su disposer[203],
Jusqu'à ce que tu vins j'avais poussé ma veille ;
Mais je ne vis jamais une froideur pareille :
1120 De ta femme, il fallut moi-même t'aviser[204] ;
            Et lorsque je fus te baiser,
Tu détournas le nez, et me donna l'oreille !

SOSIE

Bon !

CLÉANTHIS
Comment, bon ?

---

202 Pas du tout.
203 Amphitryon m'ayant, par son retour, préparé à attendre le tien, à
    t'attendre.
204 Il a fallu que moi-même je t'avise de l'existence de ta femme, que j'étais
    là.

SOSIE

Mon Dieu, tu ne sais pas
[pourquoi,
Cléanthis, je tiens ce langage.
1125 J'avais mangé de l'ail, et fis en homme sage,
De détourner un peu mon haleine de toi.

CLÉANTHIS

Je te sus exprimer des tendresses de cœur :
Mais à tous mes discours tu fus comme une souche.
Et jamais un mot de douceur, [E ij] [52]
1130 Ne te put sortir de la bouche.

SOSIE[205]

Courage.

CLÉANTHIS

Enfin ma flamme eut beau s'émanciper[206],
Sa chaste ardeur en toi ne trouva rien que glace ;
Et dans un tel retour je te vis la tromper[207],
Jusqu'à faire refus de prendre au lit ta place,
1135 Que les lois de l'hymen t'obligent d'occuper.

SOSIE

Quoi ! je ne couchai point…

CLÉANTHIS
Non, lâche.

---

205 Commence la série des apartés où Sosie laisse passer sa joie de n'avoir
    pas été fait cocu par Mercure.
206 Se libérer, aller au-delà des habitudes et des normes.
207 À ton retour, je te vis tromper les espoirs de mon amour.

SOSIE

Est-il possible !

CLÉANTHIS

Traître, il n'est que trop assuré.
C'est de tous les affronts, l'affront le plus sensible.
Et loin que ce matin, ton cœur l'ait réparé ;
1140   Tu t'es d'avec moi séparé,
Par des discours chargés d'un mépris tout visible.

SOSIE

Vivat, Sosie !

CLÉANTHIS

Hé quoi ! ma plainte a cet effet ?
Tu ris après ce bel ouvrage ?

SOSIE

Que je suis de moi satisfait !

CLÉANTHIS

1145 Exprime-t-on ainsi le regret d'un outrage ?

SOSIE

Je n'aurais jamais cru que j'eusse été si sage.

CLÉANTHIS   [53]

Loin de te condamner d'un si perfide trait,
Tu m'en fais éclater la joie en ton visage !

SOSIE

Mon Dieu, tout doucement ! Si je parais joyeux,
1150 Crois que j'en ai dans l'âme une raison très forte,
Et que sans y penser, je ne fis jamais mieux,

Que d'en user tantôt avec toi de la sorte.

CLÉANTHIS

Traître, te moques-tu de moi ?

SOSIE

Non, je te parle avec franchise.
1155 En l'état où j'étais, j'avais certain effroi,
Dont, avec ton discours, mon âme s'est remise.
Je m'appréhendais fort, et craignais qu'avec toi
Je n'eusse fait quelque sottise.

CLÉANTHIS

Quelle est cette frayeur ? et sachons donc pourquoi.

SOSIE

1160   Les médecins disent[208], quand on est ivre,
Que de sa femme on se doit abstenir ;
Et que dans cet état, il ne peut provenir
Que des enfants pesants[209], et qui ne sauraient vivre.
Vois, si mon cœur n'eût su de froideur se munir,
1165 Quels inconvénients auraient pu s'en ensuivre !

CLÉANTHIS

Je me moque des médecins,
Avec leurs raisonnements fades.
Qu'ils règlent ceux qui sont malades,
Sans vouloir gouverner les gens qui sont bien sains.
1170   Ils se mêlent de trop d'affaires,

---

208 Sosie s'embarque alors, pour s'excuser de sa froideur, dans des considérations
médicales ou pseudo-médicales, plutôt superstitieuses, sur le bon moment
des rapports conjugaux et de la conception des enfants.
209 *Pesant* : lent, paresseux.

De prétendre tenir nos chastes feux gênés[210] ;
                    Et sur les jours caniculaires,
        Ils nous donnent encore, avec leurs lois sévères,
                    De cent sots contes par le nez. [E iij] [54]

SOSIE

1175   Tout doux.

CLÉANTHIS
                Non, je soutiens que cela conclut mal ;
        Ces raisons sont raisons d'extravagantes têtes.
        Il n'est ni vin, ni temps, qui puisse être fatal,
        À remplir le devoir de l'amour conjugal ;
                Et les médecins sont des bêtes.

SOSIE

1180   Contre eux, je t'en supplie, apaise ton courroux.
        Ce sont d'honnêtes gens, quoi que le monde en dise.

CLÉANTHIS
        Tu n'es pas où tu crois. En vain, tu files doux.
        Ton excuse n'est point une excuse de mise ;
        Et je me veux venger, tôt ou tard, entre nous,
1185   De l'air dont chaque jour je vois qu'on me méprise.
        Des discours de tantôt je garde tous les coups,
        Et tâcherai d'user, lâche et perfide époux,
        De cette liberté que ton cœur m'a permise.

SOSIE

Quoi ?

_____

210 Mis à la torture, car entravés.

CLÉANTHIS

Tu m'as dit tantôt, que tu consentais fort,
1190   Lâche, que j'en aimasse un autre.

SOSIE

Ah ! pour cet article, j'ai tort.
Je m'en dédis ; il y va trop du nôtre[211].
Garde-toi bien de suivre ce transport[212].

CLÉANTHIS

Si je puis une fois pourtant,
1195   Sur mon esprit gagner la chose[213]…

SOSIE   [55]

Fais à ce discours quelque pause :
Amphitryon revient, qui me paraît content.

Scène 4

JUPITER, CLÉANTHIS, SOSIE

JUPITER

Je viens prendre le temps de rapaiser Alcmène,
De bannir les chagrins[214] que son cœur veut garder ;
1200 Et donner à mes feux, dans ce soin qui m'amène,
Le doux plaisir de se raccommoder[215].
    Alcmène est là-haut, n'est-ce pas ?

---

211 Il y va trop de mon honneur, je suis trop intéressé.
212 Ce mouvement de vengeance.
213 Si je peux obtenir de mon esprit qu'il consente à l'adultère.
214 L'irritation, la colère même.
215 Après quatre vers en aparté, Jupiter s'adresse à Cléanthis.

CLÉANTHIS
Oui, pleine d'une inquiétude,
Qui cherche de la solitude,
1205   Et qui m'a défendu d'accompagner ses pas.

JUPITER
Quelque défense qu'elle ait faite,
Elle ne sera pas pour moi.

CLÉANTHIS
Son chagrin, à ce que je vois,
A fait une prompte retraite.

Scène 5
CLÉANTHIS, SOSIE

SOSIE
1210   Que dis-tu, Cléanthis, de ce joyeux maintien,
Après son fracas effroyable ?

CLÉANTHIS
Que si toutes nous faisions bien,
Nous donnerions tous les hommes au diable ;
Et que le meilleur n'en vaut rien.

SOSIE
1215   Cela se dit dans le courroux ;
Mais aux hommes par trop vous êtes accrochées ;
Et vous seriez, ma foi, toutes bien empêchées,
Si le diable les prenait tous.

CLÉANTHIS
Vraiment...

SOSIE
Les voici. Taisons-nous.

Scène 6[216]   [57]
JUPITER, ALCMÈNE, CLÉANTHIS, SOSIE

JUPITER
1220   Voulez-vous me désespérer ?
Hélas ! arrêtez, belle Alcmène.

ALCMÈNE
Non, avec l'auteur de ma peine,
Je ne puis du tout demeurer.

JUPITER
De grâce…

ALCMÈNE
Laissez-moi.

JUPITER
Quoi…

ALCMÈNE
Laissez-moi, vous
[dis-je.

JUPITER
1225   Ses pleurs touchent mon âme, et sa douleur
[m'afflige[217].
Souffrez que mon cœur…

_____

216 Cf. *Amphitruo*, III, 2 et 3, et *Les Sosies*, III, 2.
217 Vers en aparté.

ALCMÈNE

Non, ne suivez point mes
[pas.

JUPITER

Où voulez-vous aller ?

Où vous ne serez pas.

JUPITER

Ce vous est une attente vaine.
Je tiens à vos beautés par un nœud trop serré,   [58]
1230   Pour pouvoir un moment en être séparé ;
Je vous suivrai partout, Alcmène.

ALCMÈNE

Et moi, partout je vous fuirai.

JUPITER

Je suis donc bien épouvantable ?

ALCMÈNE

Plus qu'on ne peut dire, à mes yeux.
1235   Oui, je vous vois comme un monstre
[effroyable ;
Un monstre cruel, furieux,
Et dont l'approche est redoutable ;
Comme un monstre à fuir en tous
[lieux.
Mon cœur souffre, à vous voir, une peine incroyable.
1240   C'est un supplice qui m'accable ;
Et je ne vois rien, sous les cieux,
D'affreux, d'horrible, d'odieux[218],

─────────────

218 Diérèse.

Qui ne me fût, plus que vous, supportable.

JUPITER

En voilà bien, hélas ! que votre bouche dit[219] !

ALCMÈNE

1245   J'en ai dans le cœur davantage.
Et pour s'exprimer tout, ce cœur a du dépit[220]
De ne point trouver de langage.

JUPITER

Hé ! que vous a donc fait ma flamme,
Pour me pouvoir, Alcmène, en monstre regarder ?

ALCMÈNE

1250 Ah ! juste Ciel ! cela peut-il se demander ?
Et n'est-ce pas pour mettre à bout une âme ?

JUPITER

Ah ! d'un esprit plus adouci…

ALCMÈNE

Non, je ne veux, du tout, vous voir, ni vous
entendre.

JUPITER   [59]

Avez-vous bien le cœur de me traiter ainsi ?
1255   Est-ce là cet amour si tendre,
Qui devait tant durer quand je vins hier ici ?

---

219 Votre bouche me dit bien des injures, me fait bien des reproches.
220 *Dépit* : ressentiment profond.

ALCMÈNE

Non, non, ce ne l'est pas ; et vos lâches[221] injures
         En ont autrement ordonné.
Il n'est plus, cet amour tendre et passionné ;
1260   Vous l'avez dans mon cœur, par cent vives blessures,
         Cruellement assassiné.
         C'est en sa place un courroux inflexible ;
Un vif ressentiment ; un dépit[222] invincible ;
Un désespoir d'un cœur justement animé[223],
1265   Qui prétend vous haïr, pour cet affront sensible,
Autant qu'il est d'accord de vous avoir aimé[224] :
         Et c'est haïr, autant qu'il est possible.

JUPITER

Hélas ! que votre amour n'avait guère de force,
Si de si peu de chose on le peut voir mourir !
1270   Ce qui n'était que jeu doit-il faire un divorce,
Et d'une raillerie a-t-on lieu de s'aigrir ?

ALCMÈNE

Ah ! c'est cela dont je suis offensée,
         Et que ne peut pardonner mon courroux.
Des véritables traits d'un mouvement jaloux,
1275   Je me trouverais moins blessée.
         La jalousie a des impressions,
         Dont bien souvent la force nous entraîne ;
Et l'âme la plus sage en ces occasions,
            Sans doute[225], avec assez de peine,

---

221 Viles.
222 Voir au vers 1246.
223 Le désespoir d'un cœur à juste titre irrité contre vous.
224 Autant qu'il avoue vous avoir aimé.
225 Certes.

1280   Répond de ses émotions.
L'emportement d'un cœur, qui peut s'être abusé,
A de quoi ramener une âme qu'il offense ;
        Et dans l'amour qui lui donne naissance,
        Il trouve au moins, malgré toute sa violence,   [60]
1285   Des raisons pour être excusé.
De semblables transports contre un ressentiment[226]
Pour défense toujours ont ce qui les fait naître,
        Et l'on donne grâce, aisément,
        À ce dont on n'est pas le maître.
1290   Mais quand de gaieté de cœur,
On passe aux mouvements d'une fureur extrême ;
Que sans cause l'on vienne, avec tant de rigueur,
        Blesser la tendresse et l'honneur
        D'un cœur qui chèrement nous aime ?
1295   Ah ! c'est un coup trop cruel en lui-même,
Et que jamais n'oubliera ma douleur.

JUPITER

Oui, vous avez raison, Alcmène, il se faut rendre.
Cette action, sans doute, est un crime odieux[227].
        Je ne prétends plus le défendre ;
1300   Mais souffrez que mon cœur s'en défende à vos yeux,
        Et donne au vôtre à qui se[228] prendre
        De ce transport injurieux.
À vous en faire un aveu véritable,
L'époux, Alcmène, a commis tout le mal.

---

226 Le *ressentiment* est le sentiment en retour, ici la colère et la volonté de vengeance de la femme blessée par des soupçons jaloux, qui prouvent au moins l'amour du jaloux.

227 Deux diérèses dans ce vers (*action* et *odieux*), qui soulignent bien le caractère affirmatif de la phrase (*sans doute*, c'est assurément). *Crime* : faute.

228 À qui s'en prendre.

1305   C'est l'époux qu'il vous faut regarder en coupable.
L'amant n'a point de part à ce transport brutal ;
Et de vous offenser son cœur n'est point capable.
Il a pour vous, ce cœur, pour jamais y penser,
        Trop de respect et de tendresse ;
1310   Et si de faire rien à vous pouvoir blesser[229]
        Il avait eu la coupable faiblesse,
De cent coups à vos yeux il voudrait le[230] percer.
Mais l'époux est sorti de ce respect soumis
        Où pour vous on doit toujours être.
1315   À son dur procédé l'époux s'est fait connaître,
Et par le droit de l'hymen il s'est cru tout permis.
Oui, c'est lui qui, sans doute, est criminel vers
                  [vous. [61]
Lui seul a maltraité votre aimable[231] personne.
        Haïssez, détestez l'époux ;
1320   J'y consens, et vous l'abandonne.
Mais, Alcmène, sauvez l'amant de ce courroux
        Qu'une telle offense vous donne.
        N'en jetez pas sur lui l'effet.
        Démêlez-l(e)[232] un peu du coupable ;
1325   Et pour être enfin équitable,
Ne le punissez point de ce qu'il n'a pas fait.

ALCMÈNE

    Ah ! toutes ces subtilités
    N'ont que des excuses frivoles ;
    Et pour les esprits irrités,

---

229 Si de faire quoi que ce soit (*rien* positif) qui pût vous blesser.
230 *Il* c'est l'amant ; et *le* c'est le cœur.
231 *Aimable* : digne d'être aimée.
232 Il faut élider cet *e* pour l'octosyllabe.

1330   Ce sont des contretemps[233] que de telles paroles.
        Ce détour ridicule est en vain pris par vous.
        Je ne distingue rien en celui qui m'offense.
                Tout y devient l'objet de mon courroux ;
                    Et dans sa juste violence
1335   Sont confondus et l'amant et l'époux.
        Tous deux de même sorte occupent ma pensée ;
        Et des mêmes couleurs, par mon âme blessée,
                Tous deux ils sont peints à mes yeux.
        Tous deux sont criminels, tous deux m'ont offensée ;
1340   Et tous deux me sont odieux.

                        JUPITER
                Eh bien ! Puisque vous le voulez,
                    Il faut donc me charger du crime.
        Oui, vous avez raison, lorsque vous m'immolez
        À vos ressentiments en coupable victime.
1345   Un trop juste dépit contre moi vous anime ;
        Et tout ce grand courroux qu'ici vous étalez
        Ne me fait endurer qu'un tourment légitime.
                C'est avec droit que mon abord[234] vous chasse,
                    Et que de me fuir en tous lieux   [F] [62]
1350   Votre colère me menace.
                Je dois vous être un objet odieux.
        Vous devez me vouloir un mal prodigieux[235].
        Il n'est aucune horreur que mon forfait ne passe[236],
                    D'avoir offensé vos beaux yeux.
1355   C'est un crime à blesser les hommes et les dieux[237] ;

---

233 *Contretemps* : propos déplacés.
234 Voir au vers 846.
235 *Odieux / prodigieux* : nouvelles diérèses dans le ton du discours.
236 Dépasse.
237 C'est une faute telle qu'elle peut blesser les hommes et les dieux.

Et je mérite enfin, pour punir cette audace,
    Que contre moi votre haine ramasse
        Tous ses traits les plus furieux.
        Mais mon cœur vous demande grâce.
1360 Pour vous la demander, je me jette à genoux,
Et la demande au nom de la plus vive flamme,
        Du plus tendre amour dont une âme
        Puisse jamais brûler pour vous.
        Si votre cœur, charmante Alcmène,
1365 Me refuse la grâce où j'ose recourir ;
        Il faut qu'une atteinte[238] soudaine
        M'arrache, en me faisant mourir,
        Aux dures rigueurs d'une peine
        Que je ne saurais plus souffrir.
1370   Oui, cet état me désespère ;
        Alcmène, ne présumez pas,
Qu'aimant comme je fais vos célestes appas,
Je puisse vivre un jour avec votre colère.
Déjà, de ces moments la barbare longueur
1375   Fait, sous des atteintes mortelles,
        Succomber tout mon triste cœur ;
Et de mille vautours les blessures cruelles
N'ont rien de comparable à ma vive douleur.
Alcmène, vous n'avez qu'à me le déclarer,
1380 S'il n'est point de pardon que je doive espérer ;
Cette épée aussitôt, par un coup favorable,
Va percer à vos yeux le cœur d'un misérable,
Ce cœur, ce traître cœur, trop digne d'expirer, [63]
Puisqu'il a pu fâcher un objet adorable[239].

---

238 *Atteinte* : coup.
239 Qu'on doit adorer.

1385   Heureux, en descendant au ténébreux séjour[240],
       Si de votre courroux mon trépas vous ramène[241],
       Et ne laisse en votre âme, après ce triste jour,
            Aucune impression[242] de haine,
            Au souvenir de mon amour.
1390   C'est tout ce que j'attends pour faveur souveraine.

ALCMÈNE

Ah ! Trop cruel époux !

JUPITER

             Dites, parlez, Alcmène.

ALCMÈNE

Faut-il encor pour vous conserver des bontés,
Et vous voir m'outrager par tant d'indignités ?

JUPITER

Quelque ressentiment qu'un outrage nous cause,
1395   Tient-il contre un remords d'un cœur bien enflammé ?

ALCMÈNE

Un cœur bien plein de flamme, à mille morts s'expose,
Plutôt que de vouloir fâcher l'objet aimé.

JUPITER

Plus on aime quelqu'un, moins on trouve de peine…

ALCMÈNE

Non, ne m'en parlez point, vous méritez ma haine.

---

240 Au séjour des morts.
241 Si ma mort vous fait abandonner votre courroux.
242 *Impression* : empreinte, trace. Diérèse.

JUPITER

1400   Vous me haïssez donc ?

ALCMÈNE

J'y fais tout mon effort ;
Et j'ai dépit de voir que toute votre offense
Ne puisse de mon cœur jusqu'à cette vengeance
Faire encore aller le transport[243].

JUPITER

Mais pourquoi cette violence,
1405   Puisque pour vous venger je vous offre ma
[mort ? [F ij] [64]
Prononcez-en l'arrêt, et j'obéis sur l'heure.

ALCMÈNE

Qui ne saurait haïr peut-il vouloir qu'on meure ?

JUPITER

Et moi, je ne puis vivre, à moins que vous quittiez
Cette colère qui m'accable,
1410   Et que vous m'accordiez le pardon favorable[244],
Que je vous demande à vos pieds[245].
Résolvez ici l'un des deux,
Ou de punir, ou bien d'absoudre.

ALCMÈNE

Hélas ! ce que je puis résoudre
1415   Paraît bien plus que je ne veux !
Pour vouloir soutenir le courroux qu'on me donne,

---

243 La manifestation, le mouvement (de la colère).
244 Le pardon qui me serait agréable.
245 Selon une didascalie de 1734, avec Jupiter, Sosie et Cléanthis se mettent
       aussi à genoux.

Mon cœur a trop su me trahir.
Dire qu'on ne saurait haïr,
N'est-ce pas dire qu'on pardonne ?

JUPITER
1420   Ah ! belle Alcmène, il faut que comblé d'allégresse…

ALCMÈNE
Laissez. Je me veux mal de mon trop de faiblesse[246].

JUPITER
Va, Sosie, et dépêche-toi,
Voir, dans les doux transports dont mon âme est
[charmée[247],
Ce que tu trouveras d'officiers de l'armée,
1425   Et les invite à dîner avec moi.
Tandis que d'ici je le chasse,
Mercure y remplira sa place[248].

Scène 7   [65]
CLÉANTHIS, SOSIE

SOSIE
Eh bien ! tu vois, Cléanthis, ce ménage[249].
Veux-tu qu'à leur exemple ici
1430   Nous fassions entre nous un peu de paix aussi ?
Quelque petit rapatriage[250] ?

---

246 Les vers 1360-1421 reprennent, à la refonte près, les vers 679-729 de
    Dom Garcie de Navarre, II, 6.
247 Sens fort de *charmée*.
248 Ces deux derniers vers prononcés en aparté.
249 Tu vois qu'ils refont bon ménage.
250 *Rapatriage* : réconciliation (dérivé de *rapatrier*, raccommoder).

CLÉANTHIS
C'est pour ton nez[251], vraiment ! Cela se fait ainsi.

SOSIE
Quoi ! tu ne veux pas ?

CLÉANTHIS
Non.

SOSIE
                              Il ne m'importe guère,
Tant pis pour toi.

CLÉANTHIS
                              Là, là, reviens.

SOSIE
1435   Non, morbleu ! je n'en ferai rien ;
Et je veux être à mon tour en colère.

CLÉANTHIS
Va, va, traître, laisse-moi faire :
On se lasse, parfois, d'être femme de bien.

Fin du second Acte.

---

251 Ce ne sera pas pour toi. Voir Richelet : « C'est pour votre beau nez ; ces
    mots se disent par raillerie et veulent dire : ce n'est pas pour vous ».

ACTE III   [F iij] [66]

Scène PREMIÈRE

AMPHITRYON[252]

Oui, sans doute, le sort tout exprès me le[253] cache ;
1440 Et des tours que je fais, à la fin, je suis las.
Il n'est point de destin plus cruel, que je sache.
Je ne saurais trouver, portant partout mes pas,
   Celui qu'à chercher je m'attache.
Et je trouve tous ceux que je ne cherche pas.
1445 Mille fâcheux cruels, qui ne pensent pas l'être,
De nos faits[254] avec moi, sans beaucoup me connaître,
Viennent se réjouir, pour me faire enrager.
Dans l'embarras cruel du souci qui me blesse,
De leurs embrassements et de leur allégresse
1450 Sur mon inquiétude ils viennent tous charger[255].
   En vain à passer je m'apprête,
   Pour fuir leurs persécutions.
Leur tuante amitié de tous côtés m'arrête ;
Et tandis qu'à l'ardeur de leurs expressions   [67]
1455   Je réponds d'un geste de tête,
Je leur donne, tout bas, cent malédictions[256].
Ah ! qu'on est peu flatté de louange, d'honneur,
Et de tout ce que donne une grande victoire,

---

252 Le monologue, au début et à la fin, s'inspire de Plaute (III, 5) et de
  Rotrou (IV, 1).
253 Ce *le* représente le frère d'Alcmène recherché, qui pourra témoigner
  qu'Amphitryon ne pouvait pas être au domicile conjugal la nuit précédente ; voir les vers 1056-1058. *Sans doute* : sans aucun doute.
254 Nos hauts faits.
255 Les importuns viennent accroître mon inquiétude, mon agitation.
256 Diérèses à la rime : *expressions* / *malédictions*.

Lorsque dans l'âme on souffre une vive douleur !
1460 Et que l'on donnerait volontiers cette gloire
        Pour avoir le repos du cœur !
        Ma jalousie, à tout propos,
        Me promène sur ma disgrâce[257] ;
        Et plus mon esprit y repasse,
1465 Moins j'en puis débrouiller le funeste chaos.
Le vol des diamants n'est pas ce qui m'étonne :
On lève les cachets, qu'on ne l'aperçoit pas[258].
Mais le don qu'on veut qu'hier j'en vins faire en
                               [personne
Est-ce qui fait ici mon cruel embarras.
1470 La nature parfois produit des ressemblances
Dont quelques imposteurs ont pris droit d'abuser ;
Mais il est hors de sens[259] que sous ces apparences
Un homme, pour époux, se puisse supposer[260] ;
Et dans tous ces rapports[261] sont mille différences
1475 Dont se peut une femme aisément aviser.
        Des charmes de la Thessalie[262]
On vante de tout temps les merveilleux effets ;
Mais les contes fameux, qui partout en sont faits,
Dans mon esprit toujours ont passé pour folie ;
1480 Et ce serait du sort une étrange[263] rigueur,
        Qu'au sortir d'une ample victoire,
        Je fusse contraint de les croire,

---

257 Me fait parcourir l'étendue de ma disgrâce.
258 Les cachets peuvent être brisés sans qu'on s'en aperçoive.
259 Déraisonnable, hors du sens commun.
260 Il est incroyable qu'un homme puisse prendre l'apparence d'un autre
     et puisse se mettre à la place de l'époux, se substituer à lui (*se supposer* à
     lui).
261 *Rapport* : ressemblance entre des personnes.
262 La Thessalie était célèbre pour ses magiciennes et leurs sortilèges (*charmes*).
263 Extraordinaire.

Aux dépens de mon propre honneur.
Je veux la retâter sur ce fâcheux mystère,
1485   Et voir si ce n'est point une vaine chimère
Qui sur ses sens troublés ait su prendre crédit.
        Ah ! fasse le Ciel équitable   [68]
        Que ce penser soit véritable,
Et que, pour mon bonheur, elle ait perdu l'esprit !

Scène 2[264]

MERCURE, AMPHITRYON

MERCURE[265]

1490   Comme l'amour ici ne m'offre aucun plaisir,
Je m'en[266] veux faire, au moins, qui soient d'autre
                                          [nature,
Et je vais égayer mon sérieux loisir,
À mettre Amphitryon hors de toute mesure.
Cela n'est pas d'un dieu bien plein de charité ;
1495   Mais aussi n'est-ce pas ce dont je m'inquiète ;
        Et je me sens, par ma planète,
        À la malice un peu porté[267].

AMPHITRYON

D'où vient donc qu'à cette heure on ferme cette
                                          [porte ?

---

264 *Cf.* Plaute, III, 6 et Rotrou, IV, 2.
265 Mercure est « *dans le balcon de la maison d'Amphitryon* », selon la didascalie
    de 1682, et d'abord sans être vu ni entendu de ce dernier.
266 *En* : des plaisirs.
267 L'ascendant de la planète Mercure portait à la ruse, y compris le dieu
    même des voleurs !

MERCURE

Holà ! tout doucement. Qui frappe ?

AMPHITRYON

Moi.

MERCURE

Qui, moi ?

AMPHITRYON

1500   Ah ! ouvre.

MERCURE

Comment, ouvre ? Et qui donc es-tu, toi,
Qui fais tant de vacarme et parles de la sorte ?

AMPHITRYON

Quoi ! tu ne me connais pas ?

MERCURE   [69]

Non,
Et n'en ai pas la moindre envie.

AMPHITRYON

Tout le monde perd-il aujourd'hui la raison ?
1505   Est-ce un mal répandu ? Sosie, holà ! Sosie.

MERCURE

Eh bien ! Sosie ? oui, c'est mon nom.
As-tu peur que je ne l'oublie ?

AMPHITRYON

Me vois-tu bien ?

MERCURE

Fort bien. Qui[268] peut pousser
[ton bras,
À faire une rumeur si grande ?
1510   Et que demandes-tu là-bas[269] ?

AMPHITRYON

Moi, pendard, ce que je demande ?

MERCURE

Que ne demandes-tu donc pas ?
Parle, si tu veux qu'on t'entende.

AMPHITRYON

Attends, traître, avec un bâton
1515   Je vais là-haut me faire entendre,
Et de bonne façon t'apprendre
À m'oser parler sur ce ton.

MERCURE

Tout beau. Si pour heurter[270], tu fais la moindre
[instance[271],
Je t'enverrais d'ici des messagers fâcheux[272].

AMPHITRYON

1520   Ô Ciel ! vit-on jamais une telle insolence !
La peut-on concevoir d'un serviteur, d'un gueux ?

---

268 Qu'est-ce qui.
269 Que demandes-tu, toi qui es en bas ?
270 *Heurter* : frapper à la porte.
271 Tu manifestes la moindre intention.
272 Des projectiles désagréables ; Plaute, repris par Rotrou, montrait Mercure
menaçant d'envoyer sur Amphitryon des tuiles du toit.

MERCURE

Eh bien ! qu'est-ce ? m'as-tu tout parcouru par ordre ?
M'as-tu de tes gros yeux assez considéré ?
Comme il les écarquille, et paraît effaré !   [70]
1525   Si des regards on pouvait mordre,
              Il m'aurait déjà déchiré.

AMPHITRYON

Moi-même je frémis de ce que tu t'apprêtes,
              Avec ces impudents propos.
Que tu grossis pour toi d'effroyables tempêtes !
1530   Quels orages de coups vont fondre sur ton dos !

MERCURE

L'ami, si de ces lieux tu ne veux disparaître,
Tu pourras y gagner quelque contusion.

AMPHITRYON

Ah ! tu sauras, maraud, à ta confusion,
Ce que c'est qu'un valet qui s'attaque à son maître.

MERCURE

1535   Toi, mon maître ?

AMPHITRYON

              Oui, coquin. M'oses-tu méconnaître ?

MERCURE

Je n'en reconnais point d'autre qu'Amphitryon.

AMPHITRYON

Et cet Amphitryon, qui, hors moi, le peut être ?

MERCURE

Amphitryon ?

AMPHITRYON

Sans doute.

MERCURE

                    Ah ! quelle vision !
Dis-nous un peu : quel est le cabaret honnête
1540   Où tu t'es coiffé[273] le cerveau ?

AMPHITRYON

Comment ! encor !

MERCURE

                    Était-ce un vin à faire fête[274] ?

AMPHITRYON   [71]

Ciel !

MERCURE

                    Était-il vieux, ou nouveau ?

AMPHITRYON

Que de coups[275] !

MERCURE

                    Le nouveau donne fort dans la tête,

---

273 Selon Furetière, *coiffer* signifie aussi parfois « s'enivrer ».
274 Un vin pour célébrer une fête.
275 On peut comprendre de deux manières : 1/ Comme une menace
     d'Amphitryon à l'adresse de Mercure qu'il prend pour son valet Sosie :
     que de coups s'amassent sur ton dos ! 2/ Comme une plainte d'Amphitryon
     qui reçoit les projectiles annoncés et envoyés par Mercure.

>   Quand on le veut boire sans eau.

AMPHITRYON

1545   Ah ! je t'arracherai cette langue, sans doute[276].

MERCURE

>   Passe, mon cher ami, crois-moi,
>   Que[277] quelqu'un ici ne t'écoute.
>   Je respecte le vin ; va-t'en, retire-toi,
>   Et laisse Amphitryon dans les plaisirs qu'il goûte.

AMPHITRYON

1550   Comment ! Amphitryon est là-dedans ?

MERCURE

>   Fort bien,
>   Qui couvert[278] des lauriers d'une victoire pleine,
>   Est auprès de la belle Alcmène,
>   À jouir des douceurs d'un aimable entretien.
>   Après le démêlé d'un amoureux caprice[279],
1555   Ils goûtent le plaisir de s'être rajustés.
>   Garde-toi de troubler leurs douces privautés,
>   Si tu ne veux qu'il ne punisse
>   L'excès de tes témérités.

---

276 À coup sûr.
277 De peur que.
278 Mais oui, Amphitryon est bien là, lequel Amphitryon, couvert, etc.
279 Brouille amoureuse un peu insensée.

Scène 3

AMPHITRYON

Ah ! quel étrange[280] coup m'a-t-il porté dans l'âme !
1560 En quel trouble cruel jette-t-il mon esprit !
Et si les choses sont comme le traître dit,
Où vois-je ici réduits mon honneur et ma flamme ?
À quel parti me doit résoudre ma raison ?
      Ai-je l'éclat ou le secret à prendre[281] ?
1565 Et dois-je en mon courroux renfermer ou répandre
      Le déshonneur de ma maison ?
Ah ! faut-il consulter[282] dans un affront si rude ?
Je n'ai rien à prétendre[283], et rien à ménager ;
      Et toute mon inquiétude
1570   Ne doit aller qu'à me venger.

Scène 4[284]

SOSIE, NAUCRATÈS, POLIDAS, AMPHITRYON

SOSIE

Monsieur, avec mes soins, tout ce que j'ai pu faire,
C'est de vous amener ces Messieurs que voici.

AMPHITRYON

Ah ! vous[285] voilà ?

---

280 Voir au vers 1480.
281 Dois-je proclamer mon déshonneur ou le garder secret ?
282 Délibérer.
283 *Prétendre* : revendiquer, rechercher, souhaiter.
284 Les scènes 4 et 5 s'inspirent de Rotrou (*Les Sosies*, IV, 3 et 4) et de l'interpolation au texte de Plaute, ajoutée pour combler une longue lacune d'environ 300 vers.
285 Amphitryon s'adresse bien à Sosie, mais en le vouvoyant, sous l'effet de la colère sans doute.

SOSIE   [73]
Monsieur.

AMPHITRYON
                              Insolent, téméraire !

SOSIE
Quoi ?

AMPHITRYON
Je vous apprendrai de me traiter ainsi.

SOSIE
1575   Qu'est-ce donc ? qu'avez-vous ?

AMPHITRYON
                              Ce que j'ai, misérable ?

SOSIE
Holà ! Messieurs, venez donc tôt[286].

NAUCRATÈS
Ah ! de grâce, arrêtez.

SOSIE
                              De quoi suis-je coupable,

AMPHITRYON
Tu me le demandes, maraud ?
Laissez-moi satisfaire un courroux légitime.

---

286 S'avancent alors les deux autres personnages, restés jusqu'ici dans le
    fond de la scène.

SOSIE

1580   Lorsque l'on pend quelqu'un, on lui dit pourquoi
                                              [c'est.

NAUCRATÈS

Daignez nous dire, au moins, quel peut être son
                                              [crime.

SOSIE

Messieurs, tenez bon, s'il vous plaît.

AMPHITRYON

Comment ! il vient d'avoir l'audace
De me fermer ma porte au nez,
1585   Et de joindre encor la menace,
À mille propos effrénés !
Ah ! coquin[287].

SOSIE

Je suis mort.

NAUCRATÈS   [G] [74]
Calmez cette colère.

SOSIE

Messieurs.

POLIDAS
Qu'est-ce ?

SOSIE

M'a-t-il frappé ?

---

287 On imagine les jeux de scène possibles, Amphitryon brandissant son
   épée, Sosie tombant à genoux.

AMPHITRYON

Non, il faut qu'il ait le salaire
1590   Des mots où tout à l'heure il s'est émancipé.

SOSIE

Comment cela se peut-il faire,
Si j'étais par votre ordre autre part occupé ?
Ces Messieurs sont ici pour rendre témoignage
Qu'à dîner avec vous je les viens d'inviter.

NAUCRATÈS

1595   Il est vrai qu'il nous vient de faire ce message,
Et n'a point voulu nous quitter.

AMPHITRYON

Qui t'a donné cet ordre ?

SOSIE

Vous.

AMPHITRYON

Et quand ?

SOSIE

Après votre paix faite,
Au milieu des transports d'une âme satisfaite
1600   D'avoir d'Alcmène apaisé le courroux.

AMPHITRYON

Ô Ciel, chaque instant, chaque pas
Ajoute quelque chose à mon cruel martyre !
Et dans ce fatal embarras,
Je ne sais plus que croire, ni que dire.

NAUCRATÈS   [75]

1605 Tout ce que de chez vous, il vient de nous conter
          Surpasse si fort la nature,
      Qu'avant que de rien faire et de vous emporter,
      Vous devez éclaircir toute cette aventure.

AMPHITRYON

      Allons, vous y pourrez seconder mon effort,
1610 Et le Ciel à propos, ici vous a fait rendre[288].
      Voyons quelle fortune en ce jour peut m'attendre.
      Débrouillons ce mystère, et sachons notre sort.
              Hélas ! je brûle de l'apprendre,
              Et je le crains plus que la mort.

Scène 5

JUPITER, AMPHITRYON, NAUCRATÈS,
POLIDAS, SOSIE

JUPITER

1615   Quel bruit à descendre m'oblige ?
          Et qui frappe en maître où je suis ?

NAUCRATÈS

AMPHITRYON

      Que vois-je, justes dieux ?

NAUCRATÈS

              Ciel, quel est ce prodige !
      Quoi ! deux Amphitryons ici nous sont produits !

AMPHITRYON

      Mon âme demeure transie.

---

288 Vous a fait vous rendre.

1620 Hélas ! je n'en puis plus, l'aventure est à bout :
            Ma destinée est éclaircie,
            Et ce que je vois me dit tout.

                    NAUCRATÈS
      Plus mes regards sur eux s'attachent fortement,
      Plus je trouve qu'en tout l'un à l'autre est semblable.

                    SOSIE   [G ij] [76]
1625   Messieurs, voici le véritable[289] ;
      L'autre est un imposteur, digne de châtiment.

                    POLIDAS
            Certes, ce rapport admirable[290]
            Suspend ici mon jugement.

                  AMPHITRYON
      C'est trop être éludés[291] par un fourbe exécrable ;
1630 Il faut, avec ce fer, rompre l'enchantement.

                  NAUCRATÈS
      Arrêtez.

                  AMPHITRYON
            Laissez-moi.

                    NAUCRATÈS
                        Dieux ! que voulez-vous faire ?

                  AMPHITRYON
      Punir d'un imposteur les lâches trahisons.

---

289 Sosie désigne Jupiter.
290 Cette ressemblance surprenante.
291 *Éluder* : tromper.

JUPITER

Tout beau, l'emportement est fort peu nécessaire ;
Et lorsque de la sorte on se met en colère,
1635   On fait croire qu'on a de mauvaises raisons.

SOSIE

Oui, c'est un enchanteur qui porte un caractère[292]
Pour ressembler aux maîtres des maisons.

AMPHITRYON[293]

Je te ferai, pour ton partage,
Sentir par mille coups ces propos outrageants[294].

SOSIE

1640   Mon maître est homme de courage,
Et ne souffrira point que l'on batte ses gens.

AMPHITRYON

Laissez-moi m'assouvir, dans mon courroux extrême,
Et laver mon affront au sang d'un scélérat[295].

NAUCRATÈS

Nous ne souffrirons point cet étrange combat[296]
1645   D'Amphitryon contre lui-même.   [77]

AMPHITRYON

Quoi ! mon honneur de vous reçoit ce traitement ?
Et les amis d'un fourbe embrassent la défense ?
Loin d'être les premiers à prendre ma vengeance,

---

292 Un talisman.
293 À Sosie.
294 Je te punirai de tes propos en te faisant sentir mille coups.
295 Amphitryon veut alors se précipiter sur Jupiter.
296 Nous ne permettrons (*souffrirons*) pas ce combat extraordinaire (*étrange*).

Eux-mêmes font obstacle à mon ressentiment ?

NAUCRATÈS

1650   Que voulez-vous qu'à cette vue
             Fassent nos résolutions[297],
             Lorsque par deux Amphitryons,
Toute notre chaleur[298] demeure suspendue ?
À vous faire éclater notre zèle aujourd'hui,
1655 Nous craignons de faillir et de vous méconnaître.
Nous voyons bien en vous Amphitryon paraître,
Du salut des Thébains le glorieux appui ;
Mais nous le voyons tous aussi paraître en lui,
Et ne saurions juger dans lequel il peut être.
1660   Notre parti n'est point douteux,
Et l'imposteur par nous doit mordre la poussière ;
Mais ce parfait rapport[299] le cache entre vous deux ;
             Et c'est un coup trop hasardeux,
             Pour l'entreprendre sans lumière[300].
1665   Avec douceur laissez-nous voir
             De quel côté peut être l'imposture ;
Et dès que nous aurons démêlé l'aventure,
Il ne nous faudra point dire notre devoir.

JUPITER

Oui, vous avez raison ; et cette ressemblance
1670 À douter de tous deux vous peut autoriser.
Je ne m'offense point de vous voir en balance :
Je suis plus raisonnable, et sais vous excuser.
L'œil ne peut entre nous faire de différence,

---

297 Quelle résolution voulez-vous que nous prenions ?
298 *Chaleur* : zèle, empressement.
299 Voir au vers 1627.
300 Sans éclaircissement.

Et je vois qu'aisément on s'y peut abuser.

1675   Vous ne me voyez point témoigner de colère,
              Point mettre l'épée à la main.
C'est un mauvais moyen d'éclaircir ce
              [mystère, [G iij] [78]
Et j'en puis trouver un plus doux, et plus certain.
        L'un de nous est Amphitryon ;

1680   Et tous deux à vos yeux nous le pouvons paraître.
C'est à moi de finir cette confusion ;
Et je prétends me faire à tous si bien connaître,
Qu'aux pressantes clartés de ce que je puis être,
Lui-même soit d'accord du sang qui m'a fait naître,

1685   Il n'ait plus de rien dire aucune occasion[301].
C'est aux yeux des Thébains que je veux avec vous
De la vérité pure ouvrir la connaissance ;
Et la chose sans doute est assez d'importance,
        Pour affecter la circonstance[302]

1690   De l'éclaircir aux yeux de tous.
Alcmène attend de moi ce public témoignage.
Sa vertu, que l'éclat de ce désordre outrage,
Veut qu'on la justifie, et j'en vais prendre soin.
C'est à quoi mon amour envers elle m'engage ;

1695   Et des plus nobles chefs je fais un assemblage[303],
Pour l'éclaircissement dont sa gloire a besoin.
Attendant avec vous ces témoins souhaités,
        Ayez, je vous prie, agréable
        De venir honorer la table,

1700   Où vous a Sosie invités.

---

301 Et qu'il n'est plus aucune occasion de dire quoi que ce soit.
302 Pour rechercher l'occasion de.
303 Un rassemblement.

SOSIE

Je ne me trompais pas, Messieurs, ce mot termine
            Toute l'irrésolution :
            Le véritable Amphitryon,
            Est l'Amphitryon où l'on dîne[304].

AMPHITRYON

1705 Ô Ciel ! puis-je plus bas me voir humilié !
Quoi ! faut-il que j'entende ici, pour mon martyre,
Tout ce que l'imposteur à mes yeux vient de dire,
Et que, dans la fureur que ce discours m'inspire,
            On me tienne le bras lié ?

NAUCRATÈS   [79]

1710 Vous vous plaignez à tort. Permettez-nous d'attendre
            L'éclaircissement qui doit rendre
            Les ressentiments de saison.
            Je ne sais pas s'il impose[305] ;
            Mais il parle sur la chose
1715   Comme s'il avait raison.

AMPHITRYON

Allez, faibles amis, et flattez l'imposture.
Thèbes en a pour moi de tout autres que vous ;
Et je vais en trouver qui, partageant l'injure,
Sauront prêter la main à mon juste courroux.

JUPITER

1720 Eh bien ! Je les attends, et saurai décider
            Le différend en leur présence.

---

304 *Cf. Les Sosies* de Rotrou, vers 1473 : « Point, point d'Amphitryon où l'on
    ne dîne point ».
305 *Imposer* : faire croire une chose fausse.

AMPHITRYON

Fourbe, tu crois par là, peut-être, t'évader ;
Mais rien ne te saurait sauver de ma vengeance.

JUPITER

À ces injurieux[306] propos
1725   Je ne daigne à présent répondre ;
Et tantôt je saurai confondre
Cette fureur avec deux mots.

AMPHITRYON

Le Ciel même, le Ciel ne t'y saurait soustraire,
Et jusques aux Enfers, j'irai suivre tes pas.

JUPITER

1730   Il ne sera pas nécessaire,
Et l'on verra tantôt que je ne fuirai pas.

AMPHITRYON[307]

Allons, courons, avant que d'avec eux il sorte,
Assembler des amis qui suivent mon courroux,
Et chez moi venons à main forte,
1735   Pour le percer de mille coups.

JUPITER   [80]

Point de façons, je vous conjure !
Entrons vite dans la maison.

NAUCRATÈS

Certes, toute cette aventure
Confond le sens, et la raison.

---

306 Diérèse.
307 À part.

SOSIE

1740 Faites trêve, Messieurs, à toutes vos surprises,
      Et pleins de joie, allez tabler[308] jusqu'à demain.
      Que je vais m'en donner ! et me mettre en beau
                                            [train,
            De raconter nos vaillantises[309] !
            Je brûle d'en venir aux prises[310],
1745   Et jamais je n'eus tant de faim[311].

            Scène 6[312]

      MERCURE, SOSIE

            MERCURE

Arrête. Quoi ! tu viens ici mettre ton nez,
      Impudent fleureur[313] de cuisine ?

            SOSIE

Ah ! de grâce, tout doux.

            MERCURE

            Ah ! vous y retournez !
      Je vous ajusterai l'échine.

            SOSIE

1750   Hélas ! brave et généreux moi,
      Modère-toi, je t'en supplie.

---

308 *Tabler* : tenir table.
309 *Vaillantise* : « vieux mot qui signifiait autrefois action de bravoure. Il ne
     se dit plus que des fanfarons et des capitans », dit Furetière.
310 Aux prises avec les bons morceaux !
311 Ces quatre derniers vers en aparté.
312 *Cf. Les Sosies*, V, 1.
313 *Fleurer* comme *flairer* et *fleureur* comme *flaireur*.

Sosie, épargne un peu Sosie ;
Et ne te plais point tant à frapper dessus toi.

MERCURE

Qui de t'appeler de ce nom,
1755   A pu te donner la licence ?   [81]
Ne t'en ai-je pas fait une expresse défense,
Sous peine d'essuyer mille coups de bâton ?

SOSIE

C'est un nom que tous deux nous pouvons à la fois
            Posséder sous un même maître.
1760   Pour Sosie, en tous lieux, on sait me reconnaître ;
            Je souffre bien que tu le sois ;
            Souffre aussi que je le puisse être.
            Laissons aux deux Amphitryons
            Faire éclater des jalousies ;
1765   Et parmi leurs contentions[314],
Faisons en bonne paix vivre les deux Sosies.

MERCURE

Non, c'est assez d'un seul ; et je suis obstiné,
            À ne point souffrir de partage.

SOSIE

Du pas devant sur moi tu prendras l'avantage[315].
1770   Je serai le cadet, et tu seras l'aîné.

MERCURE

Non, un frère incommode et n'est pas de mon goût ;

---

314 Deux diérèses à la rime : *Amphitryon/contentions.*
315 Tu auras l'avantage de passer devant, d'avoir le pas sur moi, d'avoir la
     prééminence.

Et je veux être fils unique.

SOSIE

Ô cœur barbare et tyrannique !
Souffre qu'au moins je sois ton ombre.

MERCURE

Point du tout.

SOSIE

1775   Que d'un peu de pitié ton âme s'humanise.
En cette qualité souffre-moi près de toi.
Je te serai partout une ombre si soumise,
            Que tu seras content de moi.

MERCURE

Point de quartier : immuable est la loi.
1780   Si d'entrer là-dedans tu prends encor l'audace,
            Mille coups en seront le fruit.   [82]

SOSIE

Las ! à quelle étrange disgrâce,
Pauvre Sosie, es-tu réduit !

MERCURE

Quoi ! ta bouche se licencie[316]
1785   À te donner encore un nom que je défends ?

SOSIE

Non, ce n'est pas moi que j'entends,
Et je parle d'un vieux Sosie
Qui fut jadis de mes parents,

---

316 *Se licencier à* : se permettre de.

Qu'avec très grande barbarie,
1790 À l'heure du dîner, l'on chassa de céans.

MERCURE

Prends garde de tomber dans cette frénésie[317],
Si tu veux demeurer au nombre des vivants.

SOSIE

Que je te rosserais, si j'avais du courage,
Double fils de putain, de trop d'orgueil enflé !

MERCURE

1795 Que dis-tu ?

SOSIE

Rien.

MERCURE

Tu tiens, je crois, quelque
[langage[318].

SOSIE

Demandez[319], je n'ai pas soufflé.

MERCURE

Certain mot de fils de putain
A pourtant frappé mon oreille,
Il n'est rien de plus certain.

SOSIE

1800 C'est donc un perroquet que le beau temps réveille.

---

317 *Frénésie* : folie furieuse.
318 *Langage* : discours, paroles.
319 Demander à qui ? Probablement au public ; voir, déjà, au vers 156.

MERCURE

Adieu. Lorsque le dos pourra te démanger,
   Voilà l'endroit où je demeure. [83]

SOSIE

   Ô Ciel ! que l'heure de manger
Pour être mis dehors est une maudite heure !
1805 Allons, cédons au sort dans notre affliction.
Suivons-en aujourd'hui l'aveugle fantaisie ;
   Et par une juste union,
   Joignons le malheureux Sosie
   Au malheureux Amphitryon.
1810 Je l'aperçois venir en bonne compagnie.

Scène 7[320]
AMPHITRYON, ARGATIPHONTIDAS,
POSICLÈS, SOSIE

AMPHITRYON

Arrêtez là, Messieurs. Suivez-nous d'un peu loin ;
   Et n'avancez tous, je vous prie,
   Que quand il en sera besoin.

POSICLÈS

Je comprends que ce coup doit fort toucher votre
           [âme.

AMPHITRYON

1815 Ah ! de tous les côtés mortelle est ma douleur !
   Et je souffre pour ma flamme,
   Autant que pour mon honneur.

---

320 *Cf. Les Sosies*, V, 4.

POSICLÈS

Si cette ressemblance est telle que l'on dit,
        Alcmène, sans être coupable...

AMPHITRYON

1820   Ah ! sur le fait dont il s'agit,
L'erreur simple devient un crime[321] véritable.
Et sans consentement, l'innocence y périt[322].
De semblables erreurs, quelque jour qu'on leur
                [donne[323], [84]
        Touchent des endroits délicats,
1825   Et la raison bien souvent les pardonne,
Que[324] l'honneur et l'amour ne les pardonnent pas.

ARGATIPHONTIDAS

Je n'embarrasse point là-dedans ma pensée ;
Mais je hais vos Messieurs de leurs honteux délais ;
Et c'est un procédé dont j'ai l'âme blessée,
1830 Et que les gens de cœur n'approuveront jamais.
Quand quelqu'un nous emploie, on doit, tête baissée,
        Se jeter dans ses intérêts.
Argatiphontidas ne va point aux accords[325].
Écouter d'un ami raisonner l'adversaire,
1835 Pour des hommes d'honneur n'est point un coup à
                [faire ;
Il ne faut écouter que la vengeance alors.
        Le procès[326] ne me saurait plaire ;

---

321 La simple erreur devint une faute en matière d'adultère.
322 Même sans le consentement de la femme, celle-ci est coupable.
323 Sous quelque biais qu'on envisage ces erreurs.
324 Alors que.
325 Aux conciliations et autres accommodements.
326 Engager une procédure en justice.

Et l'on doit commencer toujours, dans ses transports[327],
　　　　　Par bailler, sans autre mystère,
1840　　　De l'épée au travers du corps.
　　　　　　　Oui, vous verrez, quoi qu'il advienne,
Qu'Argatiphontidas marche droit sur ce point ;
　　　　　　　Et de vous il faut que j'obtienne
　　　　　　　Que le pendard ne meure point
1845　　　　　D'une autre main que de la mienne.

　　　　　　　　AMPHITRYON
Allons.

　　　　　　　　　SOSIE
　　　Je viens, Monsieur, subir à vos genoux,
Le juste châtiment d'une audace maudite.
Frappez, battez, chargez, accablez-moi de coups ;
　　　　　　Tuez-moi dans votre courroux !
1850　　　　　Vous ferez bien, je le mérite ;
Et je n'en dirai pas un seul mot contre vous.

　　　　　　　　AMPHITRYON
Lève-toi. Que fait-on ?

　　　　　　　　　SOSIE   [85]
　　　　　L'on m'a chassé tout net ;
Et croyant à manger m'aller comme eux ébattre,
　　　　　Je ne songeais pas qu'en effet
1855　　　　　Je m'attendais là pour me battre.
Oui, l'autre moi, valet de l'autre vous, a fait,
　　　　　Tout de nouveau, le diable à quatre.
　　　　　　La rigueur d'un pareil destin,
　　　　　　Monsieur, aujourd'hui nous talonne ;

---

327 Dans sa colère et sa soif de vengeance.

1860   Et l'on me dés-Sosie enfin,
            Comme on vous dés-Amphitryonne.

AMPHITRYON

Suis-moi.

SOSIE

N'est-il pas mieux de voir s'il vient
                            [personne[328] ?

Scène 8

CLÉANTHIS, NAUCRATÈS, POLIDAS, SOSIE,
AMPHITRYON, ARGATIPHONTIDAS, POSICLÈS

CLÉANTHIS

Ô Ciel !

AMPHITRYON

                Qui t'épouvante ainsi ?
Quelle est la peur que je t'inspire ?

CLÉANTHIS

1865   Las ! vous êtes là-haut, et je vous vois ici !

NAUCRATÈS[329]

                Ne vous pressez point ; le voici
Pour donner devant tous les clartés qu'on désire,
Et qui, si l'on peut croire à ce qu'il vient de dire,
Sauront vous affranchir de trouble et de souci.

---

328 Quelqu'un (valeur positive).
329 À Amphitryon.

Scène 9 [H] [86]

MERCURE, CLÉANTHIS, NAUCRATÈS, POLIDAS,
SOSIE, AMPHITRYON, ARGATIPHONTIDAS, POSICLÈS

MERCURE

1870   Oui, vous l'allez voir tous ; et sachez, par avance,
              Que c'est le grand maître des dieux
        Que, sous les traits chéris de cette ressemblance,
        Alcmène a fait du ciel descendre dans ces lieux.
              Et quant à moi, je suis Mercure,
1875   Qui, ne sachant que faire, ai rossé tant soit peu
              Celui dont j'ai pris la figure.
        Mais de s'en consoler, il a maintenant lieu ;
              Et les coups de bâton d'un dieu,
              Font honneur à qui les endure.

SOSIE

1880   Ma foi, Monsieur le dieu, je suis votre valet[330],
        Je me serais passé de votre courtoisie.

MERCURE

        Je lui donne à présent congé d'être Sosie.
        Je suis las de porter un visage si laid ;
        Et je m'en vais au ciel, avec de l'ambroisie[331],
1885   M'en débarbouiller tout à fait.
                (Il vole dans le ciel.)

---

330 Formule de refus, de dénégation, amusante parce que Sosie est réellement
     un valet.

331 La nourriture des dieux, d'une saveur et d'un parfum délicieux, celle
     qui procurait l'immortalité, servir de savon à décrasser pour Mercure :
     joli burlesque !

SOSIE

Le Ciel de m'approcher t'ôte[332] à jamais l'envie !
Ta fureur s'est par trop acharnée après moi ;
　　　Et je ne vis de ma vie,
　　　Un dieu plus diable que toi.

Scène 10   [87]

JUPITER, CLÉANTHIS, NAUCRATÈS, POLIDAS, SOSIE,
AMPHITRYON, ARGATIPHONTIDAS, POSICLÈS

JUPITER, *dans une nue*[333].

1890　Regarde, Amphitryon, quel est ton imposteur,
　　　Et sous tes propres traits vois Jupiter paraître.
　　　À ces marques tu peux aisément le connaître ;
　　　Et c'est assez, je crois, pour remettre ton cœur
　　　　　Dans l'état auquel il doit être,
1895　Et rétablir chez toi la paix, et la douceur.
　　　Mon nom, qu'incessamment[334] toute la terre adore,
　　　Étouffe ici les bruits[335] qui pouvaient éclater.
　　　　　Un partage avec Jupiter,
　　　　　N'a rien du tout qui déshonore[336] ;
1900　Et sans doute, il ne peut être que glorieux
　　　De se voir le rival du souverain des dieux.
　　　Je n'y vois pour ta flamme aucun lieu de murmure ;

---

332 Subjonctif de souhait (Que le Ciel…).

333 « *[…] sur son aigle, armé de son foudre, au bruit du tonnerre et des éclairs* »,
　　ajoute la didascalie de 1682.

334 Sans cesse.

335 Les rumeurs.

336 Rotrou (*Les Sosies*, V, scène dernière, vers 1804-1805) n'avait que cette
　　formule du premier Capitaine : / « Pour tout dire, en deux mots, et
　　vous féliciter, / Vous partagez des biens avecque Jupiter. » / Le distique
　　d'octosyllabes de Molière a une autre allure !

Et c'est moi, dans cette aventure,
Qui, tout dieu que je suis, dois être le jaloux.
1905   Alcmène est toute à toi, quelque soin qu'on emploie ;
Et ce doit à tes feux être un objet bien doux
De voir que pour lui plaire il n'est point d'autre voie
Que de paraître son époux ;
Que Jupiter, orné de sa gloire immortelle,
1910   Par lui-même n'a pu triompher de sa foi ;
Et que ce qu'il a reçu d'elle
N'a, par son cœur ardent, été donné qu'à toi.

SOSIE

Le Seigneur Jupiter sait dorer la pilule[337].

JUPITER   [88]

Sors donc des noirs chagrins que ton cœur a soufferts,
1915   Et rends le calme entier à l'ardeur qui te brûle.
Chez toi doit naître un fils qui, sous le nom d'Hercule,
Remplira de ses faits tout le vaste univers.
L'éclat d'une fortune en mille biens féconde
Fera connaître à tous que je suis ton support,
1920   Et je mettrai tout le monde
Au point d'envier ton sort.
Tu peux hardiment te flatter
De ces espérances données ;
C'est un crime, que d'en douter :
1925   Les paroles de Jupiter,
Sont des arrêts des destinées.
(Il se perd dans les nues.)

---

337 Rotrou écrivait, de l'honneur fait par Jupiter à Amphitryon (*Les Sosies*,
V, 6, vers 1806-1807) : « Cet honneur, ce me semble, est un triste
avantage, / On appelle cela, lui sucrer le breuvage ». On enveloppait les
pilules de sucre pour en adoucir le goût.

NAUCRATÈS

Certes, je suis ravi de ces marques brillantes…

SOSIE

Messieurs, voulez-vous bien suivre mon sentiment ?
Ne vous embarquez nullement
1930   Dans ces douceurs congratulantes.
C'est un mauvais embarquement ;
Et d'une et d'autre part, pour un tel compliment,
Les phrases sont embarrassantes.
Le grand dieu Jupiter nous fait beaucoup d'honneur,
1935   Et sa bonté, sans doute, est pour nous sans seconde ;
Il nous promet l'infaillible bonheur
D'une fortune en mille biens féconde,
Et chez nous il doit naître un fils[338] d'un très
[grand cœur[339].
Tout cela va le mieux du monde.
1940   Mais enfin coupons aux discours,
Et que chacun chez soi doucement se retire.
Sur telles affaires, toujours,
Le meilleur est de ne rien dire.

FIN

---

338 Un allusion libertine à l'Annonciation ne me paraît pas s'imposer, malgré
le rapprochement, plutôt vague d'ailleurs, avec les textes évangéliques
qui annoncent la naissance de Jésus.

339 *Cœur* : courage.

LE GRAND DIVERTISSEMENT
ROYAL DE VERSAILLES

GEORGE DANDIN,
OU LE MARI CONFONDU

INTRODUCTION

Mieux vaut savoir de quoi l'on parle. En vérité, quand on dit *George Dandin*, on renvoie à deux réalités fort différentes, à deux spectacles qui n'eurent ni la même composition ni le même sens. D'un côté, pour la commande du roi à l'occasion du *Grand Divertissement royal de Versailles* donné en juillet 1668 – les sources contemporaines ne sont pas d'accord sur la date, qui va du 15 au 19 –, Molière broche une comédie, mais écrit aussi les vers d'une pastorale en musique qui l'enchâssait. Selon la *Lettre en vers* de Robinet (au 21 juillet 1668), la petite comédie de Molière était « par-ci, par-là » « mêlée » de beaux pas de ballet et de la mélodieuse musique du Lully. Une comédie et ses ornements ? Nous dirions volontiers *comédie-ballet*. Mais l'officielle *Gazette* perçoit le spectacle autrement et nous dit (livraison du 21 juillet, p. 695) que la comédie « était mêlée dans les entractes d'une espèce d'autre comédie en musique et de ballets » – c'est-à-dire l'inverse de ce que dit Robinet : c'est la comédie de Molière qui sert d'ornement à la comédie en musique, la pastorale musiquée par Lully. Nous avons déjà vu cette divergence chez les contemporains, qui d'ordinaire accordent la première place au ballet et à la musique. Quoi qu'il en soit, si l'on garde l'appellation de *comédie-ballet*, il ne faut pas oublier qu'à Versailles ce sont la musique et la danse qui servaient de cadre à la comédie de Molière, et non la comédie de Molière qui servait de cadre aux agréments de musique et de danse. Et cela faisait un spectacle spécifique.

D'un autre côté, à partir du 2 novembre 1668, Molière repris *George Dandin* dans son théâtre du Palais-Royal, mais à peu près sûrement sans la pastorale en musique. Cela faisait un autre spectacle, spécifique, qui ne connut guère de succès. Ce sont ces trois actes de prose parlée nue que Molière publia sous le titre de *George dandin, ou Le Mari confondu*, à la fin de 1668, avec la date de 1669.

L'analyse ne devra jamais oublier cette distinction[1].

UNE « AGRÉABLE ET POMPEUSE FÊTE »

Les relations contemporaines[2], en particulier celle, si précise et intelligente qu'en fit l'historien et critique d'art André Félibien[3], permettent de suivre le déroulement de cette fête imaginée pour célébrer la paix d'Aix-la-Chapelle, signée le 2 mai 1668. Suivons Félibien. La paix acquise en Europe, le roi « résolut de faire une fête dans les jardins de Versailles, où, parmi les plaisirs que l'on trouve dans un séjour si délicieux, l'esprit fût encore touché de ces beautés surprenantes et extraordinaires dont ce grand prince sait si bien assaisonner tous ses divertissements ». Après avoir dû prendre les armes pour soutenir ses droits, le monarque fait

---

1   Pour une première approche de *George Dandin*, voir déjà : Charles Mazouer, *Trois Comédies de Molière. Étude sur « Le Misanthrope », « George Dandin » et « Le Bourgeois gentilhomme »*, nouvelle édition revue et corrigée, 2007 (1999) ; Patrick Dandrey, « *George Dandin*, une pastorale burlesque ? », [in] *Molière. « George Dandin »*, par la Compagnie des Minuits, 2007, p. 103-195.

2   Voir Charles Mazouer, « Les relations des fêtes données à Versailles (1664-1674) », *Texte*, 2003, 33/34, p. 207-230.

3   Le lecteur trouvera ce texte (1668) en Annexe, suivi d'une autre Relation, moins intéressante, celle de Montigny (1669).

goûter à son peuple les délices de la paix et offre à sa cour les dons de la fête ; et Félibien de conclure : « ainsi l'on vit que Sa Majesté fait toutes ses actions avec une grandeur égale et que, soit dans la paix, soit dans la guerre, Elle est partout inimitable ». *Le Grand Divertissent royal* fut encore réalisé à la gloire du roi commanditaire par le moyen de la fête ; comme le dit bien Louis Marin[4], « le divertissement, c'est la politique qui se poursuit sur un autre registre ». Nous avons déjà vu cela. Et toutes les relations chantèrent à l'envi les merveilles de la fête qui, outre une dépense considérable, en particulier pour les constructions éphé-mères de Vigarani[5] et pour la réalisation de la musique, eut des ratés ; le roi avait voulu que fussent ouvertes à tous les portes du parc, ce qui semble assez exceptionnel et non dépourvu d'intentions politiques, mais la présence de plu-sieurs milliers de personnes (on parle de 3000 assistants), et les failles du service d'ordre occasionnèrent bousculades et désordre, en particulier lors de la représentation théâtrale où gens de qualité et étrangers de marque furent malmenés.

Nous sommes donc à Versailles, où les jardins enrichis furent en quelque sorte mis en service pour l'occasion. Sur les six heures du soir, le roi, la reine et la cour sortirent du château « pour prendre le plaisir de la promenade », avant de suivre les étapes du déroulement temporel d'une fête royale : collation, théâtre, souper et bal – dans deux édifices octogones construits dans la verdure et somptueusement décorés –, illuminations et feu d'artifice pour finir, dus à

---

4   *Le Portrait du Roi*, 1981, p. 241. Voir aussi Jean-Marie Apostolidès, *Le Roi-machine. Spectacle et politique au temps de Louis XIV*, 1981, et Marie-Christine Moine, *Les Fêtes à la cour du Roi Soleil*, 1984.

5   Voir Jérôme de La Gorce, *Carlo Vigarani, intendant des plaisirs du Roi*, 2005, p. 85-91. Il y eut des morts parmi les 10 000 ouvriers embauchés pour l'occasion.

Gissey. À lire la relation de Félibien, on a l'impression que les magiciens chargés de réaliser tous ces miracles s'étaient surpassés : effets architecturaux, richesse décorative, jeux de lumière et jeux d'eau (on sait les travaux réalisés pour faire venir l'eau à Versailles), somptuosité du festin, avec la recherche de la surprise, de l'émerveillement, de la beauté. Félibien ne put refuser son enthousiasme.

Il nous fournit une description aussi précise qu'émerveillée du théâtre où furent joués la pastorale et *George Dandin* : une grande salle couverte de feuillées par dehors, et par dedans parée de riches tapisseries, percée de deux arcades, avec les multiples chandeliers. Autour de la salle, des sièges disposés en amphithéâtre pour plus de 1200 spectateurs ; plus près de la scène, un parterre meublé de bancs pour un plus grand nombre de spectateurs encore. Mais quand la toile du théâtre se leva, l'émerveillement redoubla : le décor donnait l'illusion d'être un vrai jardin – de véritables fontaines jaillissaient même sur la scène ! –, avec une vaste perspective et un agencent complexe de l'espace du proche au lointain. On ne sait exactement où s'arrêtaient les praticables et où commençaient les toiles peintes de ce décor éminemment baroque, qui reflétait le cadre même, réel, où se déroulait la fête. Vigarani, qui s'était surpassé et dans la construction du théâtre éphémère et dans ce premier décor, dans lequel se joua d'abord le premier acte de la pastorale en musique, n'en resta pas là. Une fois le troisième et dernier acte de *George Dandin* achevé, le décor fut brutalement changé, ne laissant voir que de grandes roches entremêlées d'arbres, parmi lesquels se divertissaient des bergers. Une des cinq planches gravées par Le Pautre pour l'occasion (la propagande se faisait aussi par l'image !) rend justement compte de ce second décor, dans lequel se déroula la quatrième et dernière partie de la pastorale en musique. Vigarani machiniste s'y montra une dernière fois magicien en faisant avancer du fond du théâtre une machine – un rocher couvert d'arbres sur lequel était assise toute la troupe de Bacchus, composée de quarante satyres. Très curieusement pour nous, c'est bien dans de tels décors que durent se caser les trois actes de la comédie de *George Dandin* !

Seuls le livret distribué aux spectateurs de Versailles et les partitions de Lully nous donnent le contenu de la pastorale en musique, dont les quatre parties ou « actes » encadraient la comédie de Molière. Sur un canevas typiquement pastoral, avec les poncifs attendus (et pris parfois avec humour aussi bien par le parolier Molière que par son musicien), Lully composa une musique aussi riche que variée[6].

Une ouverture, avec sa marche initiale rigoureusement soulignée par les notes pointées, puis son versant en fugato où la musique se fait insaisissable comme une eau qui court, remplit discrètement et parfaitement sa fonction d'introduction à la bergerie idyllique. Précédée d'une chansonnette de facture assez simplette (avec une alternance de vers de 5 et de 7 syllabes) qui pose déjà le thème de la souffrance d'amour et de son empire néanmoins nécessaire, la première scène en musique se joue entre deux bergers, Tircis et Philène, éconduits par les deux bergères indifférentes, Cloris et Climène ; les bergers – « suivant la coutume des anciens amants qui se désespèrent de peu de choses », dit avec humour le livret – s'en vont, désespérés, se jeter à l'eau. Après le premier acte de la comédie, c'est Cloris qui

---

6   Pour l'analyse musicale, voir : Henry Prunières, « George Dandin et le grand divertissement royal de Versailles », *La Revue musicale*, 1934, p. 27-33 ; Hélène Purkis, « Les intermèdes musicaux de *George Dandin* », *Baroque*, n° 5, 1972, p. 63-69 ; enfin et surtout Jérôme de La Gorce, *Lully*, 2002, aux pages 498 *sqq.*

intervient; regrettant que son indifférence ait tué le berger, elle « vient faire une plainte en musique », ouverte dans la régularité d'un quatrain d'hexasyllabes, fluide malgré les coupures de l'exclamation et de l'interrogation :

> Ah ! mortelles douleurs,
> Qu'ai-je plus à prétendre ?
> Coulez, coulez, mes pleurs,
> Je n'en puis trop répandre.

Dans les deux autres strophes de cette plainte d'inspiration italienne, Cloris regrette à présent que la tyrannie de l'honneur l'ait empêchée de répondre à la passion de son amant. Les lignes mélodiques des violons entrelacent leur plaintif ut mineur aux refrains désespérés de la bergère ; les deux couplets exacerbent le reproche, en particulier le premier, où la mélodie plus chaotique, plus brisée, s'épanouit en un sanglot que souligne le sol mineur (« J'ai réduit mon amant à sortir de la vie »). Et cette belle musique, n'est-ce pas, entre deux épisodes des mortifications et des déplaisirs du paysan Dandin mal marié !

Même alternance et même contraste pour la suite du spectacle. Après le second acte de *George Dandin*, la pastorale nous montre, en un intermède très court, sorte de troisième acte, la danse des bateliers qui ont sauvé les amoureux désespérés de la noyade – danse à deux temps avec rythme pointé. Le dernier acte de *George Dandin*, portant à leur comble les malheurs du paysan mal marié, est en revanche suivi d'un grand et véritable final en musique. Ce final allonge surabondamment les manifestations de la joie. La réjouissance des bergers – car, sauvés des eaux, les deux bergers amoureux Philène et Tircis ont enflammé leurs bergères réticentes Climène et Cloris – se fait d'abord dans une atmosphère de galanterie et d'élégance ; il n'empêche que Lully calcule savamment la progression des effets musicaux, passant des voix seules avec leur ritournelle, au duo puis au chœur à quatre voix qui fait éclater le « Chantons tous de l'Amour le pouvoir adorable ». Mais l'arrivée de Bacchus et de sa troupe – belle idée dramatique ! – va imposer une joie plus débridée : le plaisir de boire contre le plaisir d'aimer, toujours teinté de quelque souffrance. Et la lutte se fait chœur contre chœur, les danseurs de chaque camp étant entraînés par les chanteurs. Les voix s'enchevêtrent ; et quel art du contrepoint pour maîtriser pareillement toutes les voix et donner une si juste idée de la confusion ! Finalement réconciliées et réunies, les huit voix additionnent leur masse en un imposant double chœur syllabique, où les parties se distribuent la tâche, s'arrêtent, repartent en canon avant de se cumuler. Quelle somptueuse réjouissance ! Ainsi était mis fin à la pastorale en musique, dotée de son fil et de ses personnages.

LA FORME DRAMATIQUE DE LA COMÉDIE

Chacun sait que le noyau de la comédie de *George Dandin* n'est autre que la farce de *La Jalousie du Barbouillé*, composée à peu près certainement par Molière et jouée par lui en province et à Paris – farce qui avait plus d'un antécédent dans la tradition narrative, et même dramatique[7]. Et il a été bien montré et démontré[8] comment Molière passa de

---

7   Voir la présentation et l'édition de cette farce au t. I (2016) de notre *Théâtre complet* de Molière, p. 83-109 ; et, chez le même éditeur Classiques Garnier, en poche, le volume consacré à *La Jalousie du Barbouillé*, au *Médecin volant* et à *L'étourdi*, 2022.

8   Voir Yves Giraud, « La vraie genèse de *George Dandin* », article de 1976, repris dans *Molière, Trois comédies « morales »…*, éd. Patrick Dandrey, 1999, p. 45-58.

la farce des débuts à la comédie en trois actes de *George Dandin, ou Le Mari confondu*, et que tout, ou presque tout de la farce fut réemployé dans la comédie de 1668 – thème, structure, péripétie finale de la porte fermée, personnages. Bien entendu avec des enrichissements et des approfondissements tout à fait remarquables. La caricature du vieillard enfariné est devenue un personnage de paysan enrichi qui pense s'élever par son mariage avec la fille de nobles provinciaux. Sa mal mariée d'épouse (Angélique dans les deux œuvres), tentée dans la farce par un Valère galant, est ici l'objet d'une véritable entreprise de séduction de la part du seigneur du paysan, Clitandre, aidé par une suivante adroite et un paysan fort maladroit. Le Gorgibus de la farce est métamorphosé en un couple impayable de hobereaux. On retrouve les soupçons, les certitudes du mari à tromper, et son échec à faire admettre la vérité de ses plaintes – mais remarquablement remaniés dans ce qui est une comédie rigoureusement composée et écrite, alors que *La Jalousie du Barbouillé* avait parfois un peu des allures de canevas. Si, comme le rappellent et l'auteur du livret du *Grand Divertissement royal de Versailles* et Félibien, Molière et les autres artistes furent soumis à « l'honneur d'obéir promptement au roi » (Livret) et durent bâtir un spectacle à considérer « comme un impromptu » (Félibien), Molière eut assez de talent pour proposer une comédie plutôt concertée.

Les mises en scènes pratiquées par Molière nous échappent, mais un lecteur attentif peut déterminer comment le dramaturge pensait l'espace de sa comédie. L'espace de *George Dandin*[9] est assez complexe dans sa structure. « *La scène est devant la maison de George Dandin* », dit

---

9   Voir Charles Mazouer, « L'espace de la parole dans *Le Misanthrope*, *George Dandin* et *Le Bourgeois gentilhomme* », *Le Nouveau Moliériste*, IV-V, 1998-1999, première partie, p. 191-202.

la didascalie initiale ; mais on voit des personnages sortir de la maison, Dandin regarder à l'intérieur par le trou de la porte, Dandin entrer, fermer la porte et s'installer à la fenêtre, puis sa femme faire de même quand il est sorti. C'est-à-dire que la scénographie fait jouer les oppositions de l'intérieur et de l'extérieur, du bas et du haut, de l'ouvert et du fermé. Ajoutons à cela que tout le dernier acte se joue de nuit, avec pour effet de brouiller les pistes de l'espace scénique et de multiplier les chassés-croisés et quiproquos comiques ; la nuit, qui a favorisé le rendez-vous galant des amants, permet enfin à Angélique de rentrer au logis tandis que son mari la cherche à la lumière de sa chandelle.

Un aspect particulièrement intéressant doit être souligné. L'espace dont George Dandin voudrait avoir la maîtrise est le lieu d'incursions continuelles. Un messager d'amour se glisse chez lui ; le galant lui-même, qui fait passer des billets doux, s'approche, entre au logis avec l'épouse. Dandin ne parvient pas à être maître des lieux ; son territoire est envahi, lui est contesté, volé ; et le dernier acte le voit carrément mis à la porte de chez lui. Intéressant processus d'exclusion, inscrit dans l'espace.

Dandin échoue évidemment dans l'intrigue. Pour apprécier la structure de *George Dandin* dans sa sécheresse, il faut oublier pour un temps une série de scènes habilement distribuées dans les trois actes, et qui donnent corps d'une part à l'aventure adultère que Dandin veut dénoncer, et d'autre part à une intrigue secondaire (et très partielle) qui y est greffée : les amours entre Lubin et Claudine. Voici le schéma de base, qui n'est pas sans faire songer à celui de *L'École des femmes*, mais où l'on retrouve la manière moliéresque de la réduplication : 1/ Dandin apprend qu'on le trompe ; 2/ Dandin s'emploie à le faire constater et admettre ; 3/ Dandin échoue et son entreprise se retourne contre lui, plus humilié qu'auparavant.

Chacun des trois actes met en œuvre ce mécanisme à peu près à l'identique. Car, comme George Dandin n'admet pas son échec et s'obstine à vouloir désabuser ses beaux-parents les Sotenville, il repart pour une nouvelle et aussi vaine tentative – d'où l'impression, pas entièrement fausse, que l'action n'avance guère. *George Dandin* présente donc en réalité une double structure : celle de l'échec et celle de la répétition de l'échec. Si le schéma de base est répété trois fois, Molière introduit des variantes habiles : c'est toujours Lubin qui dévoile à Dandin ce qu'il faudrait lui cacher, mais avec deux quiproquos différents (il parle à Dandin sans connaître son identité en I, 2 et II, 5 ; il croit, dans le noir, parler à Claudine, en III, 3) ; à l'acte II, le mécanisme est retardé par le face-à-face entre Dandin et sa femme (II, 2) ; l'échec de Dandin est réalisé trois fois de manière différente et s'avère le plus humiliant la troisième fois dans la fin – si l'on veut : le dénouement – de cette construction cyclique.

Quelles que soient les variations, le double procédé structurel fait partie du patrimoine comique universel et avait été exploité, comme de juste, dans la tradition française de la farce. Structurellement comme génétiquement, *George Dandin* tient de la farce. Le rire était assuré à ces échecs répétés. On sent d'ailleurs que Molière s'amuse lui-même de l'artifice de ce mécanisme impeccable et implacable. Mais, répétons-le, le schématisme structurel laisse toute leur place au mouvement et à la variété des scènes. Quel rapport entre les scènes d'enquête de George Dandin (I, 2 ; II, 5) et les scènes de nuit, pleines de frôlements, de fuites, de quiproquos, qui ouvrent l'acte III ? Quel contraste entre le dialogue amoureux de Claudine et de Lubin (sensualité masculine avide contre réserve féminine mesurée pour assurer son pouvoir sur l'autre) et le débat, frontal, où s'opposent Dandin et sa femme Angélique !

Cette farce paysanne est écrite en prose – dans une prose aussi diversifiée que les personnages, les situations et les scènes. Effet de la hâte de la composition ? Peut-être aussi. Félibien va au-delà, très finement :

> La prose, dont on s'est servi, est un langage très propre pour l'action qu'on représente ; et les vers qui se chantent entre les actes de la comédie conviennent si bien au sujet et expriment si tendrement les passions...

Double justification de la prose, en fait : le réalisme de la pièce paysanne réclamait la prose, et devait s'opposer à l'autre partie du spectacle composite, la pastorale en musique qui, elle, avait besoin du vers pour déployer son monde idéal.

L'ANCRAGE SOCIAL

C'est aussi à propos de l'analyse sociale[10] qu'on vérifie l'écart considérable entre l'embryon qu'est *La Jalousie du Barbouillé* et la comédie achevée de *George Dandin*. Le lieu scénique – devant la grosse ferme de George Dandin – représente une sorte de carrefour où se croisent, de jour et de nuit, toutes sortes de personnages, tout un éventail de conditions sociales, du manouvrier au gentilhomme de cour. Et le metteur en scène Roger Planchon a eu raison de

---

10   Voir le travail répété de Roger Chartier, dont l'article « *George Dandin*, ou le social en représentation », de 1994, a été repris et augmenté en 1996 (cette version dans *Molière, Trois Comédies « morales »*, *op. cit.*, p. 141-171), et encore en 2011 (dans *Ce qu'ils vivent, ce qu'ils écrivent. Mises en scène littéraires du social...*, p. 487-536), avec la polémique instaurée par Nicholas Paige dans la *R.H.L.F.* en 1995-1996.

souligner le réalisme social de la comédie[11], dans et autour d'une ferme qui doit montrer la prospérité du paysan riche – en décalage avec le cadre champêtre et idyllique de la bergerie, qui imposa son décor à la représentation versaillaise.

Au bas de l'échelle, des paysans, comme Colin, le valet de Dandin, plaisant lourdaud. Le paysan Lubin est plus longuement exploité par Molière[12], davantage pour des traits traditionnels du rustre comique que pour l'analyse sociale. Ce paysan ne parle d'ailleurs pas le patois, mais un langage populaire à peine déformé. Il est ici sot, vaniteux et, chargé de transmettre secrètement à Angélique les messages de Clitandre, il s'empresse de tout dévoiler au mari trompé. Le jeu comique du babillard qui lâche des confidences bien étourdies se répétera deux fois. Ses manières amoureuses signalent le paysan : amours directes, sommaires, mais sans satisfaction pour sa sensualité, car il est tombé sur une fine mouche qui ne se laisse pas caresser avant le mariage et excite le désir de son futur pour lui imposer qu'il soit un mari large, libéral et non soupçonneux (II, 1). La Claudine en question, promue « suivante » d'Angélique, est de ces paysannes finaudes et vite corrompues, à qui le service de la demoiselle du seigneur permet de sortir quelque peu de leur classe. Le dernier représentant de la paysannerie est évidemment George Dandin, qui symbolise le problème social mis en scène par Molière.

En face de la paysannerie, la « gentilhommerie[13] »

---

11   Molière nous fournit quelques indications concernant les *realia*, en particulier grâce au paysan Lubin : allusion à la fête du village, à la fatigue et au gain d'un manouvrier.

12   Voir Charles Mazouer, *Le Personnage du naïf...*, *op. cit.*, p. 212-213.

13   Voir, sur les nuances de la peinture de la noblesse chez Molière, Charles Mazouer, « Molière et la noblesse », [in] *Réalisme et réalité en question au* XVIIe *siècle*, Publication du Centre « Interactions Culturelles Européennes »

Un couple de hobereaux, d'une part, terriblement ridiculisé, donne une image burlesque de la noblesse de campagne[14] : Monsieur et Madame de Sotenville. Leur vanité nobiliaire, d'autant plus dérisoire qu'elle est mal fondée, les autorise à écraser d'un mépris odieux leur gendre Dandin, simple paysan enrichi. « Tout notre gendre que vous soyez, il y a grande différence de vous à nous[15] », lance Mme de Sotenville, oubliant, avec la morgue des nobles infatués, que la richesse de Dandin les garde de la ruine, au prix d'une mésalliance et d'un mariage forcé entre leur fille Angélique et Dandin. Méprisant leur gendre, prévenus en faveur de leur fille, ils sont victimes des mensonges et des comédies d'Angélique, au détriment de Dandin, jamais cru et obligé de s'excuser ou de s'humilier. Sottise et crédulité qu'achèvent de ridiculiser – comme si leur bêtise et leur nom n'y suffisaient pas – leurs « mamours » ou leurs propos mécaniquement en écho l'un de l'autre.

Clitandre d'autre part, seigneur du pays, en même temps qu'il s'emploie à cocufier Dandin, raille finement les hobereaux. Il a les manières galantes d'un jeune seigneur formé à la cour, manières qui séduisent immédiatement Angélique, la fille des hobereaux. Bien qu'issue de la double maison des Prudoterie et des Sotenville, la jeune mal-mariée rêve de quitter un milieu campagnard et provincial doublement médiocre – et par l'ascendance et par le mariage forcé[16]. C'est qu'Angélique a été littéralement vendue par ses parents ruinés au paysan riche Dandin.

---

de l'Université de Bourgogne, Dijon, série *Littérature Comparée*, n° 1-2002, p. 183-195.

14   Voir les détails dans Charles Mazouer, *Le Personnage du naïf…*, *op. cit.*, p. 188-189.

15   I, 4.

16   Voyez sa réaction à la lecture du billet galant rédigé par Clitandre : « Ah ! Claudine, que ce billet s'explique d'une façon galante ! Que dans tous leurs discours et dans toutes leurs actions, les gens de cour

On ne peut pas dire que Molière ait beaucoup flatté le public noble qui se promenait dans les allées du parc de Versailles !

Mais venons-en à la question sociale posée par *George Dandin*, qui scelle l'échec d'une forme de mobilité sociale, sans doute extrême ici et quelque peu caricaturale, entre la paysannerie et la noblesse, mais qui pourtant pouvait trouver des échos dans la société réelle de la fin du siècle. Dandin a voulu s'élever au-dessus de sa condition, s'allier à la maison d'un gentilhomme en épousant une demoiselle, pensant bien acquérir, au moins pour sa descendance, la noblesse. Molière éclaire d'une lumière très crue le calcul économique et les conséquences humaines de la mésalliance. Un mariage arrangé avec un gendre riche, fût-il un simple paysan, répare la situation économique dégradée des hobereaux. Comme le dit nettement Angélique, qui fut le prix de ce marchandage, sans être consultée, ce sont proprement ses parents, et non elle, qui ont épousé Dandin (II, 2) ! Angélique se croira fondée à tromper son mari ambitieux, qui, pour avoir voulu sortir de sa classe, de son ordre comme on disait au XVIIe siècle, ne récoltera que mépris et humiliations.

AMOUR ET MARIAGE

Le mariage de Dandin avec Angélique est donc un mariage malheureux – un mariage sans amour, simple contrat économique vide de sens. S'il la désire certainement,

---

ont un air agréable ! Et qu'est-ce que c'est auprès d'eux que nos gens de province ? » (II, 3).

Dandin n'aime pas Angélique ; mais il veut que son droit de mari soit respecté, qu'Angélique soit fidèle à la promesse du mariage. Mais Angélique a beau jeu de rappeler et de remettre en cause l'engagement contraint et la foi donnée par force ; elle a été prise sans son accord et sans qu'on consulte ses sentiments. Nulle part on ne lit une revendication aussi nette de la liberté d'épouser celui qu'elles aiment, qui était si constamment, alors, refusée aux filles.

Angélique va plus loin, et conteste radicalement l'autorité de son mari – pour elle tyrannie –, ébranlant l'institution du mariage au nom de la liberté et du plaisir réservé à la jeune femme :

> [...] et je veux jouir, s'il vous plaît, de quelque nombre de beaux jours que m'offre la jeunesse, prendre les douces libertés que l'âge me permet, voir un peu le beau monde, et goûter le plaisir de m'ouïr dire des douceurs[17].

Mariée sans amour, Angélique ne veut pas être prisonnière d'une fiction, d'une forme creuse, de cette fidélité qu'elle n'a pas accordée librement. Qui le lui reprocherait d'abord ? Le mariage chrétien, dont Dandin veut l'application, n'est-il pas fondé sur l'amour mutuel et la liberté du consentement ? Mais Angélique n'est point à la recherche d'un amour authentique et durable ; si elle refuse de s'« enterrer toute vive dans un mari », si elle ne veut « point mourir si jeune », c'est pour entendre des douceurs, jouir des divertissements, être disponible aux galanteries ; elle est avide de plaisirs et de jouissances, et la comédie montre que cela mène à l'adultère. Au nom de la liberté, Molière semble donner raison à cette galante. Il met Angélique, femme mariée, dans la situation d'être justifiée de ne pas souffrir le mariage désaccordé et

---

17 II, 2.

d'afficher avec une détermination tranquille son épicurisme et son amoralisme. On comprend assez l'indignation de Bourdaloue, dans son *Sermon sur impureté* (1682).

Au demeurant, les autres couples de *George Dandin*, moins catastrophiques, ne donnent pas une image plus brillante du mariage. Le couple des Sotenville est uni, mais parfaitement ridicule, avec cette réduplication et cette confusion de l'un à l'autre, qui n'est pas le véritable amour conjugal. Quant au couple que formeront Lubin et Claudine, il est d'emblée déséquilibré, et l'épouse, qui domine un niais et exige déjà sa liberté future, pourra être entraînée hors des règles strictes du mariage...

UN HÉROS COMIQUE

S'il est arrivé aux modernes de qualifier *George Dandin* de « farce tragique[18] », les contemporains de Molière ne s'y sont pas trompés. Dans sa *Lettre en vers* déjà citée, Robinet proclame que Molière – qu'il assimile au dieu railleur Momus – a fait les ébats de la cour

> Par un sujet archi-comique
> Auquel rirait le plus stoïque,
> Vraiment, malgré bon gré ses dents,
> Tant sont plaisants les incidents[19].

Chemin faisant, nous avons déjà vérifié la volonté de faire rire – par le mécanisme des situations d'échec répétées, par

---

18   Bernadette Rey-Flaud, *Molière et la farce*, 1996.
19   Cité par Georges Mongrédien, *Recueil de textes et de documents du XVIIᵉ siècle relatifs à Molière*, 1973 (1965), t. I, p. 313-314.

la présence de caricatures ridicules, par tous les effets du comique verbal (de la grossièreté du paysan Lubin à l'ironie railleuse de Clitandre).

Mais le destin théâtral de George Dandin n'a-t-il pas de quoi émouvoir ? Contre lui, le mensonge et l'imposture triomphent, se font croire, alors que le paysan riche ne peut faire admettre la vérité qu'il détient.

D'une manière générale, *George Dandin* propose une palette assez riche de situations de communication[20], de la réussite la plus parfaite (Lubin, le rustre bavard, parle au-delà de ce que Dandin voudrait entendre) à l'échec le plus complet, en passant par la communication difficile, entravée, indirecte mais promise à la réussite (entre Angélique et Clitandre).

L'échec le plus parfait est celui de Dandin, condamné à l'impossibilité de communiquer la vérité et d'exprimer tous ses sentiments. Il est réduit aux monologues – courts mais nombreux –, car isolé, méprisé, trompé, bafoué, il est seul contre tous ; et, en public, il est condamné à l'humiliation imméritée, au silence ou à l'aparté qui donne issue au vrai. Il est dans l'incapacité de communiquer avec les Sotenville et renvoyé à l'isolement[21]. À peu près avec tous les autres personnages, il est forcé, pour une raison ou pour un autre, de ravaler ses sentiments, de taire ce qu'il brûle de dire. Les Sotenville laissent parler ce gendre méprisé, mais ils refusent ses doléances pour vraies, car ils le méprisent et sont portés à croire plutôt leur fille. La vérité du mari bafoué reste interdite. George Dandin est littéralement privé de la parole qu'il veut formuler et communiquer, et obligé de dire et d'admettre, avec des paroles qu'on lui impose,

---

20 Voir Charles Mazouer, *Trois Comédies de Molière, op. cit.*, p. 106-109.
21 Voir Ralph Albanese, « Solipsisme et parole dans *George Dandin* », *Kentucky Romance Quaterly*, 27 (1980), p. 421-434.

l'inadmissible. À l'issue de son dernier échec public, et toujours en aparté, il constate lucidement et amèrement : « Je ne dis mot, car je ne gagnerais rien à parler[22]... ».

George Dandin, pièce assez peu morale, en effet, raconte l'échec passablement injuste, de Dandin. Il voudrait faire savoir son déshonneur, que ses plaintes contre sa femme, devenue *sa partie* (apparition du vocabulaire judiciaire), soient reconnues, qu'on *rendre justice* à son *droit*. Or, impitoyablement, il en est empêché, par trois fois, en trois échecs successifs. L'accusateur est confondu, humilié, obligé de faire des excuses dans les formes à ceux qui le bafouent (I, 6), obligé de se faire pardonner par une Angélique triomphante, qui peut faire la magnanime (II, 8 et III, 7). « Je le quitte », avoue-t-il finalement (III, 8), vaincu par ses échecs répétés, en un dénouement assez sombre, semble-t-il, car il ne lui reste plus qu'à « s'aller jeter dans l'eau la tête la première ».

Il est donc tentant de mettre en valeur le côté tragique de l'aventure et du personnage ; lui-même retrouverait le ton tragique pour se lamenter sur sa « disgrâce » (II, 8). Et l'on comprend que Michelet et d'autres avec lui aient vu en *George Dandin* une pièce douloureuse et aient insisté sur le possible aspect tragique.

Pourtant, trop d'éléments interdisent d'accepter ce point de vue, et il faut clairement affirmer que Molière a choisi l'optique comique sur ce Dandin à l'onomastique ridicule, et qui se voit ridiculement affublé de son nouveau titre de Monsieur de la Dandinière. « Ô Ciel, seconde mes desseins, et m'accorde la grâce de faire voir aux gens que l'on me déshonore », prie-t-il en II, 8. Prière tragique ? Plutôt parodie tragique souvent rencontrée chez les héros comiques de

---

22 II, 8.

Molière, qui font rire justement parce qu'ils se prennent pour des personnages de tragédie. Et cette obstination à vouloir proclamer et à tout prix faire savoir qu'on le fait cocu! La pitié à son égard n'est pas vraiment possible. Selon l'idéologie sociale illustrée par Molière, Dandin est puni justement de son ambition : le paysan Dandin a tort d'avoir épousé une Sotenville, dans ses rêves d'anoblissement. De surcroît, il présente une sorte de laideur morale : il a épousé par ambition, sans amour, une femme qu'il regrette de ne pouvoir remettre sur le droit chemin à bons coups de bâton; il réclame indûment le respect d'un mariage que son ambition a privé au départ de sens humain; il s'avère incapable enfin d'envisager le pardon quand Angélique l'en prie.

D'ailleurs, n'est-ce pas Dandin lui-même qui nous invite à rire de lui? Non seulement il est parfaitement lucide, avec une conscience amère, de la duperie où l'a entraîné son rêve de noblesse – mauvaise affaire économique, mépris et humiliation de la part des nobles ses beaux-parents, tromperie en ménage –, mais il manifeste d'emblée une sorte d'humour : « George Dandin, George Dandin, vous avez fait une sottise la plus grande du monde », dit-il à la première scène. Et les deux autres monologues de l'acte I reprennent le même refrain; accommodé « de toutes pièces », sans pouvoir se venger, il aurait tort de se révolter :

> Ah! que je... Vous l'avez voulu, vous l'avez voulu, George Dandin, vous l'avez voulu, cela vous sied fort bien, et vous voilà ajusté comme il faut; vous avez justement ce que vous méritez[23].

Cette lucidité résignée sur lui-même, cette acceptation d'être puni pour être sorti de son ordre[24] font en quelque

---

23 I, 7.
24 Où Marie-Claude Canova-Green voit la réalisation d'un dédoublement du moi (le moi ancien et son illusion; le moi présent lucide) qui aboutit

sorte assumer par le héros comique lui-même la fonction des rieurs. Et Molière acteur n'a jamais joué d'autres rôles que celui du héros comique dans ses œuvres.

En un mot, Molière ne nous invite pas à prendre très au sérieux l'histoire de cet échec, de cette exclusion, de ces humiliations. L'ancrage réaliste demeure et, sous-jacente, la gravité des situations, mais il faut en rire. Très justement, Antoine Adam parlait de *George Dandin* comme d'une « comédie rosse ». Comédie rosse, mais bel et bien comédie.

RETOUR AU SPECTACLE DE VERSAILLES

Et l'on en revient finalement au spectacle d'origine, où cette comédie rosse était enchâssée dans la pastorale en musique. Comment étaient entrelacées la comédie et la pastorale ? Quel effet de sens pouvait produire en retour sur la comédie son insertion dans la pastorale[25] ?

Dès l'origine, Félibien remarqua le caractère hétérogène des deux parties du spectacle du *Grand Divertissement royal*. La totalité de la pastorale en musique et en danses enchâssant la comédie du *Mari confondu* qui se déploie en dehors d'elle, dans un autre univers, il semble que ce soient deux pièces de théâtre qu'on joue ensemble, remarque-t-il. Ces parties « si diversifiées et si agréables » – la prose et le vers, la parole et le chant, la marche et la danse – sont-elles

à la dépersonnalisation du sujet (voir « *Ces gens-là se trémoussent bien…* ». *Ébats et débats…*, *op. cit.*, p. 160-175).

25   Voir Charles Mazouer, *Molière et ses comédies-ballets*, 2ᵉ édition 2006, et, plus particulièrement, « *George Dandin* dans le *Grand Divertissement royal de Versailles* (1688) », article de 1994 repris dans *Molière, Trois comédies « morales »*, *op. cit.*, p. 89-98.

seulement juxtaposées, selon une esthétique baroque qui se plaît à la fois à la profusion et aux contrastes, ou vraiment articulées en un tout ? Quelle est la réalité de ce dialogue entre deux genres littéraires[26] ? La critique reste partagée sur l'unité du spectacle : certains doutent de la connexion possible entre les deux parties du spectacle et pensent même que Molière ne la voulait pas[27]. Je récuse tout à fait ce scepticisme.

Sans doute, Molière, qui était fort conscient du sens singulier et décalé du spectacle composite, se résigna ou choisit de donner à son public parisien la comédie dépouillée de la pastorale en musique : il n'avait pas les moyens au Palais-Royal de redonner la pastorale, et son public était différent, moins sensible que la cour à la pastorale. Il est possible aussi qu'il partagea la réticence de Félibien : quoi de plus incompatible, certes, que les malheurs conjugaux et l'humiliation du paysan parvenu, éclairés d'une lumière réaliste et impitoyable, et les amours finalement heureuses de ces bergers qui évoluent dans un climat de rêve élégant et de fête tout idéal et irréel ? La comédie pouvait se retrouver seule, sur les scènes et dans l'imprimé, passible d'une herméneutique spécifique que nous venons de proposer.

Il reste qu'à Versailles, Molière se soucia de lier sa comédie du *Mari confondu* à la pastorale ; les points de suture, visibles dans le livret, se font justement par le personnage de George Dandin. La continuité est assurée dès le début du spectacle (à l'ouverture, les bergers interrompent les rêveries soucieuses du paysan et le chassent), et confirmée à la fin de chaque

---

26 Comme dit Jacques Morel, dans ses *Agréables Mensonges, op. cit.*, p. 320.
27 Voir les réflexions de Jacques Copeau, dans *Registres II. Molière*, 1976, p. 247-254, ou le point de vue de Bénédicte Louvat-Molozay, « La comédie-ballet ou l'impossible fusion des langages », [in] *Les Arts du spectacle au théâtre (1550-1700)*, 2001, p. 197-218.

acte : une bergère vient deux fois l'interrompre dans sa
douleur ; et à la fin de l'acte III de la comédie, un ami du
mal marié lui conseille de noyer son chagrin dans le vin
au lieu de se jeter à l'eau, et la foule des bergers l'obligent
à assister, dans un coin du théâtre, à leurs manifestations
de joie. Ainsi sont mis en contact et en rapport, de force
dirait-on, le paysan de la réalité et les bergers de la pastorale
irréelle, qui d'ailleurs ont le dernier mot dans le spectacle ;
ils ont poursuivi séparément deux intrigues différentes. La
liaison de l'une à l'autre serait-elle uniquement technique
et artificielle ?

Que non pas ! Il n'est pas douteux que Molière invitait
le spectateur originel à jouer sur les deux claviers du drame
réaliste et de la pastorale dansée en musique, selon la jolie
formule de Marcel Gutwirth[28]. L'on découvre alors toute une
série d'échos, de contrastes, de contrepoints réalisés grâce à
l'entrelacement de la comédie et de la pastorale. Regardons
un instant les visions qui sont données de l'amour. Du côté
de la comédie qui se récite, c'est la peinture de l'échec d'un
couple, d'un mariage d'emblée désaccordé. Un mariage sans
amour, une jeune épouse fondée à aimer hors du mariage,
un mari trompé et confondu : c'est là le point de vue de la
comédie. À la pastorale de l'enrichir et de le contredire ! Des
bergers y sont tellement amoureux que le dédain de leurs
aimées les poussent à réellement mourir. Notons au passage
que le suicide en lui-même est un motif de contrepoint : les
bergers se jettent réellement à l'eau, tandis qu'Angélique
menace, par feinte seulement, de se suicider (III, 6) ; et

---

28   « Dandin, ou les égarements de la pastorale », *Romance Notes*, vol. XV,
Supplément, 1, 1974, p. 121-135. Dans le même champ métaphorique,
Philippe Beaussant (*Lully ou le musicien du Soleil*, 1992, p. 358) invite à
lire le spectacle comme une partition à quatre mains. Voir aussi Noël
A. Peacock, « The comic ending of *George Dandin* », *French Studies*,
vol. XXXVI, april 1982, p. 144-153.

que si Dandin évoque le parti de se noyer (III, 8), il ne le fera pas. La comédie se présente comme un écho dégradé, burlesque, de la pastorale, où l'amour et la mort sont pris au sérieux. Selon la pastorale, un amour authentique est possible, que *George Dandin* n'envisage pas. La comédie *et* la pastorale, la comédie *avec* la pastorale permettent à Molière une vision polyphonique de l'amour, où chaque aspect – l'échec du mariage chrétien ; le bonheur idéal des bergers de fantaisie – peut être jugé par l'autre, sans que Molière lui-même ne tranche péremptoirement.

Le dialogue des genres autorisait donc une vision contrastée et pouvait introduire une polyphonie des points de vue. Et ceci finalement demeurait : Dandin, que la pastorale avait longtemps en vain bousculé et obligé à sortir de lui, était pour finir contraint de renoncer à ses idées de suicide et de rejoindre la troupe des bergers amoureux qui chantent l'amour et le vin. C'est-à-dire que la pastorale en musique atténuait bien la dureté du réel, allégeant la rudesse qui restait à la comédie et gommant son âpreté. C'est exactement ce que Molière attendait toujours de la présence des ornements de musique et de danse, qui allaient encore au-delà de l'allègement du rire – ce rire produit par la simple comédie et capable de faire oublier, en très grande partie et le plus souvent du moins, sinon tout à fait dans *George Dandin*, la gravité ou l'âpreté de la réalité imitée. Le dialogue de la comédie et de la pastorale, et le triomphe final de celle-ci, signifient que le débat des désirs, des ambitions, des volontés de puissance, et les tromperies machinées avec leurs victimes, qui font la matière de la comédie, sont équilibrés, dépassés, relativisés, oubliés même dans la fête pastorale, qui nie la cruauté de la comédie réaliste, de la comédie rosse, et la violence qui est faite à George Dandin.

Pour le dire en un mot, l'aventure de George Dandin n'eut pas la même signification à Versailles et sur les planches du Palais-Royal. Et on ne nous fera pas croire que Molière ne fut pas conscient de cette double herméneutique !

Notre lecteur trouvera donc ci-après, d'abord le livret du spectacle versaillais publié par Ballard en 1668, puis le texte de la pièce jouée au Palais-Royal et publiée chez Ribou par Molière en 1669.

LE TEXTE

1/ L'édition originale du livret, que nous reproduisons, est la suivante :

LE / GRAND / DIVERTISSEMENT / ROYAL / DE / VERSAILLES. / A PARIS, / Par ROBERT BALLARD, seul Imprimeur du Roy / pour la Musique. / M. DC. LXVIII. / *Avec Privilège de sa Majesté.* In-4° de 20 pages.

Nous avons eu accès à l'exemplaire conservé à la Bibliothèque Sainte-Geneviève, sous la cote : 4 V 781 (2) INV 1767 RES (P. 9).

2/ L'édition originale de la comédie de *George Dandin*, que nous reproduisons, est la suivante :

GEORGE / DANDIN, / OV LE / MARY CONFONDV. / COMEDIE. / *Par* I. B. P. DE MOLIERE. / A PARIS, / Chez IEAN RIBOV, au Palais, / vis-à-vis la Porte de l'Eglise de / la Sainte Chapelle, à l'image / Saint Louïs. M DC

LXIX. / *Avec Privilege du Roy*. In-12 : 2 ff. non ch. ; 155 p. (*sic* pour 154 p.).

Plusieurs exemplaires à la BnF (Tolbiac et Arts du spectacle) et un exemplaire à l'Arsenal. L'exemplaire BnF RES-YF-4175 a été numérisé (lot d'images : IFN-8610793).

LA PARTITION

Comme d'ordinaire la source à prendre en compte est le manuscrit de Philidor :

> *George Dandin / Ou le Grand / Divertissement Royal de / Versailles / Dancé devant sa Majesté le / 15ᵉ Juillet 1668. / Recueilly par Philidor laisnée / En 1690.*

Ce manuscrit est conservé au département de la Musique de la BnF, sous la cote RES-F 526 (texte numérisé : NUMM-207209).

Il faut utiliser l'édition moderne de la partition d'orchestre réalisée par Catherine Cessac pour la grande édition des *Œuvres complètes* de Lully, chez Georg Olms, Hildesheim-Zürich-New York, sous la direction de Jérôme de La Gorce et Herbert Schneider ; la musique pour *George Dandin ou Le Grand Divertissement royal* (LWV 38) se trouve au vol. 2 de la Série II, paru en 2013.

BIBLIOGRAPHIE

ÉD. Noël A. Peacock de *La Jalousie du Barbouillé* et *George Dandin*, University of Exeter, 1984 (Textes littéraires).

ÉD. Jacques Morel, avec une préface de Roger Planchon, de *George Dandin, suivi de La Jalousie du Barbouillé*, Paris, Librairie générale française, 1987 (Le Livre de poche).

ÉD. Loïc Marcou de *George Dandin*, Paris, Flammarion, 2013 (1998) (Étonnants classiques).

ÉD. Patrick Dandrey, *George Dandin, ou Le mari confondu ; suivi de La Jalousie du Barbouillé*, Paris, Gallimard, 2013 (Folio. Théâtre, 147).

PRUNIÈRES, Henry, « George Dandin et le grand divertissement royal de Versailles », *La Revue musicale*, 1934, p. 27-33.

PURKIS, Hélène, « Les intermèdes musicaux de *George Dandin* », *Baroque*, n° 5, 1972, p. 63-69.

CROW, Joan, « Reflections on *George Dandin* », [in] *Molière : Stage and Study. Essays in honour W. D. Moore*, Oxford, Clarendon, 1973, p. 3-12.

GUTWIRTH, Marcel, « Dandin, ou les égarements de la pastorale », *Romance Notes*, vol. XV, Supplément, 1, 1974, p. 121-135.

COPEAU, Jacques, *Registres II. Molière*, éd. A. Cabanis, Paris, Gallimard, 1976.

MAZOUER, Charles, *Le Personnage du naïf dans le théâtre comique du Moyen Age à Marivaux*, Paris, Klincksieck, 1979.

GIRAUD, Yves, « Molière au travail : la vraie genèse de *George Dandin* », article de 1976, repris dans *Molière,*

Trois comédies « morales »..., éd. Patrick Dandrey, 1999, p. 45-58.

ALBANESE, Ralph, « Solipsisme et parole dans *George Dandin* », *Kentucky Romance Quaterly*, 27 (1980), p. 421-434.

MARIN, Louis, *Le Portrait du Roi*, Paris, Minuit, 1981.

PEACOCK, Noël A., « The comic ending of *George Dandin* », *French Studies*, vol. XXXVI, april 1982, p. 144-153.

MOINE, Marie-Christine, *Les Fêtes à la cour du Roi Soleil*, Paris, éditions Fernand Lanore, 1984.

MAZOUER, Charles, « Le Théâtre et le réel : le noble de province dans la comédie du XVIIᵉ siècle », *Littératures classiques*, nᵒ 11, janvier 1989, p. 233-243.

MOREL, Jacques, *Agréables Mensonges. Essais sur le théâtre français du XVIIᵉ siècle*, Paris, Klincksieck, 1991 (Bibliothèque de l'âge classique, 1).

BEAUSSANT, Philippe, *Lully ou Le musicien du Soleil*, Paris, Gallimard / Théâtre des Champs-Élysées, 1992.

MAZOUER, Charles, *Molière et ses comédies-ballets*, Paris, Klincksieck, 1993. Nouvelle édition revue et corrigée, Paris, Honoré Champion, 2006, 345 p. (Lumière classique, 75).

SPIELMANN, Guy, « Farce, satire, pastorale et politique : le spectacle total de *George Dandin* », *R.H.L.F.*, 1993-6, p. 850-862.

MAZOUER, Charles, « *George Dandin* dans le *Grand Divertissement royal de Versailles* (1688) », [in] « *Diversité, c'est ma devise* ». *Studien zur französischen Literatur des 17. Jahrhunderts. Festschrift für Jürgen Grimm zum 60. Geburstag, Biblio 17*, nᵒ 86, Paris – Seattle – Tübingen, 1994, p. 315-329 ; repris dans *Molière, Trois Comédies « morales »*, *op. cit.*, p. 8-98.

CHARTIER, Roger, « *George Dandin*, ou le social en

représentation », article de 1994, repris et augmenté en 1996 (cette version dans *Molière, Trois Comédies « morales »*, *op. cit.*, p. 141-171), et encore en 2011 (dans *Ce qu'ils vivent, ce qu'ils écrivent. Mises en scène littéraires du social...*, p. 487-536), avec la polémique instaurée par Nicholas Paige dans la *R.H.L.F.*, 1995-5, p. 690-708 (« *George Dandin* ou les ambiguïtés du social »).

REY-FLAUD, Bernadette, *Molière et la farce*, Genève, Droz, 1996.

KOPPISCH, Michaël, « Désordre et sacrifice dans *George Dandin* », *Travaux de littérature*, IX, 1996, p. 75-86.

MAZOUER, Charles, « L'espace de la parole dans *Le Misanthrope, George Dandin* et *Le Bourgeois gentilhomme* », *Le Nouveau Moliériste*, IV-V, 1998-1999, p. 191-202.

MAZOUER, Charles, *Trois Comédie de Molière. Étude sur « Le Misanthrope », « George Dandin » et « Le Bourgeois gentilhomme »*, nouvelle édition revue et corrigée, 2007 (1999).

DANDREY, Patrick, *Molière. Trois Comédies « morales ». Le Misanthrope, George Dandin. Le Bourgeois gentilhomme*, Paris, Klincksieck, 1999 (Parcours critique) (Bibliographie à jour à cette date sur *George Dandin*, p. 37-38).

Op. cit., n° 13, novembre 1999.

LOUVAT-MOLOZAY, Bénédicte, « La comédie-ballet ou l'impossible fusion des langages », [in] *Les Arts du spectacle au théâtre (1550-1700)*, textes édités et présentés par Marie-France Wagner et Claire Le Brun-Gouanvie, Paris, Champion, 2001, p. 197-218.

Littératures classiques, n° 38, janvier 2000 : *Molière, « Le Misanthrope », « George Dandin », « Le Bourgeois gentilhomme »*.

BADIOU-MONFERRAN, Claire, « Le réel et la théorie du langage au XVIIe siècle », [in] *Réalisme et réalité en question* *au XVIIe siècle*, textes réunis par Didier Souiller, Publication du Centre « Interactions Culturelles Européennes » de l'Université de Bourgogne, Dijon, série *Littérature Comparée*, n° 1-2002, p. 211-230.

MAZOUER, Charles, « Molière et la noblesse », [in] *Réalisme et réalité en question au XVIIe siècle*, textes réunis par Didier Souiller, Publication du Centre « Interactions Culturelles Européennes » de l'Université de Bourgogne, Dijon, série *Littérature Comparée*, n° 1-2002, p. 183-195.

LA GORCE, Jérôme de, *Lully*, Paris, Fayard, 2002.

MAZOUER, Charles, « Les relations des fêtes données à Versailles (1664-1674) », *Texte*, 2003, 33/34, p. 207-230.

LA GORCE, Jérôme de, *Carlo Vigarani, intendant des plaisirs de Louis XIV*, Paris, éditions Perrin / Établissement public du musée et du domaine national de Versailles, 2005.

ROY, Irène, « *George Dandin* : théâtre et jeux de société », [in] *Molière et le jeu*, dir. Gabriel Conesa et Jean Emelina, Pézenas, Domens, 2005, p. 285-298.

CANOVA-GREEN, Marie-Claude, « *Ces gens-là se trémoussent bien…* ». *Ébats et débats dans la comédie-ballet de Molière*, Tübingen, Gunter Narr, 2007 (*Biblio 17*, 171), p. 160-175.

DANDREY, Patrick, « *George Dandin*, une pastorale burlesque ? », [in] *Molière. « George Dandin », par la Compagnie des Minuits*, 2007, p. 103-195 (le volume contient aussi l'édition de la comédie).

DECARNE, Pauline, « *Le Grand Divertissement royal de Versailles* (1668) ou l'actualité paradoxale : l'événement, le pouvoir et la mémoire », *Littératures classiques*, 78, 2012, p. 211-225.

CORNUAILLE, Philippe, *Les Décors de Molière. 1658-1674*, Paris, PUPS, 2015.

Fêtes et divertissements à la cour, catalogue de l'exposition (2016-2017), sous la direction d'Élisabeth Caude, Jérôme de La Gorce et Béatrix Saule, Château de Versailles et Gallimard, 2016.

MAZOUER, Charles, « *Le Grand Divertissement royal de Versailles* et *George Dandin* », [in] *Molière et la musique Des états du Languedoc à la cour du Roi-Soleil*, Paris, Les éditions de Paris, nouvelle édition, 2022, p. 69-75.

Molière et la musique Des états du Languedoc à la cour du Roi-Soleil, dit. Catherine Cessac, Paris, Les éditions de Paris, nouvelle édition, 2022.

DISCOGRAPHIE

Aucun enregistrent intégral. Des extraits dans :

LULLY-MOLIÈRE, *Psyché, Le Bourgeois gentilhomme, George Dandin, La Pastorale comique, comédies-ballets de Molière*, Jean-Claude Malgloire et la Grande écurie & la Chambre du Roy, disque vinyle (CBS, 1974).

LULLY-MOLIÈRE, *Les Comédies-ballets*, Marc Minkowski et les musiciens du Louvre, 1 CD (Érato, 1988). Repris en 1999 et 2007 dans le coffret de 2 CD (*Les Comédies-ballets* et *Phaéton*). On trouvera ici L'air pour les bergers, le Dialogue de Climène et de Cloris avec Tircis et Philène (Ouverture et Scène en musique avant le premier acte de *George Dandin*) et la Plainte en musique de Cloris (après le premier acte).

LE
GRAND
DIVERTISSEMENT
ROYAL
DE
VERSAILLES.

A PARIS,

Par ROBERT BALLARD, seul
Imprimeur du Roy
pour la Musique.

M. DC. LXVIII.

Avec Privilège de sa Majesté.

LE GRAND DIVERTISSEMENT
ROYAL DE VERSAILLES

Sujet de la comédie qui se doit faire
à la grande fête de Versailles.

Du prince des Français rien ne borne la gloire,
À tout elle s'étend, et chez les nations
Les vérités de son histoire
Vont passer des vieux temps toutes les fictions.
On aura beau chanter les restes[1] magnifiques
De tous ces destins héroïques
Qu'un bel art prit plaisir d'élever jusqu'aux cieux,
On en voit par ses faits la splendeur effacée,
Et tous ces fameux demi-dieux
Dont fait bruit l'histoire passée[2],
Ne sont point à notre pensée
Ce que LOUIS est à nos yeux.

[4] Pour passer du langage des dieux au langage des hommes[3], le ROI est un grand roi en tout, et nous ne voyons point que sa gloire soit retranchée[4] à quelques qualités hors desquelles il tombe dans le commun des hommes. Tout se soutient d'égale force en lui, il n'y a point d'endroit par où il lui soit désavantageux d'être regardé, et de quelque vue que vous le preniez, même grandeur,

---

1   Ce qui subsiste dans la mémoire historique.
2   Que l'histoire passée célèbre.
3   C'est-à-dire de la poésie à la prose.
4   Limitée.

même éclat se rencontre. C'est un roi de tous les côtés : nul emploi ne l'abaisse, aucune action ne le défigure ; il est toujours lui-même, et partout on le reconnaît. Il y a du héros dans toutes les choses qu'il fait, et jusques aux affaires de plaisir, il y fait éclater une grandeur qui passe[5] tout ce qui a été vu jusques ici.

Cette nouvelle fête de Versailles le montre pleinement : ce sont des prodiges et des miracles aussi bien que le reste de ses actions ; et si vous avez vu sur nos frontières les provinces conquises en une semaine d'hiver, et les puissantes villes forcées en faisant chemin[6], on voit ici sortir, en moins de rien, du milieu des jardins les superbes palais et les magnifiques théâtres, de tous côtés enrichis d'or et de grandes statues, que la verdure égaie, et [5] que cent jets d'eau rafraîchissent. On ne peut rien imaginer de plus pompeux ni de plus surprenant ; et l'on dirait que ce digne monarque a voulu faire voir ici qu'il sait maîtriser pleinement l'ardeur de son courage, prenant soin de parer de toutes ces magnificences les beaux jours d'une paix, où son grand cœur a résisté[7], et à laquelle il ne s'est relâché que par les prières de ses sujets.

Je[8] n'entreprends point de vous écrire le détail de toutes ces merveilles. Un de nos beaux esprits[9] est chargé d'en faire le récit, et je m'arrête à la comédie, dont par avance vous me demandez des nouvelles.

C'est Molière qui l'a faite ; comme je suis fort de ses amis, je trouve à propos de ne vous en dire ni bien ni mal, et vous

---

5   Dépasse, surpasse.
6   Allusion à la conquête de la Franche-Comté, réalisée en quelques semaines de février 1668, sous le commandement du grand Condé.
7   Le roi a réprimé l'ardeur de son courage guerrier pour consentir aux plaisirs de la paix.
8   On ignore qui est ce *je*, qui est donc l'auteur de ce livret.
9   André Félibien, dont la *Relation* sera donnée ici en Annexe.

en jugerez quand vous l'aurez vue. Je dirai seulement qu'il serait à souhaiter pour lui que chacun eût les yeux qu'il faut pour tous les impromptus de comédie[10], et que l'honneur d'obéir promptement au roi pût faire dans les esprits des auditeurs une partie du mérite de ces sortes d'ouvrages.

Le sujet est un paysan qui s'est marié à la fille d'un gentilhomme, et qui dans tout le [B] [6] cours de la comédie se trouve puni de son ambition. Puisque vous le devez voir, je me garderai, pour l'amour de vous, de toucher au détail ; et je ne veux point lui ôter la grâce de la nouveauté, et à vous le plaisir de la surprise. Mais comme ce sujet est mêlé avec une espèce de comédie en musique et ballet, il est bon de vous expliquer l'ordre de tout cela, et de vous dire les vers qui se chantent.

Notre nation n'est guère faite à la comédie en musique[11], et je ne puis pas répondre comme[12] cette nouveauté-ci réussira ; il ne faut rien, souvent, pour effaroucher les esprits des Français : un petit mot tourné en ridicule, une syllabe qui avec un air un peu rude s'approchera d'une oreille délicate, un geste d'un musicien qui n'aura peut-être encore au théâtre la liberté qu'il faudrait, une perruque tant soit peu de côté, un ruban qui pendra, la moindre chose est capable de gâter toute une affaire. Mais, enfin, il est assuré, au sentiment des connaisseurs qui ont vu la répétition, que jamais Lully n'a jamais rien fait de plus beau, soit pour la musique, soit pour les danses, et que tout y brille d'invention. En vérité c'est un [7] admirable homme, et le roi pourrait perdre beaucoup de gens considérables qui ne lui seraient pas si malaisés à remplacer que celui-là.

---

10   Des comédies commandées, entreprises et réalisées à la hâte, faites comme sur le champ.

11   Rappel des réticences françaises devant l'opéra venu d'Italie.

12   Je ne peux pas me porter garant de la manière dont...

Toute l'affaire se passe dans une grande fête champêtre.

L'OUVERTURE

en est faite par quatre illustres bergers déguisés en valets
de fêtes[13] ; lesquels accompagnés de quatre autres bergers
qui jouent de la flûte[14], font une danse qui interrompt
les rêveries du paysan marié, et l'oblige à se retirer après
quelque contrainte.

Climène et Cloris[15], deux bergères amies,
s'avisent au son de ces flûtes de chanter cette

CHANSONNETTE[16]

L'autre jour d'Annette
J'entendis la voix,
Qui sur la musette
Chantait dans nos bois :
Amour, que sous ton empire
On souffre de maux cuisants,
Je le puis bien dire
Puisque je le sens.

La jeune Lisette,
Au même moment,
Sur le ton d'Annette   [8]
Reprit tendrement :
Amour, si sous ton empire
Je souffre des maux cuisants,

---

13   *En marge* : Beauchamp, Saint-André, La Pierre, Favier.
14   *En marge* : Descouteaux, Philbert, Jean et Martin Hottère.
15   *En marge* : Melle Hilaire, Melle Des Fronteaux.
16   Les vers chantés entre les actes de la comédie sont bien de Molière.

C'est de n'oser dire
Tout ce que je sens.

Tircis et Philène[17] amants de ces deux bergères, les abordent pour leur parler de leur passion, et font avec elles une SCÈNE EN MUSIQUE.

CLORIS
Laissez-nous en repos, Philène.

CLIMÈNE
Tircis, ne viens point m'arrêter.

TIRCIS *et* PHILÈNE
Ah ! belle inhumaine,
Daigne un moment m'écouter !

CLIMÈNE *et* CLORIS
Mais, que me veux-tu conter ?

LES DEUX BERGERS
Que d'une flamme immortelle
Mon cœur brûle sous tes lois.

LES DEUX BERGÈRES
Ce n'est pas une nouvelle,
Tu me l'as dit mille fois.

PHILÈNE
Quoi ? Veux-tu toute ma vie
Que j'aime et n'obtienne rien ?

---

17   *En marge* : Blondel, Gaye.

CLORIS

Non, ce n'est pas mon envie,   [9]
N'aime plus, je le veux bien.

TIRCIS

Le Ciel me force à l'hommage
Dont tous ces bois sont témoins.

CLIMÈNE

C'est au Ciel, puisqu'il t'engage[18],
À te payer de tes soins.

PHILÈNE

C'est par ton mérite extrême
Que tu captives mes vœux.

CLORIS

Si je mérite qu'on m'aime
Je ne dois rien à tes feux.

LES DEUX BERGERS

L'éclat de tes yeux me tue.

LES DEUX BERGÈRES

Détourne de moi tes pas.

LES DEUX BERGERS

Je me plais dans cette vue.

LES DEUX BERGÈRES

Berger, ne t'en plains donc pas.

---

18 *Engager* : entraîner irrésistiblement.

PHILÈNE
Ah ! belle Climène.

TIRCIS
Ah ! belle Cloris.

PHILÈNE   [C] [10]
Rends-la pour moi plus humaine.

TIRCIS
Dompte pour moi ses mépris.

CLIMÈNE, *à Cloris.*
Sois sensible à l'amour que te porte Philène

CLORIS, *à Climène.*
Sois sensible à l'ardeur dont Tircis est épris.

CLIMÈNE
Si tu veux me donner ton exemple, bergère,
Peut-être je le recevrai.

CLORIS
Si tu veux te résoudre à marcher la première,
Possible que je te suivrai.

CLIMÈNE, *à Philène.*
Adieu, berger.

CLORIS, *à Tircis.*
Adieu, berger.

CLIMÈNE
Attends un favorable sort.

CLORIS
Attends un doux succès[19] du mal qui te possède.

TIRCIS
Je n'attends aucun remède.

PHILÈNE
Et je n'attends que la mort.

TIRCIS et PHILÈNE   [11]
Puisqu'il nous faut languir en de tels déplaisirs,
Mettons fin en mourant à nos tristes soupirs.

Ces deux bergers s'en vont désespérés, suivant la coutume des anciens amants qui se désespéraient de peu de chose ; ensuite de cette musique vient

LE PREMIER ACTE DE LA COMÉDIE
qui se récite.

Le paysan marié y reçoit des mortifications de son mariage, et sur la fin de l'acte, dans un chagrin assez puissant, il est interrompu par une bergère qui lui vient faire le récit du désespoir des deux bergers ; il la quitte en colère, et fait place à Cloris, qui sur la mort de son amant vient faire une

PLAINTE EN MUSIQUE.

Ah ! mortelles douleurs,
Qu'ai-je plus à prétendre[20] ?

---

19   *Succès* : issue, résultat (bon ou mauvais).
20   Que puis-je attendre, rechercher de plus ?

Coulez, coulez mes pleurs,
Je n'en puis trop répandre.

*

Pourquoi faut-il qu'un tyrannique honneur   [12]
Tienne notre âme en esclave asservie ?
Hélas ! pour contenter sa barbare rigueur
J'ai réduit mon amant à sortir de la vie.
               Ah ! mortelles douleurs,
               Qu'ai-je plus à prétendre ?
               Coulez, coulez mes pleurs,
               Je n'en puis trop répandre.

*

Me puis-je pardonner dans ce funeste sort
Les sévères froideurs dont je m'étais armée ?
Quoi donc, mon cher amant, je t'ai donné la mort,
Est-ce le prix, hélas ! de m'avoir tant aimée ?
               Ah ! mortelles douleurs, etc.

La fin de ces plaintes fait[21] venir

LE SECOND ACTE DE LA COMÉDIE
qui se récite.

C'est une suite des déplaisirs du paysan marié, et la même bergère ne manque pas de venir encore l'interrompre dans sa douleur. Elle lui raconte comme[22] Tircis et Philène ne sont point morts, et lui montre six bateliers [13] qui les

---

21   Original *font*, qui fait l'accord avec le complément du nom *plaintes*.
22   Comment.

ont sauvés[23] ; il ne veut point s'arrêter à les voir, et les bateliers ravis de la récompense qu'ils ont reçue, dansent avec
leurs crocs[24] et se jouent[25] ensemble, après quoi commence

LE TROISIÈME ACTE DE LA COMÉDIE
qui se récite,

qui est le comble des douleurs du paysan marié. Enfin
un de ses amis lui conseille de noyer dans le vin toutes ses
inquiétudes, et part avec lui pour joindre sa troupe, voyant
venir toute la foule des bergers amoureux qui, à la manière
des anciens bergers, commencent à célébrer par des chants
et des danses le pouvoir de l'Amour.

CLORIS
Ici l'ombre des ormeaux
Donne un teint frais aux herbettes,
Et les bords de ces ruisseaux
Brillent de mille fleurettes
Qui se mirent dans les eaux.
Prenez, bergers, vos musettes,
Ajustez vos chalumeaux,
Et mêlons nos chansonnettes   [D] [14]
Aux chants des petits oiseaux.

*

Le Zéphire entre ces eaux
Fait mille courses secrètes,
Et les rossignols nouveaux

---

23   *En marge* : Beauchamp, Jouan, Chicanneau, Favier, Noblet, Mayeu.
24   Leurs perches munies d'un crochet.
25   *Se jouer* : s'amuser.

De leurs douces amourettes
Parlent aux tendres rameaux.
Prenez, bergers, vos musettes
Ajustez vos chalumeaux,
Et mêlons nos chansonnettes
Aux chants des petits oiseaux.

Plusieurs bergers et bergères galantes[26] mêlent aussi leurs pas à tout ceci, et occupent les yeux tandis que la musique occupe les oreilles.

CLIMÈNE

Ah ! qu'il est doux, belle Sylvie,
Ah ! qu'il est doux de s'enflammer !
Il faut retrancher de la vie
Ce qu'on en passe sans aimer.

CLORIS

Ah ! les beaux jours qu'Amour nous donne
Lorsque sa flamme unit les cœurs !
Est-il ni gloire ni couronne
Qui vaille ses moindres douceurs ?

TIRCIS   [15]

Qu'avec peu de raison on se plaint d'un martyre
Que suivent de si doux plaisirs.

PHILÈNE

Un moment de bonheur dans l'amoureux empire
Répare dix ans de soupirs.

---

26   *En marge* : *Bergers* : Chicanneau, Saint-André, La Pierre, Favier. *Bergères* : Bonard, Arnald, Noblet, Foignart.

TOUS ENSEMBLE
Chantons tous de l'Amour le pouvoir adorable,
Chantons tous dans ces lieux
Ses attraits glorieux ;
Il est le plus aimable
Et le plus grand des dieux.

À ces mots toute la troupe de Bacchus arrive, et l'un d'eux s'avançant à la tête[27] chante fièrement ces paroles :

Arrêtez, c'est trop entreprendre ;
Un autre dieu dont nous suivons les lois
S'oppose à cet honneur qu'à l'Amour osent rendre
Vos musettes et vos voix :
À des titres si beaux, Bacchus seul peut prétendre,
Et nous sommes ici pour défendre ses droits.

CHŒUR DE BACCHUS   [16]
Nous suivons de Bacchus le pouvoir adorable,
Nous suivons en tous lieux
Ses attraits glorieux ;
Il est le plus aimable,
Et le plus grand des dieux.

Plusieurs du parti de Bacchus mêlent aussi leurs pas à la musique[28], et l'on voit ici un combat de danseurs contre danseurs, et de chantres contre chantres.

CLORIS *chante*
C'est le printemps qui rend l'âme

---

27 *En marge* : d'Estival.
28 *En marge* : *Suivants de Bacchus dansant* : Beauchamp, Dolivet, Chicanneau, Mayeu. *Bacchantes* : Paysan, Manceau, Le Roy, Pesan.

À *nos champs semés de fleurs ;*
Mais c'est l'Amour et sa flamme
Qui font revivre nos cœurs.

UN SUIVANT DE BACCHUS[29] *chante*
    Le soleil chasse les ombres
    Dont le ciel est obscurci,
    Et des âmes les plus sombres
    Bacchus chasse le souci.

CHŒUR DE BACCHUS
Bacchus est révéré sur la terre et sur l'onde.

CHŒUR DE L'AMOUR
Et l'Amour est un dieu qu'on adore en tous lieux.

CHŒUR DE BACCHUS
Bacchus à son pouvoir a soumis tout le monde.

CHŒUR DE L'AMOUR   [17]
Et l'Amour a dompté les hommes et les dieux.

CHŒUR DE BACCHUS
Rien peut-il égaler sa douceur sans seconde ?

CHŒUR DE L'AMOUR
Rien peut-il égaler ses charmes précieux ?

CHŒUR DE BACCHUS
    Fi de l'amour et de ses feux.

---

29 *En marge* : Gingan.

LE PARTI DE L'AMOUR
Ah ! quel plaisir d'aimer !

LE PARTI DE BACCHUS
Ah ! quel plaisir de boire !

LE PARTI DE L'AMOUR
À qui vit sans amour, la vie est sans appâts.

LE PARTI DE BACCHUS
C'est mourir que de vivre, et de ne boire pas.

LE PARTI DE L'AMOUR
Aimables fers,

LE PARTI DE BACCHUS
Douce victoire.

LE PARTI DE L'AMOUR
Ah ! quel plaisir d'aimer !

LE PARTI DE BACCHUS
Ah ! quel plaisir de boire !

LES DEUX PARTIS   [E] [18]
Non, non c'est un abus,
Le plus grand dieu de tous

LE PARTI DE L'AMOUR
C'est l'Amour.

LE PARTI DE BACCHUS
C'est Bacchus.

Un berger se jette au milieu de cette dispute[30] et chante ces vers aux deux partis :

> *C'est trop, c'est trop, bergers, hé ! pourquoi ces débats ?*
> *Souffrons[31] qu'en un parti la raison nous assemble,*
> *L'Amour a des douceurs, Bacchus a des appâts,*
> *Ce sont deux déités qui sont fort bien ensemble,*
> *Ne les séparons pas.*

LES DEUX CHŒURS ENSEMBLE
> *Mêlons donc leurs douceurs aimables,*
> *Mêlons nos voix dans ces lieux agréables,*
> *Et faisons répéter aux échos d'alentour*
> *Qu'il n'est rien de plus doux que Bacchus et l'Amour.*

Tous les danseurs se mêlent ensemble à l'exemple des autres, et avec cette pleine réjouissance de tous les bergers et bergères finira le divertissement de la comédie d'où l'on passera aux autres merveilles, dont vous aurez la relation

BERGERS   [19]

Chœur d'Amour

Hébert.	Huguenet.
Beaumont.	La Caisse cadet.
Boni.	La Fontaine.
Fernon le cadet.	Charlot.
Rebel.	Martinot père.
Gingan le cadet.	Martinot fils.
Longueil.	Le Roux, l'aîné.

---

30 *En marge* : Le Gros.
31 Admettons.

Cottereau.

Jeannot,
Laigu. } pages.

Piesche père.

Piesche fils.

Destouche.

La Caisse cadet.

Marchand.

Le Roux cadet.

Guenin

Le Grais.

Brouard.

Roullé.

Magny.

Chevallier.

SATYRES   [20]
Chœur de Bacchus

Hédouin.

Dom.

Fernon l'aîné.

Deschamps.

Orat.

David.

Monier.

Sérignan.

Sanson.

Oudot.

Simon,
Thiery,
Truslon,
Augé. } pages.

Chauderon.

Favier.

Bruslard.

Balus.

Des-Matins.

Feugré.

Du Pain.

L'Espine.

Camille.

Bernard.

Bruslard.

Desnoyers.

Saint-Père.

Varin.

Jean,
Louis,
Nicolas,
Martin. } Hottère.

Mercier.

Chevalier.

Joubert.

La Place.

Dumanoir.   Fossart.
Mazuel.   Lique.

FIN.

GEORGE DANDIN,
OV LE
MARY CONFONDV.

COMEDIE

Par I. B. P. DE MOLIERE.

A PARIS,

Chez IEAN RIBOV, au Palais,
Vis-à-vis la Porte de l'Eglise de
La Sainte Chapelle, à l'image
Saint Loüis.

M. DC. LXIX.

Auec Priuilege du Roy.

Par grace & priuilege du Roy, donné à Paris le dernier jour de Septembre 1668. signé par le Roy en son Conseil GVITONNEAU. Il est permis au Sieur de MOLIERE de faire imprimer, vendre & debiter *une Comédie par luy composée intitulée George Dandin, ou le mary confondu,* pendant sept années, & defenses sont faites à tous autres de l'imprimer ; ny d'autre edition que celle de l'Exposant, ou de ceux qui auront droit de luy, à peine de trois mille liures d'amende, confiscation des exemplaires contrefaits, & de tous dépens, dommages, & interests, comme il est plus amplement porté par lesdites lettres.

Ledit Sieur de MOLIERE a cedé son droit de Privilege à IEAN RIBOV Marchand Libraire à Paris, suiuant l'accord fait entre eux.

Registré sur le liure de la Communauté.

Signé, A. SOVBRON, Syndic.

ACTEURS

GEORGE DANDIN, riche paysan, mari d'Angélique[1].

ANGÉLIQUE[2], femme de George Dandin, et fille de M. de Sotenville.

MONSIEUR DE SOTENVILLE[3], gentilhomme campagnard, père d'Angélique.

MADAME DE SOTENVILLE[4], sa femme.

CLITANDRE, amoureux[5] d'Angélique.

CLAUDINE, suivante d'Angélique.

LUBIN[6], paysan, servant Clitandre.

COLIN, valet de George Dandin.

La scène est devant la maison de George Dandin.

---

1 Le paysan enrichi porte un nom bien attesté dans l'ancienne langue. Furetière et Richelet l'ont introduit dans leurs dictionnaires et définissent un *Dandin* comme un sot, balourd et maladroit dans ses mouvements. La littérature comique du XVIᵉ (Rabelais, *Tiers Livre*) et du XVIIᵉ siècle (Molière et Racine, *Les Plaideurs*) en firent un personnage de fiction. – Le rôle était joué par Molière dont nous connaissons le costume de scène par l'*Inventaire après décès*; dans ce costume démodé (avec une fraise) et assez somptueux (haut-de-chausses et manteau de taffetas ornés de dentelles; deux pourpoints, l'un de satin et l'autre de brocart), George Dandin devait être fort à l'aise, remarque justement Georges Couton.

2 Rôle très probablement tenu dès l'origine par la femme de Molière.

3 En 1685, Du Croisy jouait M. de Sotenville; sans doute aussi à la création.

4 On peut, puisque tel était le cas en 1685, imaginer que le rôle était tenu dès la création par Hubert, un acteur masculin, comme celui de Madame Pernelle (*Tartuffe*), de Madame Jourdain (*Le Bourgeois gentilhomme*) et de Philaminte (*Les Femmes savantes*) le seront par un homme.

5 1734 dira plus justement *amant*, car Clitandre est payé de retour. Probablement La Grange depuis la création.

6 Rôle tenu par La Thorillière.

GEORGE DANDIN
OV LE
MARY CONFONDV[7]

ACTE I

Scène PREMIÈRE

GEORGE DANDIN

Ah! qu'une femme demoiselle[8] est une étrange[9] affaire, et que mon mariage est une leçon bien par[A][2]lante à tous les paysans qui veulent s'élever au-dessus de leur condition, et s'allier comme j'ai fait à la maison d'un gentilhomme[10]. La noblesse de soi est bonne; c'est une chose considérable assurément, mais elle est accompagnée de tant de mauvaises circonstances, qu'il est très bon de ne s'y point frotter. Je suis devenu là-dessus savant à mes dépens, et connais le style des nobles lorsqu'ils nous font nous autres entrer dans leur famille. L'alliance qu'ils font est petite avec nos personnes. C'est notre bien seul qu'ils épousent, et j'aurais bien mieux fait, tout riche que [3] je

---

7   *Un mari confondu* est un mari réduit à l'impuissance, au silence, à la confusion.

8   Une *demoiselle* est une fille (ou une femme) de gentilhomme.

9   *Étrange* : extraordinaire.

10 Un *gentilhomme* est un noble d'extraction. – George Dandin a un ancêtre dans la farce médiévale, Georges le veau, qui souffre et se repend d'avoir épousé « une fille de maison » ; mais Molière pouvait-il connaître la farce de *Georges le veau* ?

suis, de m'allier en bonne et franche paysannerie[11], que de prendre une femme qui se tient au-dessus de moi, s'offense de porter mon nom, et pense qu'avec tout mon bien je n'ai pas assez acheté la qualité de son mari. George Dandin, George Dandin, vous avez fait une sottise la plus grande du monde. Ma maison m'est effroyable maintenant, et je n'y rentre point sans y trouver quelque chagrin.

Scène 2   [A ij] [4]
GEORGE DANDIN, LUBIN

GEORGE DANDIN,
voyant sortir Lubin de chez lui.
Que diantre ce drôle-là vient-il faire chez moi ?

LUBIN
Voilà un homme qui me regarde.

GEORGE DANDIN
Il ne me connaît pas.

LUBIN
Il se doute de quelque chose.

GEORGE DANDIN
Ouais ! il a grand'peine à saluer.

LUBIN   [5]
J'ai peur qu'il n'aille dire qu'il m'a vu sortir de là-dedans.

---

11 *Paysannerie,* comme *gentilhommerie* plus tard, à la scène 3, sont alors quasiment des néologismes ; Thomas Corneille, un peu avant Molière, dans son *Baron d'Albikrac,* a employé le mot *gentilhommerie* pour désigner la qualité de gentilhomme, avec une connotation méprisante.

GEORGE DANDIN

Bonjour.

LUBIN

Serviteur.

GEORGE DANDIN

Vous n'êtes pas d'ici, que je crois ?

LUBIN

Non, je n'y suis venu que pour voir la fête de demain.

GEORGE DANDIN

Hé ! dites-moi un peu, s'il vous plaît, vous venez de
là-dedans ?

LUBIN

Chut !

GEORGE DANDIN   [A iij] [6]

Comment ?

LUBIN

Paix.

GEORGE DANDIN

Quoi donc ?

LUBIN

Motus, il ne faut pas dire que vous m'ayez vu sortir de là.

GEORGE DANDIN

Pourquoi ?

LUBIN

Mon Dieu, parce…

GEORGE DANDIN

Mais encore ?

LUBIN

Doucement. J'ai peur qu'on ne nous écoute.

GEORGE DANDIN

Point, point.

LUBIN   [7]

C'est que je viens de parler à la maîtresse du logis de la part d'un certain Monsieur qui lui fait les doux yeux, et il ne faut pas qu'on sache cela. Entendez-vous ?

GEORGE DANDIN

Oui.

LUBIN

Voilà la raison. On m'a enchargé[12] de prendre garde que personne ne me vît, et je vous prie au moins de ne pas dire que vous m'ayez vu.

GEORGE DANDIN

Je n'ai garde.

LUBIN

Je suis bien aise de faire les choses secrètement comme [8] on m'a recommandé.

---

12 *Encharger* : recommander (vieilli au milieu du XVIIe siècle).

GEORGE DANDIN

C'est bien fait.

LUBIN

Le mari, à ce qu'ils disent, est un jaloux qui ne veut pas qu'on fasse l'amour à sa femme[13], et il ferait le diable à quatre si cela venait à ses oreilles. Vous comprenez bien.

GEORGE DANDIN

Fort bien.

LUBIN

Il ne faut pas qu'il sache rien de tout ceci.

GEORGE DANDIN

Sans doute[14].

LUBIN

On le veut tromper tout doucement. Vous entendez bien ?

GEORGE DANDIN   [9]

Le mieux du monde.

LUBIN

Si vous alliez dire que vous m'avez vu sortir de chez lui, vous gâteriez toute l'affaire. Vous comprenez bien.

GEORGE DANDIN

Assurément. Hé ! comment nommez-vous celui qui vous a envoyé là-dedans ?

---

13   *Faire l'amour à une femme*, c'est, alors, la courtiser.
14   Assurément.

LUBIN

C'est le seigneur de notre pays, Monsieur le vicomte de chose… Foin[15], je ne me souviens jamais comment diantre ils baragouinent ce nom-là, Monsieur Cli…Clitandre.

GEORGE DANDIN

Est-ce ce jeune courtisan qui demeure…

LUBIN   [10]

Oui. Auprès de ces arbres.

GEORGE DANDIN, *à part.*

C'est pour cela que depuis peu ce damoiseau poli s'est venu loger contre moi[16]; j'avais bon nez sans doute, et son voisinage déjà m'avait donné quelque soupçon.

LUBIN

Testigué[17], c'est le plus honnête homme[18] que vous ayez jamais vu. Il m'a donné trois pièces d'or pour aller dire seulement à la femme qu'il est amoureux d'elle, et qu'il souhaite fort l'honneur de pouvoir lui parler. Voyez s'il y a là une grande fatigue pour me [11] payer si bien, et ce qu'est au prix de cela une journée de travail où je ne gagne que dix sols.

GEORGE DANDIN

Eh bien! avez-vous fait votre message?

---

15   Par cette interjection, Lubin s'en prend à lui-même d'avoir oublié le nom de Clitandre.
16   Auprès de chez moi.
17   *Testigué* ou *testiguienne* (*tétigué* ou *tétiguenne*) : interjection, par altération euphémistique de *têtedieu*, tête de Dieu.
18   C'est-à-dire un homme qui sait récompenser son messager!

LUBIN

Oui, j'ai trouvé là-dedans une certaine Claudine, qui tout du premier coup a compris ce que je voulais, et qui m'a fait parler à sa maîtresse.

GEORGE DANDIN, *à part.*

Ah ! coquine de servante !

LUBIN

Morguène[19] ! cette Claudine-là est tout à fait jolie[20], elle a gagné mon amitié, et il ne tien[12]dra qu'à elle que nous ne soyons mariés ensemble.

GEORGE DANDIN

Mais quelle réponse a fait[21] la maîtresse à ce Monsieur le courtisan ?

LUBIN

Elle m'a dit de lui dire…attendez, je ne sais si je me souviendrai bien de tout cela. Qu'elle lui est tout à fait obligée de l'affection qu'il a pour elle, et qu'à cause de son mari qui est fantasque, il garde d'en rien faire paraître, et qu'il faudra songer à chercher quelque invention pour se pouvoir entretenir tous deux.

GEORGE DANDIN *à part.*   [13]

Ah ! pendarde de femme.

---

19   Autre altération pour « Mort de Dieu ».
20   *Jolie* : aimable dans son comportement ; mais le mot désigne déjà aussi, parfois au XVIIe siècle, l'aspect gracieux.
21   Le participe suivi du sujet ne s'accordait généralement pas avec le complément d'objet que l'interrogation antépose.

LUBIN

Testiguiène ! cela sera drôle, car le mari ne se doutera point de la manigance, voilà ce qui est de bon. Et il aura un pied de nez[22] avec sa jalousie. Est-ce pas[23] ?

GEORGE DANDIN

Cela est vrai.

LUBIN

Adieu. Bouche cousue au moins. Gardez bien le secret, afin que le mari ne le sache pas.

GEORGE DANDIN

Oui, oui.

LUBIN   [B] [14]

Pour moi je vais faire semblant de rien, je suis un fin matois, et l'on ne dirait pas que j'y touche[24].

Scène 3

GEORGE DANDIN

Eh bien ! George Dandin, vous voyez de quel air votre femme vous traite. Voilà ce que c'est d'avoir voulu épouser une demoiselle : l'on vous accommode de toutes pièces[25], sans que vous puis[15]siez vous venger, et la gentilhommerie[26]

---

22   « On dit qu'un homme a eu un pied de nez quand il a été trompé dans ses espérances » (Furetière).

23   N'est-ce pas. Suppression de la négation fréquente, surtout dans le parler populaire.

24   On ne dirait pas que je fais mes coups avec un air simple et ingénu.

25   *Accommoder* (« traiter ») est employé ironiquement, par antiphrase : George Dandin est maltraité de toutes les manières.

26   Voir *supra*, la n. 11, p. 224.

vous tient les bras liés. L'égalité de condition laisse du moins à l'honneur d'un mari liberté de ressentiment[27], et si c'était une paysanne, vous auriez maintenant toutes vos coudées franches à vous en faire la justice à bons coups de bâton. Mais vous avez voulu tâter de la noblesse, et il vous ennuyait d'être maître chez vous. Ah! j'enrage de tout mon cœur, et je me donnerais volontiers des soufflets. Quoi, écouter impudemment l'amour d'un damoiseau, et y promettre en même temps de la correspondance[28]! [B ij] [16] Morbleu! je ne veux point laisser passer une occasion de la sorte. Il me faut de ce pas aller faire mes plaintes au père et à la mère, et les rendre témoins à telle fin que de raison[29], des sujets de chagrin et de ressentiment que leur fille me donne. Mais les voici l'un et l'autre fort à propos.

Scène 4

MONSIEUR et MADAME DE SOTENVILLE,
GEORGE DANDIN

MONSIEUR DE SOTENVILLE
Qu'est-ce, mon gendre? vous me paraissez tout troublé.

GEORGE DANDIN   [17]
Aussi en ai-je du sujet, et...

MADAME DE SOTENVILLE
Mon Dieu, notre gendre, que vous avez peu de civilité de ne pas saluer les gens quand vous les approchez!

---

27 Le *ressentiment* est le sentiment en retour, celui qui pousserait à la vengeance et à la punition.
28 *Promettre de la correspondance*, c'est promettre qu'Angélique répondra à cet amour.
29 *À telle fin que de raison* : à toutes fins utiles (langue des affaires).

GEORGE DANDIN

Ma foi, ma belle-mère, c'est que j'ai d'autres choses en tête, et…

MADAME DE SOTENVILLE

Encore ! Est-il possible, notre gendre, que vous sachiez si peu votre monde, et qu'il n'y ait pas moyen de vous instruire de la manière qu'il faut vivre parmi les personnes de qualité[30] ?

GEORGE DANDIN   [B iij] [18]

Comment ?

MADAME DE SOTENVILLE

Ne vous déferez-vous jamais avec moi de la familiarité de ce mot de *ma belle-mère*, et ne sauriez-vous vous accoutumer à me dire *Madame* ?

GEORGE DANDIN

Parbleu ! si vous m'appelez votre gendre, il me semble que je puis vous appeler ma belle-mère.

MADAME DE SOTENVILLE

Il y a fort à dire, et les choses ne sont pas égales. Apprenez, s'il vous plaît, que ce n'est pas à vous à vous servir de ce mot-là avec une personne de [19] ma condition ; que tout notre genre que vous soyez, il y a grande différence de vous à nous, et que vous devez vous connaître[31].

---

30   C'est-à-dire des personnes de la haute noblesse.
31   Reconnaître et admettre votre condition inférieure.

MONSIEUR DE SOTENVILLE
C'en est assez, mamour[32], laissons cela.

MADAME DE SOTENVILLE
Mon Dieu, Monsieur de Sotenville, vous avez des indul-
gences qui n'appartiennent qu'à vous, et vous ne savez pas
vous faire rendre par les gens ce qui vous est dû.

MONSIEUR DE SOTENVILLE
Corbleu[33] ! pardonnez-moi, on ne peut point me faire
de leçons là-dessus, et j'ai su [20] montrer en ma vie par
vingt actions de vigueur, que je ne suis point homme à
démordre jamais d'une partie de mes prétentions. Mais il
suffit de lui avoir donné un petit avertissement. Sachons
un peu, mon gendre, ce que vous avez dans l'esprit.

GEORGE DANDIN
Puisqu'il faut donc parler catégoriquement, je vous dirai,
Monsieur de Sotenville, que j'ai lieu de…

MONSIEUR DE SOTENVILLE
Doucement, mon gendre. Apprenez qu'il n'est pas respec-
tueux d'appeler les gens par leur nom, et qu'à ceux qui [21]
sont au-dessus de nous il faut dire *Monsieur* tout court[34].

GEORGE DANDIN
Eh bien ! Monsieur tout court, et non plus Monsieur
de Sotenville, j'ai à vous dire que ma femme me donne…

---

32 *Mamour*, c'est la contraction de *mon* ou *ma amour*.
33 Juron passablement déplacé dans la bouche d'un gentilhomme.
34 C'était une incivilité de joindre après *Monsieur* ou *Madame* le nom de
    famille ou la qualité de la personne à qui l'on s'adressait.

MONSIEUR DE SOTENVILLE

Tout beau. Apprenez aussi que vous ne devez pas dire *ma femme*, quand vous parlez de notre fille.

GEORGE DANDIN

J'enrage. Comment, ma femme n'est pas [ma] femme ?

MADAME DE SOTENVILLE

Oui, notre gendre, elle est votre femme, mais il ne vous est pas permis de l'appeler [22] ainsi, et c'est tout ce que vous pourriez faire, si vous aviez épousé une de vos pareilles.

GEORGE DANDIN

Ah ! George Dandin, où t'es-tu fourré ? Et de grâce, mettez pour un moment votre gentilhommerie à côté[35], et souffrez que je vous parle maintenant comme je pourrai. Au diantre soit la tyrannie de toutes ces histoires-là. Je vous dis donc que je suis mal satisfait de mon mariage.

MONSIEUR DE SOTENVILLE

Et la raison, mon gendre ?

MADAME DE SOTENVILLE

Quoi ! parler ainsi d'une chose dont vous avez tiré de si grands avantages ?

GEORGE DANDIN   [23]

Et quels avantages, Madame, puisque Madame y a ? L'aventure n'a pas été mauvaise pour vous, car sans moi vos affaires, avec votre permission, étaient fort délabrées, et mon argent a servi à reboucher d'assez bons trous ; mais moi, de quoi y ai-je profité, je vous prie, que d'un allongement de

---

35 Comme *de côté*.

nom, et au lieu de George Dandin, d'avoir reçu par vous
le titre de *Monsieur de la Dandinière*[36] ?

MONSIEUR DE SOTENVILLE

Ne comptez-vous rien, mon gendre, l'avantage d'être
allié à la maison de Sotenville ?

MADAME DE SOTENVILLE

Et à celle de la Prudoterie, [24] dont j'ai l'honneur d'être
issue. Maison où le ventre anoblit[37], et qui par ce beau
privilège rendra vos enfants gentilshommes.

GEORGE DANDIN

Oui, voilà qui est bien, mes enfants seront gentilshommes, mais je serai cocu moi, si l'on n'y met ordre.

MONSIEUR DE SOTENVILLE

Que veut dire cela, mon gendre ?

GEORGE DANDIN

Cela veut dire que votre fille ne vit pas comme il faut
qu'une femme vive, et qu'elle fait des choses qui sont
contre l'honneur.

MADAME DE SOTENVILLE   [25]

Tout beau. Prenez garde à ce que vous dites. Ma fille
est d'une race trop pleine de vertu pour se porter jamais
à faire aucune chose dont l'honnêteté soit blessée, et de la
maison de la Prudoterie, il y a plus de trois cents ans qu'on

---

36 *De la Dandinière*, comme *de Sotenville*, comme bientôt la *maison de la
    Prudoterie* (avec la plaisante idée de la pruderie) : Molière s'amuse avec
    la fabrication de patronymes ridicules.

37 Une femme noble mariée à un roturier transmettait sa noblesse à ses
    enfants, du moins selon certaines coutumes qui s'étendirent.

n'a point remarqué qu'il y ait eu de femme, Dieu merci,
qui ait fait parler d'elle.

MONSIEUR DE SOTENVILLE

Corbleu ! dans la maison de Sotenville on n'a jamais vu
de coquette, et la bravoure n'y est pas plus héréditaire aux
mâles, que la chasteté aux femelles.

MADAME DE SOTENVILLE   [C] [26]

Nous avons eu une Jacqueline de la Prudoterie qui ne
voulut jamais être la maîtresse d'un duc et pair, gouverneur
de notre province.

MONSIEUR DE SOTENVILLE

Il y a eu une Mathurine de Sotenville qui refusa vingt
mille écus d'un favori du roi, qui ne lui demandait seulement que la faveur de lui parler[38].

GEORGE DANDIN

Oh ! bien, votre fille n'est pas si difficile que cela, et elle
s'est apprivoisée[39] depuis qu'elle est chez moi.

MONSIEUR DE SOTENVILLE

Expliquez-vous, mon gendre, [27] nous ne sommes point
gens à la supporter[40] dans de mauvaises actions, et nous
serons les premiers, sa mère et moi, à vous en faire la justice.

MADAME DE SOTENVILLE

Nous n'entendons point raillerie sur les matières de
l'honneur, et nous l'avons élevée dans toute la sévérité possible.

---

38 Le pléonasme *ne seulement que* était admis.
39 Elle est devenue plus traitable.
40 *Supporter* : soutenir.

GEORGE DANDIN

Tout ce que je vous puis dire, c'est qu'il y a ici un certain courtisan que vous avez vu, qui est amoureux d'elle à
ma barbe, et qui lui a fait faire des protestations d'amour,
qu'elle a très humainement écoutées.

MADAME DE SOTENVILLE   [C ii] [28]

Jour de Dieu[41], je l'étranglerais de mes propres mains,
s'il fallait qu'elle forlignât de l'honnêteté de sa mère[42].

MONSIEUR DE SOTENVILLE

Corbleu ! je lui passerais mon épée au travers du corps,
à elle et au galant, si elle avait forfait[43] à son honneur.

GEORGE DANDIN

Je vous ai dit ce qui se passe pour vous faire mes plaintes,
et je vous demande raison de cette affaire-là.

MONSIEUR DE SOTENVILLE

Ne vous tourmentez point, je vous la ferai de tous deux,
et je suis homme pour serrer le bouton[44] à qui que ce
puisse être. Mais êtes-vous bien [29] sûr aussi de ce que
vous nous dites ?

GEORGE DANDIN

Très sûr.

---

41 Encore un juron populaire, déplacé dans la bouche de cette arrogante
   femme noble.
42 *Forligner de l'honnêteté de sa mère*, c'est s'écarter de la ligne, de la voie
   suivie par sa mère en matière de vertu.
43 *Forfaire*, c'est « faire quelque chose contre le devoir » (*Dictionnaire* de
   l'Académie).
44 Selon Furetière, le *bouton* est la boucle de cuir qui coule le long des
   rênes et qui les resserre ; « on dit figurément en ce sens serrer le bouton
   à quelqu'un quand on le tient en bride ».

MONSIEUR DE SOTENVILLE

Prenez bien garde au moins, car entre gentilshommes, ce sont des choses chatouilleuses[45], et il n'est pas question d'aller faire ici un pas de clerc.

GEORGE DANDIN

Je ne vous ai rien dit, vous dis-je, qui ne soit véritable.

MONSIEUR DE SOTENVILLE

Mamour, allez-vous-en parler à votre fille, tandis qu'avec mon gendre j'irai parler à l'homme.

MADAME DE SOTENVILLE

Se pourrait-il, mon fils[46], qu'el[C iij][30]le s'oubliât[47] de la sorte, après le sage exemple que vous savez vous-même que je lui ai donné ?

MONSIEUR DE SOTENVILLE

Nous allons éclaircir l'affaire. Suivez-moi, mon gendre, et ne vous mettez pas en peine ; vous verrez de quel bois nous nous chauffons lorsqu'on s'attaque à ceux qui nous peuvent appartenir[48].

GEORGE DANDIN

Le voici qui vient vers nous.

---

45 *Chatouilleux* : délicat.
46 Manière de tendresse ridicule pour l'époux.
47 Qu'elle se relâchât ainsi, en abandonnant la conduite rigoureuse et vertueuse exigée par son rang.
48 Quelle arrogance ! Et quel mépris pour le paysan Dandin, presque traité comme un membre de la domesticité des Sotenville !

Scène 5   [31]

MONSIEUR DE SOTENVILLE,
CLITANDRE, GEORGE DANDIN

MONSIEUR DE SOTENVILLE
Monsieur, suis-je connu de vous ?

CLITANDRE
Non pas que je sache, Monsieur.

MONSIEUR DE SOTENVILLE
Je m'appelle le baron[49] de Sotenville.

CLITANDRE
Je m'en réjouis fort.

MONSIEUR DE SOTENVILLE
Mon nom est connu à la [32] cour, et j'eus l'honneur dans ma jeunesse de me signaler des premiers à l'arrière-ban de Nancy[50].

CLITANDRE
À la bonne heure.

---

49 Le titre de baron, dont s'enorgueillit Sotenville, était alors fort dévalué.
50 Le *ban* était la convocation de tous les vassaux immédiats du roi, *l'arrière-ban* celle des vassaux de ces vassaux, pour servir le roi dans ses armées ; mais l'armée de métier s'imposait en face de cette survivance médiévale. Un arrière-ban fut convoqué en 1635 pour renforcer la garnison de Nancy, sous le duc d'Angoulême ; il se comporta fort peu glorieusement. L'allusion orgueilleuse de Sotenville ne fait donc que renforcer son ridicule.

MONSIEUR DE SOTENVILLE

Monsieur, mon père Jean-Gilles de Sotenville eut la gloire d'assister en personne au grand siège de Montauban[51].

CLITANDRE

J'en suis ravi.

MONSIEUR DE SOTENVILLE

Et j'ai eu un aïeul Bertrand de Sotenville, qui fut si considéré en son temps, que d'avoir permission de vendre tout son bien pour le voyage d'outre-mer[52].

CLITANDRE   [33]

Je le veux croire.

MONSIEUR DE SOTENVILLE

Il m'a été rapporté, Monsieur, que vous aimez et poursuivez une jeune personne, qui est ma fille pour laquelle je m'intéresse[53], et pour l'homme[54] que vous voyez qui a l'honneur d'être mon gendre[55] ?

CLITANDRE

Qui, moi ?

---

51   Ce siège, mis par Louis XIII devant Montauban, fut en réalité désastreux.
52   Qui fut considéré à ce point qu'il eut la permission de partir à la croisade (*le voyage d'outre-mer*).
53   Ma fille à laquelle je porte un vif intérêt.
54   Comprendre que Sotenville s'intéresse pour sa fille et pour l'homme qui est son gendre.
55   Le tour est fort méprisant pour George Dandin !

MONSIEUR DE SOTENVILLE

Oui. Et je suis bien aise de vous parler, pour tirer de vous, s'il vous plaît, un éclaircissement[56] de cette affaire.

CLITANDRE

Voilà une étrange[57] médisance. Qui vous a dit cela, Monsieur ?

MONSIEUR DE SOTENVILLE   [34]

Quelqu'un qui croit le bien savoir.

CLITANDRE

Ce quelqu'un-là en a menti. Je suis honnête homme[58]. Me croyez-vous capable, Monsieur, d'une action aussi lâche que celle-là ? Moi, aimer une jeune et belle personne, qui a l'honneur d'être la fille de Monsieur le baron de Sotenville ! Je vous révère trop pour cela, et suis trop votre serviteur. Quiconque vous l'a dit est un sot.

MONSIEUR DE SOTENVILLE

Allons, mon gendre.

GEORGE DANDIN

Quoi ?

CLITANDRE   [35]

C'est un coquin et un maraud.

---

56 *Éclaircissement* : explication pour tirer au clair une attitude ou des paroles jugées offensantes ; les gens d'épée cherchent volontiers de telles explications, avant de tirer, éventuellement, raison de l'offense.
57 Extraordinaire.
58 Homme d'honneur, homme honorable.

MONSIEUR DE SOTENVILLE

Répondez.

GEORGE DANDIN

Répondez vous-même.

CLITANDRE

Si je savais qui ce peut être, je lui donnerais en votre présence de l'épée dans le ventre.

MONSIEUR DE SOTENVILLE

Soutenez donc la chose.

GEORGE DANDIN

Elle est toute soutenue, cela est vrai.

CLITANDRE

Est-ce votre gendre, Monsieur, qui...

MONSIEUR DE SOTENVILLE   [36]

Oui, c'est lui-même qui s'en est plaint à moi.

CLITANDRE

Certes, il peut remercier l'avantage[59] qu'il a de vous appartenir, et sans cela je lui apprendrais bien à tenir de pareils discours d'une personne comme moi.

---

59 Il peut se féliciter de l'avantage.

Scène 6

MONSIEUR et MADAME DE SOTENVILLE,
ANGÉLIQUE, CLITANDRE,
GEORGE DANDIN, CLAUDINE

MADAME DE SOTENVILLE

Pour ce qui est de cela, la jalousie est une étrange [37] chose ! J'amène ici ma fille pour éclaircir l'affaire en présence de tout le monde.

CLITANDRE

Est-ce donc vous, Madame, qui avez dit à votre mari que je suis amoureux de vous.

ANGÉLIQUE

Moi, et comment lui aurais-je dit ? Est-ce que cela est ? Je voudrais bien le voir vraiment que vous fussiez amoureux de moi. Jouez-vous-y[60], je vous en prie, vous trouverez à qui parler. C'est une chose que je vous conseille de faire. Ayez recours pour voir à tous les détours des amants. Essayez un peu par plaisir à m'envoyer des [D] [38] ambassades[61], à m'écrire secrètement de petits billets doux, à épier les moments que mon mari n'y sera pas, ou le temps que je sortirai pour me parler de votre amour. Vous n'avez qu'à y venir, je vous promets que vous serez reçu comme il faut.

---

60 *Se jouer à* : s'attaquer à ; c'est-à-dire : essayez donc d'être amoureux de moi !

61 *Ambassade* : « en termes familiers, petit message qu'on fait faire par un ami, ou par un domestique, pour quelque petite négociation, et particulièrement d'amour » (Furetière).

CLITANDRE

Hé, là, là ! Madame, tout doucement. Il n'est pas nécessaire de me faire tant de leçons, et de vous tant scandaliser.
Qui vous dit que je songe à vous aimer ?

ANGÉLIQUE

Que sais-je, moi, ce qu'on me vient conter ici ?

CLITANDRE   [39]

On dira ce que l'on voudra. Mais vous savez si je vous
ai parlé d'amour lorsque je vous ai rencontrée.

ANGÉLIQUE

Vous n'aviez qu'à le faire, vous auriez été bien venu.

CLITANDRE

Je vous assure qu'avec moi vous n'avez rien à craindre.
Que je ne suis point homme à donner du chagrin aux
belles, et que je vous respecte trop, et vous et Messieurs
vos parents, pour avoir la pensée d'être amoureux de vous.

MADAME DE SOTENVILLE

Eh bien ! vous le voyez.

MONSIEUR DE SOTENVILLE   [D ij] [40]

Vous voilà satisfait[62], mon gendre, que dites-vous à cela ?

GEORGE DANDIN

Je dis que ce sont là des contes à dormir debout. Que je
sais bien ce que je sais, et que tantôt, puisqu'il faut parler,
elle a reçu une ambassade de sa part.

---

62 Vous avez satisfaction, votre honneur est satisfait.

ANGÉLIQUE

Moi, j'ai reçu une ambassade ?

CLITANDRE

J'ai envoyé une ambassade ?

ANGÉLIQUE

Claudine.

CLITANDRE

Est-il vrai ?

CLAUDINE

Par ma foi, voilà une étrange fausseté.

GEORGE DANDIN   [41]

Taisez-vous, carogne[63] que vous êtes. Je sais de vos nouvelles, et c'est vous qui tantôt avez introduit le courrier[64].

CLAUDINE

Qui, moi ?

GEORGE DANDIN

Oui, vous. Ne faites point tant la sucrée[65].

CLAUDINE

Hélas ! que le monde aujourd'hui est rempli de méchanceté, de m'aller soupçonner ainsi, moi qui suis l'innocence
même !

---

63 Rappelons que *carogne* désigne une femme débauchée. Cette variante de
    charogne est devenue une injure assez vague.
64 Celui qui a transmis les messages d'amour.
65 Une femme *fait la sucrée* quand elle dissimule sous des dehors doux et
    honnêtes quelque coquetterie secrète ; ici, Claudine feint l'indignation,
    alors qu'elle fait l'entremetteuse entre Clitandre et sa maîtresse.

GEORGE DANDIN

Taisez-vous, bonne pièce[66]. Vous faites la sournoise.
Mais je vous connais il y a long[D iii][42]temps, et vous
êtes une dessalée[67].

CLAUDINE

Madame, est-ce que…

GEORGE DANDIN

Taisez-vous, vous dis-je, vous pourriez bien porter la
folle enchère de tous les autres[68]. Et vous n'avez point de
père gentilhomme.

ANGÉLIQUE

C'est une imposture si grande, et qui me touche si fort au
cœur, que je ne puis pas même avoir la force d'y répondre ;
cela est bien horrible d'être accusée par un mari lorsqu'on
ne lui fait rien qui ne soit à faire. Hélas ! si je suis blâmable
[43] de quelque chose, c'est d'en user trop bien avec lui.

CLAUDINE

Assurément.

---

66   « On dit d'une personne rusée ou maligne : c'est une bonne pièce, une
     méchante pièce » (Furetière).
67   Une *dessalée* a perdu sa naïveté, est déniaisée, est devenue rusée et ne
     s'en laisse pas compter.
68   Une *folle enchère* est une enchère trop haute, qu'on ne peut pas payer ;
     on procède alors à une nouvelle enchère au cours de laquelle l'objet est
     acquis à vil prix, et celui qui a fait la folle enchère doit payer la différence
     entre les deux enchères. George Dandin veut dire que Claudine pourrait
     bien avoir à payer la folle enchère de tous les autres, à payer pour les
     autres sans rien gagner.

ANGÉLIQUE

Tout mon malheur est de le trop considérer, et plût au Ciel que je fusse capable de souffrir[69], comme il dit, les galanteries de quelqu'un ! Je ne serais pas tant à plaindre. Adieu, je me retire, et je ne puis plus endurer qu'on m'outrage de cette sorte.

MADAME DE SOTENVILLE

Allez, vous ne méritez pas l'honnête femme qu'on vous a donnée.

CLAUDINE

Par ma foi, il mériterait qu'elle lui fît dire vrai, et si [44] j'étais en sa place je n'y marchanderais[70] pas. Oui, Monsieur, vous devez, pour le punir, faire l'amour à ma maîtresse. Poussez, c'est moi qui vous le dis, ce sera fort bien employé[71], et je m'offre à vous y servir, puisqu'il m'en a déjà taxée[72].

MONSIEUR DE SOTENVILLE

Vous méritez, mon gendre, qu'on vous dise ces choses-là, et votre procédé met tout le monde contre vous.

MADAME DE SOTENVILLE

Allez, songez à mieux traiter une demoiselle bien née, et prenez garde désormais à ne plus faire de pareilles bévues.

GEORGE DANDIN   [45]

J'enrage de bon cœur d'avoir tort, lorsque j'ai raison.

---

69 *Souffrir* : supporter, admettre.
70 *Marchander* : hésiter.
71 Ce sera bien fait, ce sera mérité.
72 Il m'en a déjà accusée.

CLITANDRE

Monsieur, vous voyez comme j'ai été faussement accusé. Vous êtes homme qui savez les maximes du point d'honneur, et je vous demande raison de l'affront qui m'a été fait.

MONSIEUR DE SOTENVILLE

Cela est juste, et c'est l'ordre des procédés[73]. Allons, mon gendre, faites satisfaction[74] à Monsieur.

GEORGE DANDIN

Comment, satisfaction ?

MONSIEUR DE SOTENVILLE

Oui. Cela se doit dans les [46] règles pour l'avoir à tort accusé.

GEORGE DANDIN

C'est une chose, moi, dont je ne demeure pas d'accord de l'avoir à tort accusé, et je sais bien ce que j'en pense.

MONSIEUR DE SOTENVILLE

Il n'importe. Quelque pensée qui vous puisse rester, il a nié ; c'est satisfaire les personnes, et l'on n'a nul droit de se plaindre de tout homme qui se dédit[75].

GEORGE DANDIN

Si bien donc que si je le trouvais couché avec ma femme, il en serait quitte pour se dédire ?

---

73 *L'ordre des procédés* : la manière de se comporter en matière d'honneur.
74 Dandin, qui ne peut se battre en duel, va devoir faire des excuses à Clitandre pour l'avoir accusé.
75 *Se dédire* signifie ici démentir, nier.

MONSIEUR DE SOTENVILLE   [47]

Point de raisonnement. Faites-lui les excuses que je vous dis.

GEORGE DANDIN

Moi, je lui ferai encore des excuses après…

MONSIEUR DE SOTENVILLE

Allons, vous dis-je. Il n'y a rien à balancer[76], et vous n'avez que faire d'avoir peur d'en trop faire, puisque c'est moi qui vous conduis.

GEORGE DANDIN

Je ne saurais…

MONSIEUR DE SOTENVILLE

Corbleu ! mon gendre, ne m'échauffez pas la bile, je me mettrais avec lui contre vous. Allons, laissez-vous gouverner par moi.

GEORGE DANDIN   [48]

Ah ! George Dandin !

MONSIEUR DE SOTENVILLE

Votre bonnet à la main le premier, Monsieur est gentilhomme, et vous ne l'êtes pas.

GEORGE DANDIN

J'enrage.

MONSIEUR DE SOTENVILLE

Répétez après moi. « Monsieur »

---

76 *Balancer*, transitif : examiner.

GEORGE DANDIN

« Monsieur. »

MONSIEUR DE SOTENVILLE

Il voit que son gendre fait difficulté de lui obéir.
« Je vous demande pardon. » Ah !

GEORGE DANDIN

« Je vous demande pardon. »

MONSIEUR DE SOTENVILLE   [49]

« Des mauvaises pensées que j'ai eues de vous. »

GEORGE DANDIN

« Des mauvaises pensées que j'ai eues de vous. »

MONSIEUR DE SOTENVILLE

« C'est que je n'avais pas l'honneur de vous connaître. »

GEORGE DANDIN

« C'est que je n'avais pas l'honneur de vous connaître. »

MONSIEUR DE SOTENVILLE

« Et je vous prie de croire. »

GEORGE DANDIN

« Et je vous prie de croire. »

MONSIEUR DE SOTENVILLE

« Que je suis votre serviteur. »

GEORGE DANDIN   [E] [50]

Voulez-vous que je sois serviteur d'un homme qui me
veut faire cocu ?

MONSIEUR DE SOTENVILLE
Il le menace encore.

Ah !

CLITANDRE

Il suffit, Monsieur.

MONSIEUR DE SOTENVILLE

Non, je veux qu'il achève, et que tout aille dans les formes. « Que je suis votre serviteur. »

GEORGE DANDIN

« Que je suis votre serviteur. »

CLITANDRE

Monsieur[77], je suis le vôtre de tout mon cœur, et je ne [51] songe plus à ce qui s'est passé. Pour vous, Monsieur[78], je vous donne le bonjour, et je suis fâché du petit chagrin que vous avez eu.

MONSIEUR DE SOTENVILLE

Je vous baise les mains[79], et quand il vous plaira je vous donnerai le divertissement de courre un lièvre[80].

CLITANDRE

C'est trop de grâce que vous me faites.

---

77 À George Dandin.
78 À M. de Sotenville.
79 Cette formule de politesse s'emploie aussi avec un égal.
80 Faute de posséder des forêts pour courir le cerf, Sotenville se contente de courir le lièvre !

MONSIEUR DE SOTENVILLE

Voilà, mon gendre, comme il faut pousser les choses[81]. Adieu. Sachez que vous êtes entré dans une famille qui vous donnera l'appui, et [E ij] [52] ne souffrira point que l'on vous fasse aucun affront.

Scène 7

GEORGE DANDIN

Ah ! que je…vous l'avez voulu, vous l'avez voulu, George Dandin, vous l'avez voulu, cela vous sied fort bien, et vous voilà ajusté[82] comme il faut, vous avez justement ce que vous méritez. Allons, il s'agit seulement de désabuser le père et la mère, et je pourrai trouver peut-être quelque moyen d'y réussir.

ACTE II   [53]

Scène PREMIÈRE

CLAUDINE, LUBIN

CLAUDINE

Oui, j'ai bien deviné qu'il fallait que cela vînt de toi, et que tu l'eusses dit à quelqu'un qui l'ait rapporté à notre maître.

---

81   *Pousser les choses* c'est poursuivre, aller de l'avant, attaquer même. Alors que Sotenville a été raillé par Clitandre et n'a su qu'organiser l'humiliation de Dandin, forcé de faire des excuses à l'accusé.

82   Malmené.

LUBIN

Par ma foi, je n'en ai touché qu'un petit mot en pas[E iij]
[54]sant à un homme, afin qu'il ne dît point qu'il m'avait
vu sortir, et il faut que les gens en ce pays-ci soient de
grands babillards.

CLAUDINE

Vraiment ce Monsieur le vicomte a bien choisi son
monde que de te prendre pour son ambassadeur, et il s'est
allé servir là d'un homme bien chanceux[83].

LUBIN

Va, une autre fois je serai plus fin, et je prendrai mieux
garde à moi.

CLAUDINE

Oui, oui, il sera temps.

LUBIN   [55]

Ne parlons plus de cela, écoute.

CLAUDINE

Que veux-tu que j'écoute ?

LUBIN

Tourne un peu ton visage devers moi.

CLAUDINE

Eh bien ! qu'est-ce ?

LUBIN

Claudine.

---

83 Ironique : un homme bien chanceux est un pauvre homme, peu à craindre
    et bien maladroit.

CLAUDINE

Quoi ?

LUBIN

Hé là ! ne sais-tu pas bien ce que je veux dire ?

CLAUDINE

Non.

LUBIN   [56]

Morgué[84] ! je t'aime.

CLAUDINE

Tout de bon ?

LUBIN

Oui, le diable m'emporte, tu me peux croire, puisque j'en jure.

CLAUDINE

À la bonne heure.

LUBIN

Je me sens tout tribouiller[85] le cœur quand je te regarde.

CLAUDINE

Je m'en réjouis.

LUBIN

Comment est-ce que tu fais pour être si jolie ?

---

84 Ou *morguenne* : altération euphémique de *mordieu*, comme *morbleu*.
85 *Tribouiller* : troubler, agiter, émouvoir. Mot à la fois populaire et vieilli.

CLAUDINE

Je fais comme font les autres.

LUBIN   [57]

Vois-tu, il ne faut point tant de beurre pour faire un quarteron[86]. Si tu veux tu seras ma femme, je serai ton mari, et nous serons tous deux mari et femme.

CLAUDINE

Tu serais peut-être jaloux comme notre maître.

LUBIN

Point.

CLAUDINE

Pour moi je hais les maris soupçonneux, et j'en veux un qui ne s'épouvante de rien, un si plein de confiance, et si sûr de ma chasteté, qu'il me vît sans inquiétude au milieu de trente hommes.

LUBIN   [58]

Eh bien ! je serai tout comme cela.

CLAUDINE

C'est la plus sotte chose du monde que de se défier d'une femme, et de la tourmenter. La vérité de l'affaire est qu'on n'y gagne rien de bon. Cela nous fait songer à mal, et ce sont souvent les maris qui avec leurs vacarmes se font eux-mêmes ce qu'ils sont.

---

86 Proverbe populaire : il ne faut pas tant de façons, de cérémonies pour
    faire un *quarteron* (un quart de livre). Notre mariage peut se décider
    sans tant de façons.

LUBIN

Eh bien ! je te donnerai la liberté de faire tout ce qu'il te plaira.

CLAUDINE   [59]

Voilà comme il faut faire pour n'être point trompé. Lorsqu'un mari se met à notre discrétion, nous ne prenons de liberté que ce qu'il nous en faut, et il en est comme avec ceux qui nous ouvrent leur bource et nous disent. « Prenez ». Nous en usons honnêtement, et nous nous contentons de la raison[87]. Mais ceux qui nous chicanent, nous nous efforçons de les tondre[88], et nous ne les épargnons point.

LUBIN

Va. Je serai de ceux qui ouvrent leur bourse, et tu [60] n'as qu'à te marier avec moi.

CLAUDINE

Eh bien ! bien, nous verrons.

LUBIN

Viens donc ici, Claudine.

CLAUDINE

Que veux-tu ?

LUBIN

Viens, te dis-je.

---

87   Nous nous contentons de prendre une liberté raisonnable.
88   De les plumer, de leur prendre tout ce que nous pouvons.

CLAUDINE

Ah ! doucement. Je n'aime pas les patineurs[89].

LUBIN

Eh ! un petit brin d'amitié.

CLAUDINE

Laisse-moi là, te dis-je, je n'entends pas raillerie.

LUBIN

Claudine.

CLAUDINE   [61]

Ahy !

LUBIN

Ah ! que tu es rude à pauvres gens. Fi ! que cela est malhonnête de refuser les personnes. N'as-tu point de honte d'être belle, et de ne vouloir pas qu'on te caresse ? Eh là !

CLAUDINE

Je te donnerai sur le nez.

LUBIN

Oh ! la farouche ! La sauvage. Fi ! pouah ! La vilaine qui est cruelle.

CLAUDINE

Tu t'émancipes trop.

---

89   On dit *patiner une femme* « quand on lui manie des bras, le sein, etc. Il n'y a que les paysannes et les servantes qui se laissent patiner » (Furetière).

LUBIN

Qu'est-ce que cela te coûte[F][62]rait de me laisser un peu faire ?

CLAUDINE

Il faut que tu te donnes patience.

LUBIN

Un petit baiser seulement en rabattant sur notre mariage.

CLAUDINE

Je suis votre servante[90].

LUBIN

Claudine, je t'en, prie, sur l'et-tant-moins[91].

CLAUDINE

Eh ! que nenni. J'y ai déjà été attrapée. Adieu. Va-t'en, et dis à Monsieur le vicomte que j'aurai soin de rendre[92] son billet.

LUBIN   [63]

Adieu, beauté rude ânière[93].

CLAUDINE

Le mot est amoureux.

---

90   Formule ironique pour exprimer le refus ; et amusante, car Claudine a de fait le statut de servante, même si elle a été promue suivante.

91   *Sur l'et-tant-moins* : en déduction. Les baisers que veut prendre Lubin seraient à déduire de ceux qui lui seront autorisés après le mariage.

92   De remettre son billet à Angélique.

93   Selon Littré, le terme populaire *rudânier*, « qui est rude à ceux à qui il parle » est surtout employé au féminin.

LUBIN
Adieu, rocher, caillou, pierre de taille, et tout ce qu'il y a de plus dur au monde.

CLAUDINE
Je vais remettre aux mains de ma maîtresse… Mais la voici avec son mari, éloignons-nous, et attendons qu'elle soit seule.

Scène 2   [F ij] [64]
GEORGE DANDIN, ANGÉLIQUE, CLITANDRE

GEORGE DANDIN
Non, non, on ne m'abuse pas avec tant de facilité, et je ne suis que trop certain que le rapport que l'on m'a fait est véritable. J'ai de meilleurs yeux qu'on ne pense, et votre galimatias ne m'a point tantôt ébloui[94].

CLITANDRE[95]
Ah ! la voilà. Mais le mari est avec elle.

GEORGE DANDIN[96]   [65]
Au travers de toutes vos grimaces[97], j'ai vu la vérité de ce que l'on m'a dit, et le peu de respect que vous avez pour le nœud qui nous joint[98]. Mon Dieu, laissez là votre révérence[99], ce n'est pas de ces sortes de respect dont je vous parle, et vous n'avez que faire de vous moquer.

---

94 *Éblouir* : tromper, séduire par des moyens fallacieux.
95 Didascalie de 1682 : « à part, dans le fond du théâtre ».
96 George Dandin ne voit pas Clitandre.
97 *Grimace* : feinte, dissimulation.
98 1682 place là cette didascalie : « *Clitandre et Angélique se saluent* ».
99 Cette révérence est le salut qu'Angélique adresse à Clitandre.

ANGÉLIQUE

Moi, me moquer ! en aucune façon.

GEORGE DANDIN

Je sais votre pensée[100], et connais[101]… Encore ? Ah ! ne raillons pas davantage ! Je n'ignore pas qu'à cause de votre noblesse [F iij] [66] vous me tenez fort au-dessous de vous, et le respect que je vous veux dire ne regarde point ma personne. J'entends parler de celui que vous devez à des nœuds aussi vénérables que le sont ceux du mariage[102]. Il ne faut point lever les épaules[103], et je ne dis point de sottises.

ANGÉLIQUE

Qui songe à lever les épaules ?

GEORGE DANDIN

Mon Dieu, nous voyons clair. Je vous dis encore une fois que le mariage est une chaîne à laquelle on doit porter toute sorte de respect, [67] et que c'est fort mal fait à vous d'en user comme vous faites[104]. Oui, oui, mal fait à vous. Et vous n'avez que faire de hocher la tête, et de me faire la grimace.

ANGÉLIQUE

Moi ! je ne sais ce que vous voulez dire.

---

100 Didascalie de 1682 : « *Clitandre et Angélique se resaluent* ».
101 1734 ajoute cette didascalie : « *Clitandre et Angélique se saluent encore* ».
102 Didascalie de 1682 : « *Angélique fait signe à Clitandre* ».
103 Dans cette réplique et dans celle qui suivra, George Dandin interprète mal les gestes qu'Angélique fait à l'adresse et à l'intention de Clitandre, que Dandin n'a pas vu.
104 Didascalie de 1734 : « *Angélique fait signe de la tête à Clitandre* ».

GEORGE DANDIN
Je le sais fort bien, moi, et vos mépris me sont connus.
Si je ne suis pas né noble, au moins suis-je d'une race où il
n'y a point de reproche, et la famille des Dandins...

CLITANDRE, *derrière Angélique,*
sans être aperçu de Dandin.
Un moment d'entretien.

GEORGE DANDIN   [F iiij] [68]
Eh ?

ANGÉLIQUE
Quoi ? je ne dis mot.

GEORGE DANDIN[105]
Le voilà qui vient rôder autour de nous.

ANGÉLIQUE
Eh bien ! est-ce ma faute ? Que voulez-vous que j'y fasse ?

GEORGE DANDIN
Je veux que vous y fassiez ce que fait une femme qui
ne veut plaire qu'à son mari. Quoi qu'on en puisse dire, les
galants n'obsèdent[106] jamais que quand on le veut bien ; il
y a un certain air doucereux qui les attire ainsi que [69]
le miel fait les mouches, et les honnêtes femmes ont des
manières qui les savent chasser d'abord[107].

---

105 Didascalie de 1682 : « George Dandin *tourne autour de sa femme, et*
    Clitandre se retire en faisant une grande révérence ».
106 *Obséder* : fréquenter assidûment, entourer d'attentions continuelles.
107 Aussitôt.

ANGÉLIQUE

Moi les chasser ? et par quelle raison ? Je ne me scandalise point qu'on me trouve bien faite, et cela me fait du plaisir.

GEORGE DANDIN

Oui. Mais quel personnage voulez-vous que joue un mari pendant cette galanterie ?

ANGÉLIQUE

Le personnage d'un honnête homme[108] qui est bien aise de voir sa femme considérée.

GEORGE DANDIN   [70]

Je suis votre valet[109]. Ce n'est pas là mon compte, et les Dandins ne sont point accoutumés à cette mode-là.

ANGÉLIQUE

Oh ! les Dandins s'y accoutumeront s'ils veulent. Car pour moi, je vous déclare que mon dessein n'est pas de renoncer au monde, et de m'enterrer toute vive dans un mari. Comment, parce qu'un homme s'avise de nous épouser, il faut d'abord que toutes choses soient finies pour nous, et que nous rompions tout commerce[110] avec les vivants ? C'est une chose merveilleuse[111] [71] que cette tyrannie de Messieurs les maris, et je les trouve bons de vouloir qu'on soit morte à tous les divertissements, et qu'on ne vive que pour eux. Je me moque de cela, et ne veux point mourir si jeune.

---

108 D'un homme qui sait se conduire.
109 Voir plus haut le « je suis votre servante » ironique de Claudine expliqué à la n. 90, p. 258.
110 *Commerce* : relation.
111 *Merveilleux* : qui surprend.

GEORGE DANDIN

C'est ainsi que vous satisfaites aux engagements de la foi que vous m'avez donnée publiquement ?

ANGÉLIQUE

Moi ? je ne vous l'ai point donnée de bon cœur, et vous me l'avez arrachée. M'avez-vous avant le mariage demandé mon consentement, [72] et si je voulais bien de vous ? Vous n'avez consulté pour cela que mon père, et ma mère, ce sont eux proprement qui vous ont épousé, et c'est pourquoi vous ferez bien de vous plaindre toujours à eux des torts que l'on pourra vous faire. Pour moi qui ne vous ai point dit de vous marier avec moi, et que vous avez prise sans consulter mes sentiments, je prétends n'être point obligée à me soumettre en esclave à vos volontés, et je veux jouir, s'il vous plaît, de quelque nombre de beaux jours que m'offre la jeunesse ; prendre les douces libertés, [73] que l'âge me permet, voir un peu le beau monde, et goûter le plaisir de m'ouïr dire des douceurs. Préparez-vous y pour votre punition, et rendez grâces au Ciel de ce que je ne suis pas capable de quelque chose de pis.

GEORGE DANDIN

Oui ! C'est ainsi que vous le prenez. Je suis votre mari, et je vous dis que je n'entends pas cela.

ANGÉLIQUE

Moi, je suis votre femme, et je vous dis que je l'entends.

GEORGE DANDIN[112]

Il me prend des tentations d'accommoder tout son visa[G]
[74]ge à la compote[113], et le mettre en état de ne plaire de
sa vie aux diseurs de fleurettes. Ah! allons, George Dandin,
je ne pourrais me retenir, et il vaut mieux quitter la place.

Scène 3
CLAUDINE, ANGÉLIQUE

CLAUDINE

J'avais, Madame, impatience qu'il s'en allât pour vous
rendre ce mot de la part que vous savez.

ANGÉLIQUE   [75]

Voyons[114].

CLAUDINE[115]

À ce que je puis remarquer, ce qu'on lui dit ne lui
déplaît pas trop.

ANGÉLIQUE

Ah! Claudine, que ce billet s'explique d'une façon
galante! que dans tous leurs discours, et dans toutes leurs
actions les gens de cour ont un air agréable, et qu'est-ce
que c'est auprès d'eux que nos gens de province?

---

112 En aparté.
113 Mettre en compote, meurtrir. Le *Dictionnaire* de l'Académie précise que
   l'expression, basse, vient de la manière d'accommoder les pigeonneaux
   à la compote.
114 Elle lit bas le billet.
115 En aparté.

CLAUDINE

Je crois qu'après les avoir vus, les Dandins ne vous plaisent guère.

ANGÉLIQUE   [G ij] [76]

Demeure ici, je m'en vais faire la réponse.

CLAUDINE[116]

Je n'ai pas besoin, que je pense[117], de lui recommander de la faire agréable. Mais voici…

Scène 4
CLITANDRE, LUBIN, CLAUDINE

CLAUDINE

Vraiment, Monsieur, vous avez pris là un habile messager.

CLITANDRE

Je n'ai pas osé envoyer de [77] mes gens ; mais, ma pauvre[118] Claudine, il faut que je te récompense des bons offices que je sais que tu m'as rendus[119].

CLAUDINE

Eh ! Monsieur, il n'est pas nécessaire[120]. Non, Monsieur, vous n'avez que faire de vous donner cette peine-là, et je vous rends service, parce que vous le méritez, et que je me sens au cœur de l'inclination[121] pour vous.

---

116 Seule sur la scène.
117 Tour identique à *que je sache*.
118 Ici, *pauvre* ne marque que la sympathie.
119 Clitandre fouille alors dans sa poche.
120 Comme les valets, Claudine fait d'abord mine de refuser.
121 *Inclination* : penchant, sympathie.

CLITANDRE

Je te suis obligé[122].

LUBIN

Puisque nous serons mariés, donne-moi cela que je le
mette avec le mien.

CLAUDINE   [G iij] [78]

Je te le garde aussi bien que le baiser.

CLITANDRE[123]

Dis-moi, as-tu rendu mon billet à ta belle maîtresse ?

CLAUDINE

Oui, elle est allée y répondre.

CLITANDRE

Mais, Claudine, n'y a-t-il pas moyen que je la puisse
entretenir ?

CLAUDINE

Oui, venez avec moi, je vous ferai parler à elle.

CLITANDRE

Mais le trouvera-t-elle bon, et n'y a-t-il rien à risquer ?

CLAUDINE

Non, non, son mari n'est [79] pas au logis, et puis, ce
n'est pas lui qu'elle a le plus à ménager, c'est son père et
sa mère, et pourvu qu'ils soient prévenus[124], tout le reste
n'est point à craindre.

---

122 Il lui donne alors de l'argent.
123 À Claudine.
124 Pourvu qu'ils aient des préventions (*qu'ils soient prévenus*) en faveur de
    leur fille et contre Dandin.

CLITANDRE

Je m'abandonne à ta conduite.

LUBIN[125]

Testiguenne ! que j'aurai là une habile femme, elle a de l'esprit comme quatre.

Scène 5   [80]
GEORGE DANDIN, LUBIN

GEORGE DANDIN

Voici mon homme de tantôt. Plût au Ciel qu'il pût se résoudre à vouloir rendre témoignage au père et à la mère de ce qu'ils ne veulent point croire !

LUBIN

Ah ! vous voilà, Monsieur le babillard, à qui j'avais tant recommandé de ne point parler, et qui me l'aviez tant pro[81]mis. Vous êtes donc un causeur, et vous allez redire ce que l'on vous dit en secret.

GEORGE DANDIN

Moi ?

LUBIN

Oui. Vous avez été tout rapporté au mari. Et vous êtes cause qu'il a fait du vacarme. Je suis bien aise de savoir que vous avez de la langue[126], et cela m'apprendra à ne vous plus rien dire.

---

125 Lubin est désormais seul sur la scène.
126 Vous êtes trop bavard, vous aimez babiller.

GEORGE DANDIN

Écoute, mon ami.

LUBIN

Si vous n'aviez point babillé, je vous aurais conté ce qui se passe à cette heure, [82] mais pour votre punition vous ne saurez rien du tout.

GEORGE DANDIN

Comment ? Qu'est-ce qui se passe ?

LUBIN

Rien, rien. Voilà ce que c'est d'avoir causé, vous n'en tâterez plus, et je vous laisse sur la bonne bouche[127].

GEORGE DANDIN

Arrête un peu.

LUBIN

Point.

GEORGE DANDIN

Je ne te veux dire qu'un mot.

LUBIN

Nennin[128], nennin, vous avez envie de me tirer les vers du nez.

GEORGE DANDIN   [83]

Non, ce n'est pas cela.

---

127 On laisse *sur la bonne bouche* « quand on interrompt le discours à l'endroit le meilleur et le plus attendu » (Furetière).
128 *Nennin* : forme villageoise de *nenni*.

LUBIN

Eh ! quelque sot[129]. Je vous vois venir.

GEORGE DANDIN

C'est autre chose. Écoute.

LUBIN

Point d'affaire. Vous voudriez que je vous disse que Monsieur le vicomte vient de donner de l'argent à Claudine, et qu'elle l'a mené chez sa maîtresse. Mais je ne suis pas si bête.

GEORGE DANDIN

De grâce !

LUBIN

Non.

GEORGE DANDIN   [84]

Je te donnerai…

LUBIN

Tarare[130].

Scène 6

GEORGE DANDIN

Je n'ai pu me servir avec cet innocent de la pensée que j'avais. Mais le nouvel avis qui lui est échappé ferait la

---

129 Un sot vous croirait et s'y laisserait prendre.
130 *Tarare* : mot burlesque pour marquer l'incrédulité ou le refus.

même chose, et si le galant est chez moi, ce serait pour avoir raison aux yeux du père et de la mère[131], et les convaincre pleinement de l'ef[85]fronterie de leur fille. Le mal de tout ceci c'est que je ne sais comment faire pour profiter d'un tel avis. Si je rentre chez moi, je ferai évader le drôle, et quelque chose que je puisse voir moi-même de mon dés-honneur, je n'en serai point cru à mon serment[132], et l'on me dira que je rêve. Si d'autre part je vais quérir beau-père et belle-mère sans être sûr de trouver chez moi le galant, ce sera la même chose, et je retomberai dans l'inconvénient de tantôt. Pourrais-je point[133] m'éclaircir doucement s'il y est encore[134] ? Ah ! Ciel ! il n'en faut plus douter [H] [86] et je viens de l'apercevoir par le trou de la porte. Le sort me donne ici de quoi confondre ma partie[135], et pour achever l'aventure il fait venir à point nommé les juges dont j'avais besoin.

Scène 7

MONSIEUR et MADAME DE SOTENVILLE,
GEORGE DANDIN

GEORGE DANDIN

Enfin vous ne m'avez pas voulu croire tantôt, et votre fille l'a emporté sur moi. Mais j'ai en main de [87] quoi vous faire voir comme elle m'accommode[136], et Dieu merci mon déshonneur est si clair maintenant, que vous n'en pourrez plus douter.

---

131 Cela serait apte à me donner raison aux yeux des Sotenville.
132 J'aurai beau jurer que je dis la vérité, je n'en serai pas cru.
133 Ne pourrais-je point.
134 Dandin regarde alors par le trou de la serrure.
135 La *partie* est l'adversaire dans un procès.
136 *Accommoder* : arranger, traiter.

MONSIEUR DE SOTENVILLE

Comment, mon gendre, vous en êtes encore là-dessus ?

GEORGE DANDIN

Oui j'y suis, et jamais je n'eus tant de sujet d'y être.

MADAME DE SOTENVILLE

Vous nous venez encore étourdir la tête ?

GEORGE DANDIN

Oui, Madame, et l'on fait bien pis à la mienne[137].

MONSIEUR DE SOTENVILLE

Ne vous lassez-vous point [H ij] [88] de vous rendre importun ?

GEORGE DANDIN

Non. Mais je me lasse fort d'être pris pour dupe.

MADAME DE SOTENVILLE

Ne voulez-vous point vous défaire de vos pensées extravagantes ?

GEORGE DANDIN

Non, Madame, mais je voudrais bien me défaire d'une femme qui me déshonore.

MADAME DE SOTENVILLE

Jour de Dieu, notre gendre, apprenez à parler.

MONSIEUR DE SOTENVILLE

Corbleu ! cherchez des termes moins offensants que ceux-là.

---

137 Allusion aux cornes du cocu.

GEORGE DANDIN

Marchand qui perd ne peut rire.

MADAME DE SOTENVILLE   [89]

Souvenez-vous que vous avez épousé une demoiselle.

GEORGE DANDIN

Je m'en souviens assez, et ne m'en souviendrai que trop.

MONSIEUR DE SOTENVILLE

Si vous vous en souvenez, songez donc à parler d'elle
avec plus de respect.

GEORGE DANDIN

Mais que ne songe-t-elle plutôt à me traiter plus honnêtement ? Quoi ! parce qu'elle est demoiselle, il faut qu'elle ait
la liberté de me faire ce qui lui plaît, sans que j'ose souffler ?

MONSIEUR DE SOTENVILLE

Qu'avez-vous donc, et que [H iij] [90] pouvez-vous
dire ? N'avez-vous pas vu ce matin qu'elle s'est défendue
de connaître celui dont vous m'étiez venu parler ?

GEORGE DANDIN

Oui. Mais vous, que pourrez-vous dire, si je vous fais
voir maintenant que le galant est avec elle ?

MADAME DE SOTENVILLE

Avec elle ?

GEORGE DANDIN

Oui, avec elle, et dans ma maison ?

MONSIEUR DE SOTENVILLE

Dans votre maison ?

GEORGE DANDIN

Oui. Dans ma propre maison.

MADAME DE SOTENVILLE   [91]

Si cela est, nous serons pour vous contre elle.

MONSIEUR DE SOTENVILLE

Oui. L'honneur de notre famille nous est plus cher que toute chose, et si vous dites vrai, nous la renoncerons pour notre sang[138], et l'abandonnerons à votre colère.

GEORGE DANDIN

Vous n'avez qu'à me suivre.

MADAME DE SOTENVILLE

Gardez de vous tromper.

MONSIEUR DE SOTENVILLE

N'allez pas faire comme tantôt.

GEORGE DANDIN

Mon Dieu, vous allez voir[139]. [H iiij] [92] Tenez. Ai-je menti ?

---

138 Nous refuserons de la reconnaître pour notre fille.
139 Il montre alors Clitandre qui sort avec Angélique.

Scène 8
ANGÉLIQUE, CLITANDRE, CLAUDINE,
MONSIEUR et MADAME DE SOTENVILLE,
GEORGE DANDIN

ANGÉLIQUE
Adieu. J'ai peur qu'on vous surprenne ici, et j'ai quelques mesures à garder.

CLITANDRE
Promettez-moi donc, Madame, que je pourrai vous parler cette nuit.

ANGÉLIQUE
J'y ferai mes efforts.

GEORGE DANDIN[140]   [95]
Approchons doucement par derrière, et tâchons de n'être point vus.

CLAUDINE
Ah ! Madame, tout est perdu. Voilà votre père et votre mère accompagnés de votre mari.

CLITANDRE
Ah ! Ciel !

ANGÉLIQUE[141]
Ne faites pas semblant de rien[142], et me laissez faire tous deux. Quoi, vous osez en user de la sorte, après l'affaire de

---

140 Il s'adresse aux Sotenville.
141 Angélique prononce bas la première phrase, puis commence à jouer sa comédie à voix haute.
142 *Ne faire semblant de rien* : feindre d'être indifférent, de ne pas savoir ou de ne pas entendre quelque chose.

tantôt, et c'est ainsi que vous dissimulez vos sentiments ? On me vient rapporter que vous avez de l'a[96]mour pour moi, et que vous faites des desseins de me solliciter[143]. J'en témoigne mon dépit[144], et m'explique à vous clairement en présence de tout le monde. Vous niez hautement la chose, et me donnez parole de n'avoir aucune pensée de m'offenser, et cependant le même jour vous prenez la hardiesse de venir chez moi me rendre visite. De me dire que vous m'aimez, et de me faire cent sots contes pour me persuader de répondre à vos extravagances ; comme si j'étais femme à violer la foi que j'ai donnée à un mari, et m'éloigner [97] jamais de la vertu que mes parents m'ont enseignée. Si mon père savait cela, il vous apprendrait bien à tenter de ces entreprises. Mais une honnête femme n'aime point les éclats[145]. Je n'ai garde de lui en rien dire ; et je veux vous montrer que toute femme que je suis, j'ai assez de courage pour me venger moi-même des offenses que l'on me fait. L'action que vous avez faite n'est pas d'un gentilhomme, et ce n'est pas en gentilhomme aussi que je veux vous traiter.

Elle prend un bâton, et bat son mari
au lieu de Clitandre qui se met entre deux[146].

CLITANDRE   [98]
Ah, ah, ah, ah, ah ! Doucement.

CLAUDINE
Fort, Madame, frappez comme il faut.

---

143 Vous avez l'intention de me requérir d'amour.
144 *Dépit* : irritation violente.
145 Didascalie de 1682 : « *Elle fait signe à Claudine d'apporter un bâton* ».
146 Cette didascalie est scéniquement impossible : c'est Dandin qui, placé entre les deux autres, prend les coups. Il faut suivre la didascalie de 1682 : « *Elle prend le bâton et bat son mari, au lieu de Clitandre, qui met George Dandin entre deux* ».

ANGÉLIQUE[147]

S'il vous demeure quelque chose sur le cœur, je suis pour vous répondre.

CLAUDINE

Apprenez à qui vous vous jouez[148].

ANGÉLIQUE[149]

Ah ! mon père, vous êtes là.

MONSIEUR DE SOTENVILLE

Oui, ma fille, et je vois qu'en sagesse, et en courage tu te montres un digne re[97]jeton de la maison de Sotenville. Viens-çà, approche-toi que je t'embrasse.

MADAME DE SOTENVILLE

Embrasse-moi aussi, ma fille. Las ! je pleure de joie, et reconnais mon sang aux choses que tu viens de faire.

MONSIEUR DE SOTENVILLE

Mon gendre, que vous devez être ravi et que cette aventure est pour vous pleine de douceurs ! Vous aviez un juste sujet de vous alarmer, mais vos soupçons se trouvent dissipés le plus avantageusement du monde.

MADAME DE SOTENVILLE

Sans doute[150], notre gendre, [I] [98] et vous devez maintenant être le plus content des hommes.

---

147 Elle fait semblant de parler à Clitandre.
148 *Se jouer à* : s'attaquer à.
149 Elle fait mine de découvrir son père et d'être étonnée.
150 Assurément.

CLAUDINE

Assurément. Voilà une femme, celle-là, vous êtes trop heureux de l'avoir, et vous devriez baiser les pas où elle passe.

GEORGE DANDIN

Euh ! traîtresse !

MONSIEUR DE SOTENVILLE

Qu'est-ce, mon gendre ? Que ne remerciez-vous un peu votre femme, de l'amitié[151] que vous voyez qu'elle montre pour vous ?

ANGÉLIQUE

Non, non, mon père, il n'est pas nécessaire. Il ne m'a aucu[99]ne obligation de ce qu'il vient de voir, et tout ce que j'en fais n'est que pour l'amour de moi-même.

MONSIEUR DE SOTENVILLE

Où allez-vous, ma fille ?

ANGÉLIQUE

Je me retire, mon père, pour ne me voir point obligée à recevoir ses compliments.

CLAUDINE

Elle a raison d'être en colère. C'est une femme qui mérite d'être adorée, et vous ne la traitez pas comme vous devriez.

GEORGE DANDIN[152]

Scélérate.

---

151 Amour conjugal.
152 À part.

MONSIEUR DE SOTENVILLE

C'est un petit ressentiment [I iij] [100] de l'affaire de tantôt, et cela se passera avec un peu de caresse[153] que vous lui ferez. Adieu, mon gendre, vous voilà en état de ne vous plus inquiéter. Allez-vous-en faire la paix ensemble, et tâchez de l'apaiser par des excuses de votre emportement.

MADAME DE SOTENVILLE

Vous devez considérer que c'est une jeune fille élevée à la vertu, et qui n'est point accoutumée à se voir soupçonner d'aucune vilaine action. Adieu. Je suis ravie de voir vos désordres[154] finis et des transports de joie que vous doit donner sa conduite.

GEORGE DANDIN[155]   [101]

Je ne dis mot. Car je ne gagnerais rien à parler, et jamais il ne s'est rien vu d'égal à ma disgrâce[156]. Oui, j'admire[157] mon malheur, et la subtile adresse de ma carogne de femme pour se donner toujours raison, et me faire avoir tort. Est-il possible que toujours j'aurai du dessous avec elle ; que les apparences toujours tourneront contre moi, et que je ne parviendrai point à convaincre[158] mon effrontée ? Ô Ciel ! seconde mes desseins, et m'accorde la grâce de faire voir aux gens que l'on me déshonore.

---

153 Démonstration d'affection.
154 *Désordre* : démêlé, querelle.
155 Il est désormais seul sur la scène pour son monologue.
156 *Disgrâce* : malheur, infortune.
157 *Admirer* : considérer avec surprise, avec stupeur.
158 *Convaincre* : faire apparaître comme coupable.

ACTE III   [I iij] [102]

Scène PREMIÈRE
CLITANDRE, LUBIN

CLITANDRE

La nuit est avancée, et j'ai peur qu'il ne soit trop tard.
Je ne vois point à me conduire[159]. Lubin !

LUBIN

Monsieur ?

CLITANDRE

Est-ce par ici ?

LUBIN   [103]

Je pense que oui. Morgué ! voilà une sotte nuit d'être
si noire que cela.

CLITANDRE

Elle a tort assurément. Mais si d'un côté elle nous
empêche de voir, elle empêche de l'autre que nous ne
soyons vus.

LUBIN

Vous avez raison. Elle n'a pas tant de tort. Je voudrais
bien savoir, Monsieur, vous qui êtes savant, pourquoi il ne
fait point jour la nuit.

CLITANDRE

C'est une grande question, et qui est difficile. Tu es
curieux, Lubin.

---

159 Rien ni personne ne me guide dans la nuit.

LUBIN   [I iiii] [104]

Oui. Si j'avais étudié, j'aurais été songer à des choses
où on n'a jamais songé.

CLITANDRE

Je le crois. Tu as la mine d'avoir l'esprit subtil et
pénétrant.

LUBIN

Cela est vrai. Tenez. J'explique du latin, quoique jamais
je ne l'aie appris, et voyant l'autre jour écrit sur une grande
porte *Collegium*, je devinai que cela voulait dire collège.

CLITANDRE

Cela est admirable ! tu sais donc lire, Lubin ?

LUBIN   [105]

Oui. Je sais lire la lettre moulée[160], mais je n'ai jamais
su apprendre à lire l'écriture.

CLITANDRE

Nous voici contre la maison[161]. C'est le signal que m'a
donné Claudine.

LUBIN

Par ma foi, c'est une fille qui vaut de l'argent et je l'aime
de tout mon cœur.

CLITANDRE

Aussi t'ai-je amené avec moi pour l'entretenir.

---

160 La *lettre moulée* est la lettre imprimée, qui s'oppose à la lettre manuscrite,
     à la main, à ce que Lubin appelle *l'écriture*.
161 La didascalie de 1734 est nécessaire : « *Après avoir frappé dans ses mains* » :
     c'est le *signal* convenu entre Claudine et Lubin.

LUBIN

Monsieur, je vous suis…

CLITANDRE

Chut ! J'entends quelque bruit.

Scène 2   [106]

ANGÉLIQUE, CLAUDINE, CLITANDRE, LUBIN[162]

ANGÉLIQUE

Claudine.

CLAUDINE

Eh bien ?

ANGÉLIQUE

Laisse la porte entrouverte.

CLAUDINE

Voilà qui est fait.

CLITANDRE

Ce sont elles. St.

ANGÉLIQUE   [107]

St.

---

162 Commence une scène de nuit, où les acteurs se cherchent les uns les
autres et où les confusions se multiplient : Clitandre prend Claudine
pour Angélique ; Angélique prend Lubin pour Clitandre ; Lubin prend
Angélique pour Claudine ; Claudine prend Clitandre pour Lubin. On
se trompe et on se heurte, avant de se reconnaître. – Toutes ces scènes
de nuit, avec leurs quiproquos successifs, font inévitablement penser
au dernier acte du *Mariage de Figaro* ; Beaumarchais s'est certainement
souvenu de Molière.

LUBIN

St.

CLAUDINE

St.

CLITANDRE, *à Claudine.*

Madame.

ANGÉLIQUE, *à Lubin.*

Quoi ?

LUBIN, *à Angélique.*

Claudine.

CLAUDINE, *à Clitandre.*

Qu'est-ce ?

CLITANDRE, *à Claudine.*

Ah ! Madame, que j'ai de joie !

LUBIN, *à Angélique.*   [108]

Claudine, ma pauvre Claudine.

CLAUDINE, *à Clitandre.*

Doucement, Monsieur.

ANGÉLIQUE, *à Lubin.*

Tout beau, Lubin.

CLITANDRE

Est-ce toi, Claudine ?

CLAUDINE

Oui.

LUBIN

Est-ce vous, Madame ?

ANGÉLIQUE

Oui.

CLAUDINE

Vous avez pris l'une pour l'autre.

LUBIN   [109]

Ma foi, la nuit on n'y voit goutte.

ANGÉLIQUE

Est-ce pas vous[163], Clitandre ?

CLITANDRE

Oui, Madame.

ANGÉLIQUE

Mon mari ronfle comme il faut, et j'ai pris ce temps
pour nous entretenir ici.

CLITANDRE

Cherchons quelque lieu pour nous asseoir.

CLAUDINE

C'est fort bien avisé.
     Ils vont s'asseoir au fond du théâtre[164].

LUBIN

Claudine, où est-ce que tu es ?

---

163 N'est-ce pas vous.
164 « […] *sur un gazon, au pied d'un arbre* », ajoute la didascalie de 1682.

Scène 3   [K] [110]

GEORGE DANDIN, LUBIN

GEORGE DANDIN

J'ai entendu descendre ma femme, et je me suis vite habillé pour descendre après elle. Où peut-elle être allée ? serait-elle sortie ?

LUBIN[165]

Il prend George Dandin pour Claudine.

Où es-tu donc, Claudine ? Ah ! te voilà. Par ma foi, ton maître est plaisamment attrapé, et je trouve ceci aussi drôle que les coups de bâton [111] de tantôt[166] dont on m'a fait récit. Ta maîtresse dit qu'il ronfle à cette heure comme tous les diantres[167], et il ne sait pas que Monsieur le vicomte et elle sont ensemble pendant qu'il dort. Je voudrais bien savoir quel songe il fait maintenant. Cela est tout à fait risible ! De quoi s'avise-t-il aussi d'être jaloux de sa femme, et de vouloir qu'elle soit à lui tout seul ? C'est un impertinent[168], et Monsieur le vicomte lui fait trop d'honneur. Tu ne dis mot, Claudine. Allons, suivons-les, et me donne ta petite menotte que je la baise. Ah ! que cela est doux ! [K iij] [112] il me semble que je mange des confitures.

Comme il baise la main de Dandin,
Dandin la lui pousse rudement au visage.

Tubleu[169] ! comme vous y allez. Voilà une petite menotte qui est un peu bien rude.

---

165 Lubin est toujours à la recherche de Claudine.
166 Les coups de bâton prétendument assénés par Angélique à Clitandre mais qui atteignirent en réalité Dandin.
167 Comme tous les diables.
168 Un *impertinent* agit mal à propos ; c'est un sot.
169 Toujours l'euphémisme pour *Tudieu*.

GEORGE DANDIN

Qui va là ?

LUBIN

Personne.

GEORGE DANDIN

Il fuit, et me laisse informé de la nouvelle perfidie de
ma coquine. Allons, il faut que sans tarder, j'envoie appeler
son père et sa mère, et que cette aventure me serve à me
faire séparer d'elle. Holà ! Colin, Colin !

Scène 4   [113]
COLIN, GEORGE DANDIN[170]

COLIN, *à la fenêtre.*

Monsieur.

GEORGE DANDIN

Allons, vite, ici-bas.

COLIN, *en sautant par la fenêtre.*

M'y voilà. On ne peut pas plus vite.

GEORGE DANDIN

Tu es là ?

COLIN   [K iij] [114]

Oui, Monsieur.

---

170 Angélique, Clitandre, Claudine et Lubin restent assis au fond du théâtre.

Pendant qu'il lui va[171] *parler d'un côté, Colin va de l'autre*[172].
Doucement. Parle bas. Écoute. Va-t'en chez mon beau-père, et ma belle-mère, et dis que je les prie très instamment de venir tout à l'heure[173] ici. Entends-tu ? Eh ? Colin, Colin.

COLIN, de l'autre côté.

Monsieur.

GEORGE DANDIN

Où diable es-tu ?

COLIN

Ici.

GEORGE DANDIN   [115]

Comme ils se vont tous deux chercher,
l'un passe d'un côté, et l'autre de l'autre.
Peste soit du maroufle qui s'éloigne de moi. Je te dis que tu ailles de ce pas trouver mon beau-père, et ma belle-mère, et leur dire que je les conjure de se rendre ici tout à l'heure. M'entends-tu bien ? Réponds. Colin, Colin ?

COLIN, de l'autre côté.

Monsieur.

GEORGE DANDIN

Voilà un pendard qui me fera enrager, viens t'en à moi.
Ils se cognent.

---

171 L'original *les voit parler* est évidemment fautif ; il faut corriger. 1682 a *va lui parler*.

172 Nouveau jeu de cache-cache, avec recherches infructueuses et heurts. Les didascalies de 1734 compliquent même le jeu : Colin s'endort, se réveille, se rendort, avant que son maître ne l'attrape.

173 *Tout à l'heure* : sur le champ, maintenant.

Ah ! le traître ! il m'a estro[K iiij] [116]pié. Où est-ce
que tu es ? Approche que je te donne mille coups. Je pense
qu'il me fuit.

COLIN

Assurément.

GEORGE DANDIN

Veux-tu venir ?

COLIN

Nenni, ma foi.

GEORGE DANDIN

Viens, te dis-je.

COLIN

Point, vous me voulez battre.

GEORGE DANDIN

Eh bien ! non. Je ne te ferai rien.

COLIN

Assurément ?

GEORGE DANDIN   [117]

Oui. Approche. Bon. Tu es bien heureux de ce que j'ai
besoin de toi. Va-t'en vite de ma part prier mon beau-père
et ma belle-mère de se rendre ici le plus tôt qu'ils pourront, et leur dis que c'est pour une affaire de la dernière
conséquence. Et s'ils faisaient quelque difficulté à cause
de l'heure, ne manque pas de les presser, et de leur bien
faire entendre qu'il est très important qu'ils viennent, en
quelque état qu'ils soient. Tu m'entends bien maintenant ?

COLIN

Oui, Monsieur.

GEORGE DANDIN   [118]

Va vite, et reviens de même. Et moi je vais rentrer dans ma maison attendant que… Mais j'entends quelqu'un. Ne serait-ce point ma femme ? Il faut que j'écoute et me serve de l'obscurité qu'il fait.

Scène 5

CLITANDRE, ANGÉLIQUE,
GEORGE DANDIN, CLAUDINE, LUBIN

ANGÉLIQUE

Adieu. Il est temps de se retirer.

CLITANDRE   [119]

Quoi, si tôt ?

ANGÉLIQUE

Nous nous sommes assez entretenus.

CLITANDRE

Ah ! Madame, puis-je assez vous entretenir, et trouver en si peu de temps toutes les paroles dont j'ai besoin ? Il me faudrait des journées entières pour me bien expliquer à vous de[174] tout ce que je sens ; et je ne vous ai pas dit encore la moindre partie de ce que j'ai à vous dire.

ANGÉLIQUE

Nous en écouterons une autre fois davantage.

---

174 *S'expliquer de* : déclarer.

CLITANDRE   [120]

Hélas ! de quel coup me percez-vous l'âme, lorsque vous parlez de vous retirer, et avec combien de chagrins m'allez-vous laisser maintenant ?

ANGÉLIQUE

Nous trouverons moyen de nous revoir.

CLITANDRE

Oui. Mais je songe qu'en me quittant, vous allez trouver un mari. Cette pensée m'assassine, et les privilèges qu'ont les maris sont des choses cruelles pour un amant qui aime bien.

ANGÉLIQUE

Serez-vous assez fort[175] pour [121] avoir cette inquiétude, et pensez-vous qu'on soit capable d'aimer de certains maris qu'il y a ? On les prend, parce qu'on ne s'en peut défendre, et que l'on dépend de parents qui n'ont des yeux que pour le bien, mais on sait leur rendre justice, et l'on se moque fort de les considérer au-delà de ce qu'ils méritent.

GEORGE DANDIN[176]

Voilà nos carognes de femmes.

CLITANDRE

Ah ! qu'il faut avouer que celui qu'on vous a donné était peu digne de l'honneur [L] [122] qu'il a reçu, et que c'est une étrange[177] chose que l'assemblage qu'on a fait d'une personne comme vous avec un homme comme lui.

---

175 Ce *fort* est difficile à comprendre, même ironiquement. 1682 donne *faible*, plus immédiatement compréhensible. On a aussi proposé *fol*, altéré à la composition en *fort*, ce qui est vraisemblable.

176 À part.

177 *Étrange* : scandaleux.

GEORGE DANDIN, *à part.*

Pauvres maris! Voilà comme on vous traite.

CLITANDRE

Vous méritez sans doute une toute autre destinée, et le Ciel ne vous a point faite pour être la femme d'un paysan.

GEORGE DANDIN

Plût au Ciel! Fût-elle la tienne, tu[178] changerais bien de langage. Rentrons. C'en est assez.

Il entre, et ferme la porte.

CLAUDINE   [123]

Madame, si vous avez à dire du mal de votre mari, dépêchez vite, car il est tard.

CLITANDRE

Ah! Claudine, que tu es cruelle!

ANGÉLIQUE

Elle a raison. Séparons-nous.

CLITANDRE

Il faut donc s'y résoudre puisque vous le voulez. Mais au moins je vous conjure de me plaindre un peu des méchants[179] moments que je vais passer.

ANGÉLIQUE

Adieu.

---

178 Certaines éditions anciennes ponctuent autrement : *Plût au Ciel fût-elle la tienne! tu.* Le sens ne semble pas faire de doute, de toute façon : je souhaiterais qu'Angélique fût ta femme, et tu changerais bien alors de langage.

179 *Méchant* : mauvais, malheureux.

LUBIN   [L ij] [124]
Où es-tu, Claudine, que je te donne le bonsoir.

CLAUDINE
Va, va, je le reçois de loin, et je t'en renvoie autant.

Scène 6
ANGÉLIQUE, CLAUDINE, GEORGE DANDIN

ANGÉLIQUE
Rentrons sans faire de bruit.

CLAUDINE
La porte s'est fermée.

ANGÉLIQUE   [125]
J'ai le passe-partout.

CLAUDINE
Ouvrez donc doucement.

ANGÉLIQUE
On a fermé en dedans, et je ne sais comment nous ferons.

CLAUDINE
Appelez le garçon qui couche là.

ANGÉLIQUE
Colin, Colin, Colin.

GEORGE DANDIN,
mettant la tête à la fenêtre.

Colin, Colin ? Ah ! je vous y prends donc, Madame
ma femme, et vous faites des *escampativos*[180] pendant que
je dors. Je suis bien aise de ce[L iij][126]la, et de vous voir
dehors à l'heure qu'il est.

ANGÉLIQUE

Eh bien ! quel grand mal est ce qu'il y a à prendre le
frais de la nuit ?

GEORGE DANDIN

Oui, oui. L'heure est bonne à prendre le frais. C'est
bien plutôt le chaud, Madame la coquine ; et nous savons
toute l'intrigue du rendez-vous, et du damoiseau. Nous
avons entendu votre galant entretien, et les beaux vers à
ma louange[181] que vous avez dits l'un et l'autre. Mais ma
consolation c'est que je vais être vengé, et que votre [127]
père et votre mère seront convaincus maintenant de la justice
de mes plaintes, et du dérèglement de votre conduite. Je
les ai envoyé quérir, et ils vont être ici dans un moment.

ANGÉLIQUE

Ah ! Ciel !

CLAUDINE

Madame.

---

180 Pour Littré, *faire des escampativos* c'est s'échapper furtivement ; *escampa-*
   tivos est, selon son étymologie, « une forme burlesque tirée d'escamper
   [se retirer, s'enfuir], ou peut être du latin macaronique *escampate vos* ».
   Furetière connaît la forme *escampatinos*.
181 Expression proverbiale et ironique. *Montrer à quelqu'un des vers à sa*
   louange c'est lui montrer un écrit injurieux pour lui. George Dandin a
   entendu les paroles de mépris prononcées par Angélique et Clitandre à
   son endroit.

GEORGE DANDIN

Voilà un coup sans doute où ne vous ne vous attendiez pas. C'est maintenant que je triomphe, et j'ai de quoi mettre à bas votre orgueil, et détruire vos artifices. Jusques ici vous avez joué[182] mes accusa[128]tions, ébloui[183] vos parents et plâtré[184] vos malversations[185]. J'ai eu beau voir, et beau dire, et votre adresse toujours l'a emporté sur mon bon droit, et toujours vous avez trouvé moyen d'avoir raison. Mais à cette fois, Dieu merci, les choses vont être éclaircies, et votre effronterie sera pleinement confondue.

ANGÉLIQUE

Hé ! je vous prie, faites-moi ouvrir la porte.

GEORGE DANDIN

Non, non, il faut attendre la venue de ceux que j'ai mandés[186], et je veux qu'ils vous trouvent dehors à la belle heu[129]re qu'il est. En attendant qu'ils viennent, songez si vous voulez, à chercher dans votre tête quelque nouveau détour pour vous tirer de cette affaire. À inventer quelque moyen de rhabiller votre escapade. À trouver quelque belle ruse pour éluder[187] ici les gens et paraître innocente. Quelque prétexte spécieux de pèlerinage nocturne ou d'amie en travail d'enfant que vous veniez de secourir.

---

182 Vous vous êtes moqué de.
183 *Éblouir* : tromper, séduire par des moyens fallacieux.
184 *Plâtrer* : déguiser, masquer.
185 Au sens propre, des *malversations* sont des détournements d'argent, de fonds ; c'est par extension que le mot désigne ici des fautes, des mauvaises actions. George Dandin, le paysan enrichi, ne pourrait-il se séparer du vocabulaire de l'argent et du droit ?
186 *Mander* : faire venir.
187 *Éluder* : tromper, mystifier.

ANGÉLIQUE

Non, mon intention n'est pas de vous rien déguiser[188]. Je ne prétends point me défendre, ni vous nier les choses, puisque vous les savez.

GEORGE DANDIN   [130]

C'est que vous voyez bien que tous les moyens vous en sont fermés, et que dans cette affaire vous ne sauriez inventer d'excuse qu'il ne me soit facile de convaincre de fausseté.

ANGÉLIQUE

Oui. Je confesse que j'ai tort, et que vous avez sujet de vous plaindre. Mais je vous demande par grâce de ne m'exposer point maintenant à la mauvaise humeur de mes parents, et de me faire promptement ouvrir.

GEORGE DANDIN

Je vous baise les mains.

ANGÉLIQUE   [131]

Eh ! mon pauvre petit mari. Je vous en conjure.

GEORGE DANDIN

Ah ! mon pauvre petit mari ? Je suis votre petit mari maintenant, parce que vous vous sentez prise. Je suis bien aise de cela, et vous ne vous étiez jamais avisée de me dire de ces douceurs.

ANGÉLIQUE

Tenez. Je vous promets de ne vous plus donner aucun sujet de déplaisir, et de me…

---

188 De vous déguiser quoi que ce soit (*rien* : quelque chose).

GEORGE DANDIN

Tout cela n'est rien. Je ne veux point perdre cette aventure[189], et il m'importe qu'on [132] soit une fois éclairci à fond de vos déportements.

ANGÉLIQUE

De grâce, laissez-moi vous dire. Je vous demande un moment d'audience[190].

GEORGE DANDIN

Eh bien ! quoi ?

ANGÉLIQUE

Il est vrai que j'ai failli, je vous l'avoue encore une fois ; et que votre ressentiment est juste. Que j'ai pris le temps de sortir pendant que vous dormiez, et que cette sortie est un rendez-vous que j'avais donné à la personne que vous dites. Mais enfin ce sont des actions que vous [133] devez pardonner à mon âge ; des emportements de jeune personne qui n'a encore rien vu, et ne fait que d'entrer au monde[191]. Des libertés où l'on s'abandonne sans y penser de mal, et qui sans doute dans le fond n'ont rien de...

GEORGE DANDIN

Oui vous le dites, et ce sont de ces choses qui ont besoin qu'on les croie pieusement.

ANGÉLIQUE

Je ne veux point m'excuser par là d'être coupable envers vous, et je vous prie seulement d'oublier une offense, dont je

---

189 *Aventure* : ce qui arrive, événement, circonstance, ici une chance pour Dandin.
190 *Audience* : attention prêtée à celui qui parle.
191 D'entrer dans le monde.

vous demande pardon de tout mon cœur ; et de m'é[M][134] pargner en cette rencontre le déplaisir que me pourraient causer les reproches fâcheux de mon père et de ma mère. Si vous m'accordez généreusement la grâce que je vous demande, ce procédé obligeant, cette bonté que vous me ferez voir, me gagnera entièrement. Elle touchera tout à fait mon cœur, et y fera naître pour vous ce que tout le pouvoir de mes parents et les liens du mariage n'avaient pu y jeter. En un mot, elle sera cause que je renoncerai à toutes les galanteries, et n'aurai de l'attachement que pour vous. Oui, je vous donne ma [135] parole que vous m'allez voir désormais la meilleure femme du monde, et que je vous témoignerai tant d'amitié, tant d'amitié que vous en serez satisfait.

GEORGE DANDIN

Ah ! crocodile qui flatte les gens pour les étrangler[192].

ANGÉLIQUE

Accordez-moi cette faveur.

GEORGE DANDIN

Point d'affaires. Je suis inexorable.

ANGÉLIQUE

Montrez-vous généreux.

GEORGE DANDIN

Non.

ANGÉLIQUE

De grâce.

---

192 Selon la fable, le *crocodile* pleurait pour attirer les passants et les tuait en versant des pleurs (les larmes de crocodile) ; c'est un modèle d'hypocrisie.

GEORGE DANDIN   [M ij] [136]

Point.

ANGÉLIQUE

Je vous en conjure de tout mon cœur.

GEORGE DANDIN

Non, non, non. Je veux qu'on soit détrompé de vous,
et que votre confusion éclate.

ANGÉLIQUE

Eh bien ! si vous me réduisez au désespoir, je vous avertis
qu'une femme en cet état est capable de tout, et que je ferai
quelque chose ici dont vous vous repentirez.

GEORGE DANDIN

Et que ferez-vous, s'il vous plaît ?

ANGÉLIQUE   [137]

Mon cœur se portera jusqu'aux extrêmes résolutions, et
de ce couteau que voici je me tuerai sur la place.

GEORGE DANDIN

Ah ! ah ! à la bonne heure.

ANGÉLIQUE

Pas tant à la bonne heure pour vous, que vous vous
imaginez. On sait de tous côtés nos différends, et les chagrins[193] perpétuels que vous concevez contre moi. Lorsqu'on
me trouvera morte, il n'y aura personne qui mette en doute
que ce ne soit vous qui m'aurez tuée ; et mes parents ne
sont pas gens assu[M iij][138]rément à laisser cette mort

---

193 *Chagrin* : colère, irritation.

impunie, et ils en feront sur votre personne toute la punition que leur pourront offrir, et les poursuites de la justice, et la chaleur de leur ressentiment. C'est par là que je trouverai moyen de me venger de vous, et je ne suis pas la première qui ait su recourir à de pareilles vengeances, qui n'ait pas fait difficulté de se donner la mort, pour perdre ceux qui ont la cruauté de nous pousser à la dernière extrémité.

GEORGE DANDIN

Je suis votre valet[194]. On ne s'avise plus de se tuer soi-mê[139]me, et la mode en est passée il y a longtemps.

ANGÉLIQUE

C'est une chose dont vous pouvez vous tenir sûr, et si vous persistez dans votre refus, si vous ne me faites ouvrir, je vous jure que tout à l'heure[195], je vais vous faire voir jusques où peut aller la résolution d'une personne qu'on met au désespoir.

GEORGE DANDIN

Bagatelles, bagatelles. C'est pour me faire peur.

ANGÉLIQUE

Eh bien ! puisqu'il le faut, voici qui nous contentera tous deux, et montrera si je me [M iiij] [140] moque[196]. Ah ! c'en est fait. Fasse le Ciel que ma mort soit vengée comme je le souhaite, et que celui qui en est cause, reçoive un juste châtiment de la dureté qu'il a eue pour moi.

---

194 Toujours la formule de dénégation.
195 À l'instant.
196 Angélique fait ici semblant de se tuer.

GEORGE DANDIN

Ouais ! serait-elle bien malicieuse[197] que de s'être tuée pour me faire pendre ? Prenons un bout de chandelle pour aller voir.

ANGÉLIQUE

St. Paix. Rangeons-nous chacune immédiatement contre un des côtés de la porte.

GEORGE DANDIN

La méchanceté d'une fem[141]me irait-elle bien jusques là ?

Il sort avec un bout de chandelle sans les apercevoir ;
elles entrent ; aussitôt elles ferment la porte.

Il n'y a personne. Eh ! je m'en étais bien douté, et la pendarde s'est retirée, voyant qu'elle ne gagnait rien après moi[198], ni par prières ni par menaces. Tant mieux, cela rendra ses affaires encore plus mauvaises, et le père et la mère qui vont venir en verront mieux son crime. Ah ! ah ! la porte s'est fermée. Holà ! ho ! quelqu'un ! Qu'on m'ouvre promptement.

ANGÉLIQUE,
à la fenêtre avec Claudine.

Comment, c'est toi ! d'où viens-tu, bon pendard ? est-il [142] l'heure de revenir chez soi, quand le jour est prêt de paraître, et cette manière de vie est-elle celle que doit suivre un honnête mari ?

---

197 *Malicieux* : méchant, malfaisant, pervers. Comprendre : serait-elle assez *malicieuse* pour s'être tuée. Tandis qu'il se prépare à sortir, Angélique se place discrètement près de la porte avec Claudine.
198 *Gagner après moi* : l'emporter sur moi.

CLAUDINE

Cela est-il beau d'aller ivrogner toute la nuit ? et de laisser ainsi toute seule une pauvre jeune femme dans la maison ?

GEORGE DANDIN

Comment vous avez...

ANGÉLIQUE

Va, va, traître, je suis lasse de tes déportements, et je m'en veux plaindre sans plus tarder à mon père et à ma mère.

GEORGE DANDIN   [143]

Quoi, c'est ainsi que vous osez...

Scène 7

MONSIEUR et MADAME DE SOTENVILLE, COLIN,
CLAUDINE, ANGÉLIQUE, GEORGE DANDIN
*Monsieur et Madame de Sotenville sont en habits de nuit
et conduits par Colin, qui porte une lanterne.*

ANGÉLIQUE

Approchez[199] de grâce, et venez me faire raison[200] de l'insolence la plus grande du monde, d'un mari à qui le vin et la jalousie ont troublé de [144] telle sorte la cervelle, qu'il ne sait plus ni ce qu'il dit, ni ce qu'il fait, et vous a lui-même envoyé quérir pour vous faire témoins[201] de l'extravagance la plus étrange[202] dont on ait jamais ouï parler. Le voilà qui revient comme vous voyez, après s'être fait attendre toute la nuit, et si vous voulez l'écouter, il vous dira qu'il

---

199 Angélique s'adresse à ses parents.
200 Venez me rendre justice.
201 L'original *témoin* doit être mis au pluriel.
202 La plus scandaleuse.

a les plus grandes plaintes du monde à vous faire de moi ;
que durant qu'il dormait, je me suis dérobée d'auprès de
lui pour m'en aller courir, et cent autres contes de même
nature qu'il est allé rêver.

GEORGE DANDIN[203]   [147]
Voilà une méchante carogne.

CLAUDINE
Oui, il nous a voulu faire accroire qu'il était dans la
maison, et que nous en étions dehors, et c'est une folie
qu'il n'y a pas moyen de lui ôter de la tête.

MONSIEUR DE SOTENVILLE
Comment, qu'est-ce à dire cela ?

MADAME DE SOTENVILLE
Voilà une furieuse impudence que de nous envoyer quérir.

GEORGE DANDIN
Jamais…

ANGÉLIQUE
Non, mon, père, je ne puis plus souffrir un mari de la
sorte. Ma patience est poussée à bout, et il vient de me
dire cent paroles injurieuses.

MONSIEUR DE SOTENVILLE[204]
Corbleu ! vous êtes un malhonnête homme.

---

203 En *a parte*.
204 À George Dandin.

CLAUDINE[205]   [N] [148]

C'est une conscience de[206] voir une pauvre jeune femme traitée de la façon[207], et cela crie vengeance au Ciel.

GEORGE DANDIN

Peut-on…

MADAME DE SOTENVILLE

Ah! vous devriez mourir de honte.

GEORGE DANDIN

Laissez-moi vous dire deux mots.

ANGÉLIQUE

Vous n'avez qu'à l'écouter, il va vous en conter de belles.

GEORGE DANDIN

Je désespère[208].

CLAUDINE

Il a tant bu, que je ne pense pas qu'on puisse durer contre lui[209], et l'odeur du vin qu'il souffle est montée jusqu'à nous.

GEORGE DANDIN

Monsieur mon beau-père, je vous conjure…

---

205 Dans l'original, le nom de l'interlocuteur a sauté. Certains attribuent la réplique à Claudine, comme je le fais, d'autres à Angélique, ce qui est également possible.

206 *C'est conscience de* : avoir scrupule de. Comprendre : c'est une faute de voir la situation d'Angélique sans rien faire, sans vouloir que vengeance en soit faite.

207 De cette façon.

208 Encore un aparté.

209 Tenir en restant près de lui.

MONSIEUR DE SOTENVILLE   [149]

Retirez-vous. Vous puez le vin à pleine bouche.

GEORGE DANDIN

Madame, je vous prie…

MADAME DE SOTENVILLE

Fi ! ne m'approchez pas. Votre haleine est empestée.

GEORGE DANDIN

Souffrez[210] que je vous…

MONSIEUR DE SOTENVILLE

Retirez-vous, vous dis-je. On ne peut vous souffrir.

GEORGE DANDIN

Permettez de grâce que…

MADAME DE SOTENVILLE

Pouah ! vous m'engloutissez le cœur[211]. Parlez de loin, si vous voulez.

GEORGE DANDIN

Eh bien ! oui, je parle de loin. Je vous jure que je n'ai bougé de chez moi, et que c'est elle qui est sortie.

ANGÉLIQUE

Ne voilà pas[212] ce que je vous ai dit ?

---

210 *Souffrir* : supporter, tolérer.
211 Vous me noyez le cœur de dégoût, vous m'écœurez profondément.
212 Ne voilà-t-il pas.

CLAUDINE   [N ii] [150]

Vous voyez quelle apparence[213] il y a.

MONSIEUR DE SOTENVILLE

Allez. Vous vous moquez des gens. Descendez, ma fille, et venez ici.

GEORGE DANDIN

J'atteste le Ciel que j'étais dans la maison, et que…

MADAME DE SOTENVILLE

Taisez-vous, c'est une extravagance qui n'est pas supportable.

GEORGE DANDIN

Que la foudre m'écrase tout à l'heure, si…

MONSIEUR DE SOTENVILLE

Ne nous rompez pas davantage la tête et songez à demander pardon à votre femme.

GEORGE DANDIN

Moi, demander pardon ?

MONSIEUR DE SOTENVILLE

Oui, pardon, et sur le champ.

GEORGE DANDIN

Quoi, je…

---

213 *Apparence* : possibilité, vraisemblance.

MONSIEUR DE SOTENVILLE   [151]

Corbleu ! si vous me répliquez, je vous apprendrai ce que c'est que de vous jouer à²¹⁴ nous.

GEORGE DANDIN

Ah ! George Dandin²¹⁵ !

MONSIEUR DE SOTENVILLE

Allons, venez ma fille, que votre mari vous demande pardon.

ANGÉLIQUE, *descendue.*

Moi ? lui pardonner tout ce qu'il m'a dit ? Non, non, mon père, il m'est impossible de m'y résoudre, et je vous prie de me séparer d'un mari avec lequel je ne saurais plus vivre.

CLAUDINE

Le moyen d'y résister ?

MONSIEUR DE SOTENVILLE

Ma fille, de semblables séparations ne se font point sans grand scandale, et vous devez vous montrer plus sage que lui, et patienter²¹⁶ encore cette fois.

ANGÉLIQUE   [N iij] [152]

Comment patienter après de telles indignités ? non, mon père, c'est une chose où je ne puis consentir.

MONSIEUR DE SOTENVILLE

Il le faut, ma fille, et c'est moi qui vous le commande.

---

214 *Se jouer à* : s'en prendre à, se frotter à.
215 Assurément en aparté.
216 *Patienter* : prendre patience.

ANGÉLIQUE

Ce mot me ferme la bouche, et vous avez sur moi une puissance absolue.

CLAUDINE

Quelle douceur !

ANGÉLIQUE

Il est fâcheux d'être contrainte d'oublier de telles injures, mais quelle violence que je me fasse[217], c'est à moi de vous obéir.

CLAUDINE

Pauvre mouton !

MONSIEUR DE SOTENVILLE

Approchez.

ANGÉLIQUE

Tout ce que vous me faites faire ne servira de rien, et vous verrez que ce sera dès demain à recommencer.

MONSIEUR DE SOTENVILLE

Nous y donnerons ordre. Allons, met[153]tez-vous à genoux[218].

GEORGE DANDIN

À genoux ?

---

217 Quelle que soit la violence que je me fasse.
218 Georges Couton fait remarquer à bon escient que l'humiliation finale de Dandin rappelle le déroulement de *l'amende honorable*, où le condamné devait aller, en chemise, la torche au poing et la corde au cou, demander pardon à Dieu, au roi et à la justice de sa mauvaise action.

MONSIEUR DE SOTENVILLE

Oui, à genoux, et sans tarder.

GEORGE DANDIN
Il se met à genoux[219].

Ô Ciel ! Que faut-il dire ?

MONSIEUR DE SOTENVILLE

« Madame, je vous prie de me pardonner. »

GEORGE DANDIN

« Madame, je vous prie de me pardonner. »

MONSIEUR DE SOTENVILLE

« L'extravagance que j'ai faite. »

GEORGE DANDIN

« L'extravagance que j'ai faite. » (*À part.*) De vous épouser.

MONSIEUR DE SOTENVILLE

« Et je vous promets de mieux vivre à l'avenir. »

GEORGE DANDIN

« Et je vous promets de mieux vivre à l'avenir. »

MONSIEUR DE SOTENVILLE

Prenez-y garde, et sachez que c'est ici la dernière de vos impertinences que nous souffrirons.

MADAME DE SOTENVILLE   [155]

Jour de Dieu, si vous y retournez, on vous apprendra le respect que vous devez à votre femme, et à ceux de qui elle sort.

---

219 « […] *sa chandelle à la main* », ajoute 1682.

MONSIEUR DE SOTENVILLE

Voilà le jour qui va paraître. Adieu. Rentrez chez vous, et songez bien à être sage. Et nous, mamour, allons nous mettre au lit.

Scène 8

GEORGE DANDIN

Ah ! je le quitte[220] maintenant, et je n'y vois plus de remède ; lorsqu'on a comme moi épousé une méchante femme, le meilleur parti qu'on puisse prendre, c'est de s'aller jeter dans l'eau la tête la première[221].

FIN.

---

220 Je renonce.
221 Comme les bergers amoureux désespérés de la pastorale, ce qui produit un effet burlesque !

ANNEXES

Nous publions ci-après les deux relations conséquentes de la fête de Versailles, celle de Félibien, puis celle de Montigny.

RELATION DE FÉLIBIEN

André Félibien est bien connu des historiens des arts. Il fut l'un des premiers membres, en 1663, de l'Académie des inscriptions et belles-lettres ; en 1666, Colbert le fit nommer historiographe des bâtiments du roi, des peintures, sculptures et arts et manufactures royales ; en 1671, il fut choisi comme secrétaire de l'Académie royale d'architecture, nouvellement fondée. Son œuvre la plus connue est constituée par les cinq volumes des Entretiens sur les vies et sur les ouvrages des plus excellents peintres anciens et modernes ; *mais il s'intéressa aux autres arts (sculpture, architecture). On lui doit aussi* Description sommaire du château de Versailles, *en 1674.*

La relation qu'on va lire manifeste, chez cet amateur et historien de l'art, la précision, la volonté d'exhaustivité même, le goût aussi et une grande intelligence des phénomènes décrits avec sensibilité. La comparaison avec la relation de Montigny est intéressante.

La Relation de la fête de Versailles *fut publiée par Pierre Le Petit, sans nom d'auteur, en 1668, en un in-4 de 60 pages, les cinq planches gravées par Lepautre [la collation; la* Fête de l'Amour et de Bacchus, *comédie en musique; le festin; la salle du bal; les illuminations du palais et des jardins] étant distribuées à leur place au fil du texte (BnF, 4 LB 37-601et RES-YF-1227* ; numérisée : NUMM-83263 *et NUMM-72547. Autres exemplaires aux Arts du spectacle et à l'Arsenal). Une nouvelle édition, en 1679, in-fol., donne le nom de l'auteur et les cinq planches de Lepautre.*

RELATION
DE LA FÊTE
DE VERSAILLES

Du dix-huitième juillet mil six cent soixante-huit

A PARIS,

Chez Pierre Le PETIT, Imprimeur & Libraire ordinaire
Du Roy, ruë S. Iacques, à la Croix d'Or.

M. DC. LXVIII

Avec Privilège de Sa Majesté

Du dix-huitième juillet mil six cent soixante-huit
par Félibien

Le roi ayant accordé la paix[1] aux instances de ses alliés et aux vœux de toute l'Europe, et donné des marques d'une modération et d'une bonté sans exemple, même dans le plus fort de ses conquêtes, ne pensait plus qu'à s'appliquer aux affaires de son royaume, lorsque, pour réparer en quelque sorte ce que la cour avait perdu dans le carnaval pendant [A ij] [4] son absence, il résolut de faire une fête dans les jardins de Versailles où, parmi les plaisirs que l'on trouve dans un séjour si délicieux, l'esprit fût encore touché de ces beautés surprenantes et extraordinaires dont ce grand prince sait si bien assaisonner tous ses divertissements.

Pour cet effet, voulant donner la comédie[2] ensuite d'une collation, et le souper après la comédie qui fût suivi d'un bal et d'un feu d'artifice, il jeta les yeux sur les personnes qu'il jugea les plus capables pour disposer toutes les choses propres à cela. Il leur marqua lui-même les endroits où la disposition du lieu pouvait par sa beauté naturelle contribuer davantage à leur décoration. Et parce que l'un des plus beaux ornements de cette maison est la quantité des eaux que l'art y a conduites malgré la nature qui les lui avait refusées[3], Sa Majesté leur ordonna de s'en servir le plus qu'ils pourraient à l'embellissement de ces lieux, et même

---

1   Il s'agit du traité d'Aix-la-Chapelle (2 mai 1668) qui mit fin à la guerre de Dévolution.

2   Une représentation théâtrale, qui sera de fait une comédie enchâssée dans une pastorale en musique.

3   On sait les difficultés rencontrées pour l'approvisionnement en eau du jardin de Versailles, situé dans une zone marécageuse, et le souci

leur ouvrit les moyens de les employer et d'en tirer les effets qu'elles peuvent faire.

Pour l'exécution de cette fête le duc de Créquy, comme premier gentilhomme de la chambre, fut chargé de ce qui regardait la comédie ; le maréchal de Bellefond, comme [5] premier maître d'hôtel du roi, prit le soin de la collation, du souper et de tous ce qui regardait le service des tables ; et Monsieur Colbert, comme surintendant des bâtiments, fit construire et embellir les divers lieux destinés à ce divertissement royal, et donna les ordres pour l'exécution des feux d'artifice.

Le sieur Vigarani eut ordre de dresser le théâtre pour la comédie ; le sieur Gissey d'accommoder un endroit pour le souper ; et le sieur Le Vau, premier architecte du roi, un autre pour le bal.

Le mercredi 18e jour de juillet le roi, étant parti de Saint-Germain, vint dîner à Versailles avec la reine, Monseigneur le Dauphin, Monsieur et Madame ; le reste de la cour étant arrivé incontinent[4] après midi, trouva des officiers du roi qui faisaient les honneurs et recevaient tout le monde dans les salles du château, où il y avait en plusieurs endroits des tables dressées et de quoi se rafraîchir ; les principales dames furent conduites dans des chambres particulières pour se reposer.

Sur les six heures du soir, le roi ayant commandé au marquis de Gesvres, capitaine de ses gardes, de faire ouvrir toutes les portes afin qu'il n'y eût personne qui ne prît part au divertisse[A iij][6]ment, sortit du château avec la reine et tout le reste de la cour pour prendre le plaisir de la promenade.

---

constant du roi pour faire venir l'eau, au prix de travaux hydrauliques considérables et répétés.

4   *Incontinent* : aussitôt.

Quand Leurs Majestés eurent fait le tour du grand parterre, elles descendirent dans celui de gazon qui est du côté de la grotte, où après avoir considéré les fontaines qui les embellissent, Elles s'arrêtèrent particulièrement à regarder celle qui est au bas du petit parc du côté de la pompe. Dans le milieu de son bassin l'on voit un dragon de bronze, qui, percé d'une flèche, semble vomir le sang par la gueule, en poussant en l'air un bouillon d'eau qui retombe en pluie, et couvre tout le bassin.

Autour de ce dragon il y a quatre petits Amours sur des cygnes, qui font chacun un grand jet d'eau et qui nagent vers le bord comme pour se sauver. Deux de ces Amours, qui sont en face du dragon, se cachent le visage avec la main pour ne le pas voir, et sur leur visage l'on aperçoit toutes les marques de la crainte parfaitement exprimées. Les deux autres, plus hardis parce que le monstre n'est pas tourné de leur côté, l'attaquent de leurs armes. Entre ces Amours sont des dauphins de bronze dont la gueule ouverte pousse en l'air de gros bouillons d'eau.

[7] Leurs Majestés allèrent ensuite chercher le frais dans ces bosquets si délicieux où l'épaisseur des arbres empêche que le soleil ne se fasse sentir. Lorsqu'Elles furent dans celui dont un grand nombre d'agréables allées forme une espèce de labyrinthe, Elles arrivèrent après plusieurs détours dans un cabinet[5] de verdure pentagone où aboutissent cinq allées. Au milieu de ce cabinet il y a une fontaine dont le bassin est bordé de gazon. De ce bassin sortaient cinq tables en manière de buffets, chargées de toutes les choses qui peuvent composer une collation magnifique.

L'une de ces tables représentait une montagne, où dans plusieurs espèces de cavernes on voyait diverses sortes de

---

5   Espace retiré, délimité et aménagé.

viandes[6] froides ; l'autre était comme la face d'un palais bâti de massepains[7] et pâtes sucrées. Il y en avait une chargée de pyramides de confitures sèches ; une autre d'une infinité de vases remplis de toutes sortes de liqueurs ; et la dernière était composée de caramels. Toutes ces tables, dont les plans étaient ingénieusement formés en divers compartiments, étaient couvertes d'une infinité de choses délicates, et disposées d'une manière toute nouvelle ; leurs pieds et leurs dossiers étaient environnés de [8] feuillages mêlés de festons de fleurs, dont une partie était soutenue par des Bacchantes. Il y avait entre ces tables une petite pelouse de mousse verte qui s'avançait dans le bassin, et sur laquelle on voyait dans un grand vase un oranger dont les fruits étaient confits ; chacun de ces orangers avait à côté de lui deux autres arbres de différentes espèces, dont les fruits étaient pareillement confits.

Du milieu de ces tables s'élevait un jet d'eau de plus de trente pieds[8] de haut, dont la chute faisait un bruit très agréable ; de sorte qu'en voyant tous ces buffets d'une même hauteur joints les uns aux autres par les branches d'arbres et les fleurs dont ils étaient revêtus, il semblait que ce fût une petite montagne du haut de laquelle sortît une fontaine.

La palissade qui fait l'enceinte de ce cabinet était disposée d'une manière toute particulière : le jardinier ayant employé son industrie à bien ployer les branches des arbres et à les lier ensemble en diverses façons, en avait formé une

---

6   *Viande* : aliments ; mais, également au XVIIe siècle, *viande* peut désigner la chair des animaux dont on se nourrit.

7   *Massepain* : « pâtisserie faite d'amandes pilées, de sucre et de blancs d'œufs, colorée, parfumée et façonnée de diverses manières » (*Trésor de la langue française*).

8   Un *pied* correspond à environ 0, 325 m.

espèce d'architecture. Dans le milieu du couronnement on voyait un socle de verdure, sur lequel il y avait un dé[9] qui portait un vase rempli de fleurs. Au côté du dé et sur le même socle étaient deux autres vases de [9] fleurs, et en cet endroit le haut de la palissade, venant doucement s'arrondir en forme de galbe, se terminait aux deux extrémités par deux autres vases aussi remplis de fleurs.

Au lieu de sièges de gazon il y avait tout autour du cabinet des couches[10] de melons, dont la quantité, la grosseur et la bonté était surprenante pour la saison. Ces couches étaient faites d'une manière toute extraordinaire, et à bien considérer la beauté de ce lieu l'on aurait pu dire autrefois que les hommes n'auraient point eu de part à un si bel arrangement, mais que quelques divinités de ces bois auraient employé leurs soins pour l'embellir de la sorte.

Comme il y a cinq allées qui se terminent toutes dans ce cabinet et qui forment une étoile, l'on trouvait ces allées ornées de chacun côté de vingt-six arcades de cyprès. Sous chaque arcade et sur des sièges de gazon il y avait de grands vases remplis de divers arbres chargés de leurs fruits. Dans la première de ces allées il n'y avait que des orangers de Portugal. La seconde était toute de bigarreautiers[11] et de cerisiers mêlés ensemble. La troisième était bordée d'abricotiers et de pêchers. La quatrième de groseilliers de Hollande. Et dans la cinquième [B] [10] l'on ne voyait que des poiriers de différente espèce. Tous ces arbres faisaient un agréable objet à la vue, à cause de leurs fruits qui paraissaient encore davantage contre l'épaisseur du bois.

---

9   *Dé* : terme d'architecture qui désigne la partie cubique d'un piédestal.

10 En horticulture, les *couches* sont des amas de matières organiques diverses qui libèrent de la chaleur pour protéger les plantes. Ici, on imitait des couches de melon.

11 Un *bigarreautier* est un cerisier qui porte la variété de cerise appelée *bigarreau*.

Au bout de ces cinq allées il y a cinq grandes niches de verdure, que l'on voit toutes en face du milieu du cabinet. Ces niches étaient cintrées[12] ; et sur les pilastres des côtés s'élevaient deux rouleaux qui s'allaient joindre à un carré qui était au milieu. Dans ce carré l'on voyait les chiffres[13] du roi composés de différentes fleurs, et des deux côtés pendaient des festons qui s'attachaient à l'extrémité des rouleaux. À côté de la niche il y avait deux arcades aussi de verdure, avec leurs pilastres d'un côté et d'autre ; et tous ces pilastres étaient terminés par des vases remplis de fleurs.

Dans l'une de ces niches était la figure du dieu Pan, qui ayant sur le visage toutes les marques de la joie, semblait prendre part à celle de toute l'assemblée. Le sculpteur l'avait disposé dans une action qui faisait connaître qu'il était mis là comme la divinité qui présidait dans ce lieu.

Dans les quatre autres niches il y avait quatre satyres, deux hommes et deux femmes, [11] qui tous semblaient danser et témoigner le plaisir qu'ils ressentaient de se voir visités par un si grand monarque, suivi d'une si belle cour. Toutes ces figures étaient dorées et faisaient un effet admirable contre le vert de ces palissades.

Après que Leurs Majestés eurent été quelque temps dans cet endroit si charmant, et que les dames eurent fait collation, le roi abandonna les tables au pillage des gens qui suivaient, et la destruction d'un arrangement si beau servit encore d'un divertissement agréable à toute la cour, par l'empressement et la confusion de ceux qui démolissaient ces châteaux de massepain et ces montagnes de confitures.

Au sortir de ce lieu, le roi rentrant dans une calèche, la reine dans sa chaise, et tout le reste de la cour dans leurs carrosses poursuivirent leur promenade pour se rendre à

12   Est *cintré* ce qui affecte la forme de cintre, en arc de cercle.
13   Les initiales.

la comédie, et passant dans une grande allée de quatre
rangs de tilleuls, firent le tour du bassin de la fontaine des
cygnes, qui termine l'allée royale vis-à-vis du château. Ce
bassin est un carré long finissant par deux demi-ronds ; sa
longueur est de soixante toises sur quarante de large. Dans
son milieu, il y a une infinité de [B ij] [12] jets d'eau, qui
réunis ensemble font une gerbe d'une hauteur et d'une
grosseur extraordinaire.

À côté de la grande allée royale il y en a deux autres
qui en sont éloignées d'environ deux cents pas. Celle qui
est à droit[14] en montant vers le château s'appelle l'allée
du roi, et celle qui est à gauche l'allée des prés. Ces trois
allées sont traversées par une autre qui se termine à deux
grilles qui font la clôture du petit parc. Ces deux allées des
côtés et celle qui les traverse ont cinq toises de large ; mais
à l'endroit où elles se rencontrent, elles forment un grand
espace qui a plus de treize toises en carré[15]. C'est dans cet
endroit de l'allée du roi que le sieur Vigarani avait disposé
le lieu de la comédie. Le théâtre, qui avançait un peu dans
le carré de la place, s'enfonçait de dix toises[16] dans l'allée
qui monte vers le château, et laissait pour la salle un espace
de treize toises de face sur neuf de large.

L'exhaussement[17] de ce salon était de trente pieds jusques
à la corniche, d'où les côtés du plafond s'élevaient encore de
huit pieds jusques au dernier enfoncement. Il était couvert de
feuillée par dehors, et par dedans paré de riches tapisseries
que le sieur Du Mets, intendant des meubles de la couronne,
[13] avait pris soin de faire disposer de la manière la plus
belle et la plus convenable pour la décoration de ce lieu.

---

14 À droite.
15 Treize toises carrées de surface.
16 Cette ancienne mesure de longueur valait près de 2 mètres.
17 La hauteur.

Du haut du plafond pendaient trente-deux chandeliers de cristal portant chacun dix bougies de cire blanche. Autour de la salle étaient plusieurs sièges disposés en amphithéâtre, remplis de plus de douze cents personnes ; et dans le parterre il y avait encore sur des bancs une plus grande quantité de monde. Cette salle était percée par deux grandes arcades dont l'une était vis-à-vis du théâtre, et l'autre du côté qui va vers la grande allée. L'ouverture du théâtre était de trente-six pieds, et de chaque côté il y avait deux grandes colonnes torses de bronze et de lapis[18], environnées de branches et de feuilles de vigne d'or ; elles étaient posées sur des piédestaux de marbre, et portaient une grande corniche aussi de marbre, dans le milieu de laquelle on voyait les armes du roi sur un cartouche doré accompagné de trophées[19] ; l'architecture était d'ordre ionique. Entre chaque colonne il y avait une figure : celle qui était à droit représentait la Paix, et celle qui était à gauche figurait la Victoire, pour montrer que Sa Majesté est toujours en état de faire que ses peuples jouissent d'une paix heureuse et pleine [B iij] [14] d'abondance, en établissant le repos dans l'Europe, ou d'une victoire glorieuse et remplie de joie, quand Elle est obligée de prendre les armes pour soutenir ses droits.

Lorsque leurs Majestés furent arrivées dans ce lieu dont la grandeur et la magnificence surprit[20] toute la cour, et quand Elles eurent pris leurs places sur le haut dais[21] qui était au milieu du parterre, on leva la toile qui cachait la décoration du théâtre ; et alors les yeux se trouvant tout à

---

18 Le *lapis* est une pierre fine d'un bleu intense.
19 *Trophée*, dans les arts, désigne un motif décoratif formé d'armes groupées en panoplie.
20 Accord du verbe avec le seul sujet le plus proche.
21 *Haut dais* : estrade sur laquelle le roi et la reine étaient assis lors des assemblées publiques.

fait trompés, l'on crut voir effectivement un jardin d'une beauté extraordinaire.

À l'entrée de ce jardin l'on découvrait deux palissades si ingénieusement moulées[22] qu'elles formaient un ordre d'architecture, dont la corniche était soutenue par quatre termes[23] qui représentaient des satyres. La partie d'en bas de ces termes, et ce qu'on appelle gaine, était de jaspe et le reste de bronze doré. Ces satyres portaient sur leurs têtes des corbeilles pleines de fleurs ; et sur les piédestaux de marbre qui soutenaient ces mêmes termes, il y avait de grands vases dorés aussi remplis de fleurs.

Un peu plus loin paraissaient deux terrasses revêtues de marbre blanc, qui environnaient un long canal. Aux bords de ces terrasses il y [15] avait de masques dorés qui vomissaient de l'eau dans le canal, et au-dessus de ces masques on voyait des vases de bronze doré d'où sortaient aussi autant de véritables jets d'eau.

On montait sur ces terrasses par trois degrés, et sur la même ligne où étaient rangés les termes, il y avait d'un côté et d'autre une allée de grands arbres entre lesquels paraissaient des cabinets d'une architecture rustique ; chaque cabinet couvrait un grand bassin de marbre soutenu sur un piédestal de même matière, et de ces bassins sortaient autant de jets d'eau.

Le bout du canal le plus proche était bordé de douze jets d'eau qui formaient autant de chandeliers, et à l'autre extrémité on voyait un superbe édifice en forme de dôme. Il était percé de trois grands portiques, au travers desquels on découvrait une grande étendue de pays.

---

22 *Moulées* : sculptées, formées selon un certain modèle.
23 *Terme* : statue dont la figure (ici des satyres), dans sa partie inférieure, se termine en gaine.

D'abord l'on vit sur le théâtre une collation magnifique d'oranges de Portugal et de toutes sortes de fruits, chargés à fond et en pyramides dans trente-six corbeilles qui furent servies à toute la cour par le maréchal de Bellefond, et par plusieurs seigneurs, pendant que le sieur de Launay, intendant des Menus-Plaisirs et affaires de la chambre, donnait de tous côtés des [16] imprimés qui contenaient le sujet de la comédie et du ballet[24].

Bien que la pièce qu'on représenta doive être considérée comme un impromptu et un de ces ouvrages où la nécessité de satisfaire sur le champ aux volontés du roi ne donne pas toujours le loisir d'y apporter la dernière main et d'en former les derniers traits, néanmoins il est certain qu'elle est composée de parties si diversifiées et si agréables qu'on peut dire qu'il n'en a guère paru sur le théâtre de plus capable de satisfaire tout ensemble l'oreille et les yeux des spectateurs. La prose dont on s'est servi est un langage très propre pour l'action qu'on représente ; et les vers qui se chantent entre les actes de la comédie conviennent si bien au sujet et expriment si tendrement les passions dont ceux qui les récitent doivent être émus, qu'il n'y a jamais rien eu de plus touchant. Quoiqu'il semble que ce soit deux comédies que l'on joue en même temps, dont l'une soit en prose et l'autre en vers, elles sont pourtant si bien unies à un même sujet qu'elles ne font qu'une même pièce et ne représentent qu'une seule action.

L'ouverture du théâtre se fait par quatre bergers[25] déguisés en valets de fêtes qui, ac[17]compagnés de quatre autres bergers[26] qui jouent de la flûte, font une danse où ils obligent d'entrer avec eux un riche paysan qu'ils rencontrent, et

---

24   *George Dandin* et la pastorale de Lully.
25   Dans la marge : *Beauchamp, Saint-André, La Pierre, Favier.*
26   Dans la marge : *Descouteaux, Philbert, Jean et Martin Hottere.*

qui, mal satisfait de son mariage, n'a l'esprit rempli que de fâcheuses pensées. Aussi l'on voit qu'il se retire bientôt de leur compagnie, où il n'a demeuré que par contrainte.

Climène[27] et Cloris[28], qui sont deux bergères amies, entendant le son des flûtes, viennent joindre leurs voix à ces instruments et chantent :

> *L'autre jour d'Annette*
> *J'entendis la voix,*
> *Qui sur la musette*
> *Chantait dans nos bois :*
> *Amour, que sous ton empire*
> *On souffre de maux cuisants !*
> *Je le puis bien dire*
> *Puisque je le sens.*
> *La jeune Lisette*
> *Au même moment,*
> *Sur le ton d'Annette*
> *Reprit tendrement :*
> *Amour, si sous ton empire*
> *Je souffre des maux cuisants,*
> *C'est de n'oser dire*
> *Tout ce que je sens.*

[C] [18] Tircis[29] et Philène[30], amants de ces deux bergères, les abordent pour les entretenir de leur passion, et font avec elles une scène en musique.

---

27   Dans la marge : *Mlle Hilaire.*
28   Dans la marge : *Mlle Des Fronteaux.*
29   Dans la marge : *Blondel.*
30   Dans la marge : *Gaye.*

CLORIS

Laissez-nous en repos, Philène.

CLIMÈNE

Tircis, ne viens point m'arrêter.

TIRCIS *et* PHILÈNE

Ah ! belle inhumaine,
Daigne un moment m'écouter !

CLIMÈNE *et* CLORIS

Mais que me veux-tu conter ?

LES DEUX BERGERS

Que d'une flamme immortelle
Mon cœur brûle sous tes lois.

LES DEUX BERGÈRES

Ce n'est pas une nouvelle,
Tu me l'as dit mille fois.

PHILÈNE

Quoi ? veux-tu toute ma vie
Que j'aime et n'obtienne rien ?

CLORIS

Non, ce n'est pas mon envie.
N'aime plus, je le veux bien.

TIRCIS

Le Ciel me force à l'hommage
Dont tous ces bois sont témoins.

CLIMÈNE   [19]
C'est au Ciel, puisqu'il t'engage,
À te payer de tes soins.

PHILÈNE
C'est par ton mérite extrême
Que tu captives mes vœux.

CLORIS
Si je mérite qu'on m'aime,
Je ne dois rien à tes feux.

LES DEUX BERGERS
L'éclat de tes yeux me tue.

LES DEUX BERGÈRES
Détourne de moi tes pas.

LES DEUX BERGERS
Je me plais dans cette vue.

LES DEUX BERGÈRES
Berger, ne t'en plains donc pas.

PHILÈNE
Ah ! belle Climène.

TIRCIS
Ah ! belle Cloris.

PHILÈNE
Rends-la pour moi plus humaine.

TIRCIS
Dompte pour moi ses mépris.

CLIMÈNE, *à Cloris.*
Sois sensible à l'amour que te porte Philène.

CLORIS, *à Climène.*   [C ij] [20]
Sois sensible à l'ardeur dont Tircis est épris.

CLIMÈNE
Si tu veux me donner ton exemple, bergère,
Peut-être je le recevrai.

CLORIS
Si tu veux te résoudre à marcher la première,
Possible que je te suivrai.

CLIMÈNE, *à Philène.*
Adieu, berger.

CLORIS, *à Tircis.*
Adieu, berger.

CLIMÈNE
Attends un favorable sort.

CLORIS
Attends un doux succès du mal qui te possède.

TIRCIS
Je n'attends aucun remède.

PHILÈNE
Et je n'attends que la mort.

TIRCIS *et* PHILÈNE

Puisqu'il nous faut languir en de tels déplaisirs,
Mettons fin en mourant à nos tristes soupirs.

Ces deux bergers se retirent l'âme pleine de douleur et
de désespoir, et ensuite de[31] cette [21] musique commence
le premier acte de la comédie en prose.

Le sujet est qu'un riche paysan s'étant marié à la fille
d'un gentilhomme de campagne, ne reçoit que du mépris
de sa femme aussi bien que de son beau-père et de sa belle-
mère, qui ne l'avaient pris pour gendre qu'à cause de ses
grands biens.

Toute cette pièce est traitée de la même sorte que le
sieur de Molière a de coutume de faire ses autres pièces de
théâtre ; c'est-à-dire qu'il y représente avec des couleurs si
naturelles le caractère des personnes qu'il introduit, qu'il
ne se peut rien voir de plus ressemblant que ce qu'il a fait
pour montrer la peine et les chagrins où se trouvent souvent
ceux qui s'allient au-dessus de leur condition. Et quand il
dépeint l'humeur et la manière de faire de certains nobles
campagnards, il ne forme point de traits qui n'expriment
parfaitement leur véritable image. Sur la fin de l'acte le paysan est interrompu par une bergère qui lui vient apprendre
le désespoir des deux bergers ; mais comme il est agité
d'autres inquiétudes, il la quitte en colère, et Cloris entre,
qui vient faire une plainte sur la mort de son amant :

> *Ah ! mortelles douleurs !*   [C iij] [22]
> *Qu'ai-je plus à prétendre ?*
> *Coulez, coulez, mes pleurs,*
> *Je n'en puis trop répandre.*

---

31   *Ensuite de* : à la suite de, après.

> *Pourquoi faut-il qu'un tyrannique honneur*
> *Tienne notre âme en esclave asservie ?*
> *Hélas ! pour contenter sa barbare rigueur*
> *J'ai réduit mon amant à sortir de la vie.*
> > *Ah ! mortelles douleurs !*
> > *Qu'ai-je plus à prétendre ?*
> > *Coulez, coulez, mes pleurs,*
> > *Je n'en puis trop répandre.*

> *Me puis-je pardonner, dans ce funeste sort,*
> *Les sévères froideurs dont je m'étais armée ?*
> *Quoi donc, mon cher amant, je t'ai donné la mort !*
> *Est-ce le prix, hélas ! de m'avoir tant aimée ?*
> > *Ah ! mortelles douleurs !, etc.*

Après cette plainte commença le second acte de la comédie en prose. C'est une suite des déplaisirs du paysan marié qui se trouve encore interrompu par la même bergère, qui vient lui dire que Tircis et Philène ne sont point morts, et lui montre six bateliers[32] qui les ont sauvés. Le paysan importuné de tous ces avis se retire et quitte la place aux bateliers qui, ravis de la récompense qu'ils ont reçue, [23] dansent avec leurs crocs et se jouent ensemble ; après quoi se récite le troisième acte de la comédie en prose.

Dans ce dernier acte l'on voit le paysan dans le comble de la douleur par les mauvais traitements de sa femme. Enfin un de ses amis lui conseille de noyer dans le vin toutes ses inquiétudes, et l'emmène pour joindre[33] sa troupe, voyant venir toute la foule des bergers amoureux, qui commence à célébrer par des chants et des danses le pouvoir de l'amour.

---

32 Dans la marge : *Jouan, Beauchamp, Chicanneau, Favier, Noblet, Mayeu.*
33 Rejoindre.

Ici la décoration du théâtre se trouve changée en un instant, et l'on ne peut comprendre comment tant de véritables jets d'eau ne paraissent plus, ni par quel artifice, au lieu de ces cabinets et de ces allées, on ne découvre sur le théâtre que de grandes roches entre-mêlées d'arbres, où l'on voit plus plusieurs bergers qui chantent et qui jouent de toutes sortes d'instruments. Cloris commence la première à joindre sa voix au son des flûtes et des musettes :

> CLORIS
> *Ici l'ombre des ormeaux*
> *Donne un teint frais aux herbettes,*
> *Et les bords de ces ruisseaux*
> *Brillent de mille fleurettes*
> *Qui se mirent dans les eaux.*
> *Prenez, bergers, vos musettes,*   [24]
> *Ajustez vos chalumeaux,*
> *Et mêlons nos chansonnettes*
> *Aux chants des petits oiseaux.*
>
> *Le Zéphire entre ces eaux*
> *Fait mille courses secrètes,*
> *Et les rossignols nouveaux*
> *De leurs douces amourettes*
> *Parlent aux tendres rameaux.*
> *Prenez, bergers, vos musettes, etc.*

Pendant que la musique charme les oreilles, les yeux sont agréablement occupés à voir danser plusieurs bergers et bergères[34] galamment vêtues. Et Climène chante :

---

34 Dans la marge : Bergers : *Chicanneau, Saint-André, La Pierre, Favier.* Bergères : *Bonard, Arnald, Noblet, Foignard.*

Ah ! qu'il est doux, belle Sylvie,
Ah ! qu'il est doux de s'enflammer ;
Il faut retrancher de la vie
Ce qu'on en passe sans aimer.

CLORIS
Ah ! les beaux jours qu'Amour nous donne
Lorsque sa flamme unit les cœurs ;
Est-il ni gloire ni couronne
Qui vaille ses moindres douceurs ?

TIRCIS   [25]
Qu'avec peu de raison on se plaint d'un martyre
Que suivent de si doux plaisirs.

PHILÈNE
Un moment de bonheur dans l'amoureux empire
Répare dix ans de soupirs.

TOUS ENSEMBLE
Chantons tous de l'Amour le pouvoir adorable.
Chantons tous dans ces lieux
Ses attraits glorieux ;
Il est le plus aimable
Et le plus grand des dieux.

À ces mots l'on vit s'approcher du fond du théâtre un
grand rocher couvert d'arbres, sur lequel était assise toute
la troupe de Bacchus, composée de quarante satyres ; l'un
d'eux[35], s'avançant à la tête, chanta fièrement ces paroles :

---

35 Dans la marge : *D'Estival.*

> Arrêtez, c'est trop entreprendre ;
> Un autre dieu dont nous suivons les lois
> S'oppose à cet honneur qu'à l'Amour osent rendre
> Vos musettes et vos voix.

> À des titres si beaux, Bacchus seul peut prétendre,
> Et nous sommes ici pour défendre ses droits.

CHŒUR DE BACCHUS
> Nous suivons de Bacchus le pouvoir adorable,
> Nous suivons en tous lieux   [D] [26]
> Ses attraits glorieux.
> Il est le plus aimable,
> Et le plus grand des dieux.

Plusieurs du parti de Bacchus mêlaient aussi leurs pas à la musique, et l'on vit un combat des danseurs et des chantres de Bacchus contre les danseurs et les chantres qui soutenaient le parti de l'Amour.

CLORIS
> C'est le printemps qui rend l'âme
> À nos champs semés de fleurs ;
> Mais c'est l'Amour et sa flamme
> Qui font revivre nos cœurs.

UN SUIVANT DE BACCHUS[36]
> Le soleil chasse les ombres
> Dont le ciel est obscurci,
> Et des âmes les plus sombres
> Bacchus chasse le souci.

---

36   Dans la marge : *Gingan*.

CHŒUR DE BACCHUS
Bacchus est révéré sur la terre et sur l'onde.

CHŒUR DE L'AMOUR
Et l'Amour est un dieu qu'on adore en tous lieux.

CHŒUR DE BACCHUS
Bacchus à son pouvoir a soumis tout le monde.

CHŒUR DE L'AMOUR
Et l'Amour a dompté les hommes et les dieux.

CHŒUR DE BACCHUS   [27]
Rien peut-il égaler sa douceur sans seconde ?

CHŒUR DE L'AMOUR
Rien peut-il égaler ses charmes précieux ?

CHŒUR DE BACCHUS
Fi de l'amour et de ses feux !

LE PARTI DE L'AMOUR
Ah ! quel plaisir d'aimer !

LE PARTI DE BACCHUS
Ah ! quel plaisir de boire !

LE PARTI DE L'AMOUR
À qui vit sans amour, la vie est sans appâts.

LE PARTI DE BACCHUS
C'est mourir que de vivre, et de ne boire pas.

LE PARTI DE L'AMOUR
Aimables fers !

LE PARTI DE BACCHUS
Douce victoire !

LE PARTI DE L'AMOUR
Ah ! quel plaisir d'aimer !

LE PARTI DE BACCHUS
Ah ! quel plaisir de boire !

LES DEUX PARTIS
Non, non c'est un abus,
Le plus grand dieu de tous…

LE PARTI DE L'AMOUR
C'est l'Amour.

LE PARTI DE BACCHUS   [D ij] [28]
C'est Bacchus.

Un berger[37] arrive, qui se jette au milieu des deux partis
pour les séparer, et leur chante ces vers :

C'est trop, c'est trop, bergers. Hé ! pourquoi ces débats ?
Souffrons qu'en un parti la raison nous assemble.
L'Amour a des douceurs, Bacchus a des appâts ;
Ce sont deux déités qui sont fort bien ensemble :
Ne les séparons pas.

---

37 Dans la marge : *Le Gros.*

LES DEUX CHŒURS *ensemble*
Mêlons donc leurs douceurs aimables,
Mêlons nos voix dans ces lieux agréables,
Et faisons répéter aux échos d'alentour
Qu'il n'est rien de plus doux que Bacchus et l'Amour.

Tous les danseurs se mêlent ensemble, et l'on voit parmi les bergers et les bergères quatre des suivants de Bacchus avec des thyrses[38], et quatre Bacchantes[39] avec des espèces de tambours de Basque, qui représentent ces cribles qu'elles portaient anciennement aux fêtes de Bacchus[40]. De ces thyrses, les suivants frappent sur les cribles des Bacchantes, et font différentes postures pendant que les bergers et les bergères dansent plus sérieusement.

[29] On peut dire que dans cet ouvrage le sieur Lully a trouvé le secret de satisfaire et de charmer tout le monde ; car jamais il n'y a rien eu de si beau ni de mieux inventé. Si l'on regarde les danses, il n'y a point de pas qui ne marque l'action que les danseurs doivent faire, et dont les gestes ne soient autant de paroles qui se fassent entendre. Si l'on regarde la musique, il n'y a rien qui n'exprime parfaitement toutes les passions et qui ne ravisse l'esprit des auditeurs. Mais ce qui n'a jamais été vu est cette harmonie de voix si agréable, cette symphonie d'instruments[41], cette belle union de différents chœurs, ces douces chansonnettes, ces

---

38   *Thyrse* : « Javelot environné de pampre et de lierre, et terminé par une extrémité en forme de pomme de pin » (Littré). Bacchus et ceux de son cortège ont leur thyrse.

39   Dans la marge : Suivants de Bacchus : *Beauchamp, Dolivet, Chicanneau, Mayeu*. Bacchantes : *Paysan, Manceau, Le Roi, Pesan*.

40   *Les Bacchantes* (les Ménades pour Dionysos) célébraient les mystères de Bacchus ; elles portaient un thyrse et un *crible*, une sorte d'objet percé de trous, qu'elles faisaient retentir.

41   Cet ensemble des sons produits par les instruments.

dialogues si tendres et si amoureux, ces échos, et enfin cette conduite admirable dans toutes les parties, où, depuis les premiers récits[42], l'on a vu toujours que la musique s'est augmentée, et qu'enfin après avoir commencé par une seule voix, elle a fini par un concert de plus de cent personnes, que l'on a vues toutes à la fois sur un même théâtre joindre ensemble leurs instruments, leurs voix et leurs pas, dans un accord et une cadence qui finit la pièce, en laissant tout le monde dans une admiration qu'on ne peut assez exprimer.

Cet agréable spectacle étant fini de la sor[D iij][30]te, le roi et toute la cour sortirent par le portique du côté gauche du salon, et qui rend dans l'allée de traverse au bout de laquelle, à l'endroit où elle coupe l'allée des Prés, l'on aperçut de loin un édifice élevé de cinquante pieds de haut. Sa figure était octogone, et sur le haut de la couverture s'élevait une espèce de dôme d'une grandeur et d'une hauteur si belle et si proportionnée, que le tout ensemble ressemblait beaucoup à ces beaux temples antiques dont l'on voit encore quelques restes. Il était tout couvert de feuillages, et rempli d'une infinité de lumières. À mesure qu'on s'en approchait, on y découvrait mille différentes beautés. Il était isolé et l'on voyait dans les huit angles autant de pilastres qui servaient comme de pieds-forts[43] ou d'arcs-boutants élevés de quinze pieds de haut. Au-dessus de ces pilastres il y avait de grands vases ornés de différentes façons et remplis de lumières. Du haut de ces vases sortait une fontaine qui, retombant à l'entour, les environnait comme d'une cloche de cristal. Ce qui faisait un effet d'autant plus admirable qu'on voyait un feu éclairer agréablement au milieu de l'eau.

---

42 Dans la musique ancienne : récitatif, solo vocal.
43 En architecture, *pieds-forts* équivaut à *arcs-boutants*, comme le texte l'explicite aussitôt.

Cet édifice était percé de huit portes. Au-[31]devant de celle par où l'on entrait, et sur les deux piédestaux de verdure, étaient deux grandes figures dorées qui représentaient deux faunes jouant chacun d'un instrument. Au-dessus de ces portes on voyait comme une espèce de frise ornée de huit grands bas-reliefs, représentant par des figures assises les quatre saisons de l'année et les quatre parties du jour. À côté des premières il y avait de doubles L, et à côté des autres des fleurs de lys[44]. Elles étaient toutes enchâssées parmi le feuillage, et faites avec un artifice de lumière si beau et si surprenant, qu'il semblait que toutes ces figures, ces L, et ces fleurs de lys fussent d'un métal lumineux et transparent.

Le tour du petit dôme était aussi orné de huit bas-reliefs, éclairés de la même sorte ; mais au lieu de figures, c'étaient des trophées disposés en différentes manières. Sur les angles du principal édifice et du petit dôme, il y avait de grosses boules de verdure qui en terminaient les extrémités.

Si l'on fut surpris en voyant par-dehors la beauté de ce lieu, on le fut encore davantage en voyant le dedans. Il était presque impossible de ne se pas persuader que ce ne fût un enchantement, tant il y paraissait de choses [32] qu'on croirait ne se pouvoir faire que par magie. Sa grandeur était de huit toises de diamètre. Au milieu il y avait un grand rocher, et autour du rocher une table de figure octogone, chargée de soixante-quatre couverts. Ce rocher était percé en quatre endroits ; il semblait que la nature eût fait choix de tout ce qu'elle a de plus beau et de plus riche pour la composition de cet ouvrage, et qu'elle eût elle-même pris plaisir d'en faire son chef-d'œuvre, tant les ouvriers avaient bien su cacher l'artifice dont ils s'étaient servis pour l'imiter.

---

44   Les initiales de LOUIS accompagnées de l'emblème de la royauté.

Sur la cime du rocher était le cheval Pégase ; il semblait, en se cabrant, faire sortir l'eau qu'on voyait couler doucement de dessous ses pieds, mais qui aussitôt tombait avec abondance et formait comme quatre fleuves. Cette eau, qui se précipitait avec violence et par gros bouillons parmi les pointes du rocher, le rendait tout blanc d'écume et ne s'y perdait que pour paraître ensuite plus belle et plus brillante ; car, ressortant avec impétuosité par des endroits cachés, elle faisait des chutes d'autant plus agréables qu'elles se séparaient en plusieurs petits ruisseaux parmi les cailloux et les coquilles. Il sortait de [33] tous les endroits les plus creux de rocher mille gouttes d'eau, qui, avec celles des cascades venaient à inonder une pelouse couverte de mousse et de divers coquillages qui en faisaient l'entrée. C'était sur ce beau vert et à l'entour de ces coquilles que ces eaux, venant à se répandre et à couler agréablement, faisaient une infinité de retours qui paraissaient autant de petites ondes d'argent, et avec un murmure doux et agréable qui s'accordait au bruit des cascades, tombaient en cent différentes manières dans huit canaux, qui séparaient la table d'avec le rocher et en recevaient toutes les eaux. Ces canaux étaient revêtus de carreaux de porcelaine et de mousse, au bord desquels il y avait de grands vases à l'antique, émaillées d'or et d'azur, qui, jetant l'eau par trois différents endroits, remplissaient trois grandes coupes de cristal, qui se dégorgeaient encore dans ces mêmes canaux.

Au-dessous du cheval Pégase, et vis-à-vis la porte par où l'on entrait, on voyait la figure d'Apollon assise, tenant dans sa main une lyre ; les neuf Muses étaient au-dessous de lui, qui tenaient aussi divers instruments. Dans les quatre coins du rocher et au-dessous de la chute de ces fleuves, il y avait quatre figures cou[E][34]chées qui en représentaient les divinités.

De quelque côté qu'on regardât ce rocher, l'on y voyait toujours différents effets d'eau ; et les lumières dont il était éclairé étaient si bien disposées, qu'il n'y en avait point qui ne contribuassent à faire paraître toutes les figures qui étaient d'argent, et à faire briller davantage les divers éclats de l'eau et les différentes couleurs des pierres et des cristaux dont il était composé. Il y avait même des lumières si industrieusement cachées dans les cavités de ce rocher, qu'elles n'étaient point aperçues, mais qui cependant le faisaient voir partout, et donnaient un lustre et un éclat merveilleux à toutes les gouttes d'eau qui tombaient.

Des huit portes dont ce salon était percé, il y en avait quatre au droit des quatre grandes allées, et quatre autres qui étaient vis-à-vis des petites allées, qui sont dans les angles de cette place. À côté de chaque porte il y avait quatre grandes niches percées à jour, et remplies d'un grand pied d'argent ; au-dessus était un grand vase de même matière, qui portait une girandole de cristal[45], allumée de dix bougies de cire blanche. Dans les huit angles qui forment la figure de ce lieu, il y avait [35] un corps solide taillé rustiquement, et dont le fond verdâtre brillait en façon de cristal ou d'eau congelée. Contre ce corps étaient quatre coquilles de marbre, les unes au-dessous des autres, et dans des distances fort proportionnées ; la plus haute était la moins grande, et celles de dessous augmentaient toujours en grandeur, pour mieux recevoir l'eau qui tombait des unes dans les autres. On avait mis sur la coquille la plus élevée une girandole de cristal allumée de dix bougies, et de cette coquille sortait de l'eau en forme de nappe, qui, tombant dans la seconde coquille, se répandait dans une troisième, où l'eau d'un masque posé au-dessus venant à

---

45   La *girandole* est ici un candélabre orné de pendeloques de cristal.

se rendre la remplissait encore davantage. Cette troisième coquille était portée par deux dauphins, dont les écailles étaient de couleur de nacre. Ces deux dauphins jetaient de l'eau dans la quatrième coquille, où tombait aussi en nappe l'eau de la coquille qui était au-dessus ; et toutes ces eaux venaient enfin à se rendre dans un bassin de marbre, aux deux extrémités duquel étaient deux grands vases remplis d'orangers.

Le plafond de ce lieu n'était pas cintré en forme de voûte : il s'élevait jusques à l'ouverture du petit dôme par huit pans qui re[E ij][36]présentaient un compartiment de menuiserie, artistement taillé de feuillages dorés. Dans ces compartiments qui paraissaient percés, l'on avait peint des branches d'arbres au naturel, pour avoir plus d'union avec la feuillée dont le corps de cet édifice était composé ; le haut du petit dôme était aussi un compartiment d'une riche broderie d'or et d'argent sur un fond vert.

Outre vingt-cinq lustres de cristal, chacun de dix bougies, qui éclairaient ce lieu et qui tombaient du haut de la voûte, il y en avait encore d'autres au milieu des huit portes, qui étaient attachés avec de grandes écharpes de gaze d'argent, entre des festons de fleurs noués avec de pareilles écharpes, enrichies d'une frange de même.

Sur la grande corniche qui régnait tout autour de ce salon, étaient rangés soixante-quatre vases de porcelaine remplis de diverses fleurs ; et entre ces vases on avait mis soixante-quatre boules de cristal de diverses couleurs et d'un pied de diamètre, soutenues sur des pieds d'argent ; elles paraissaient comme autant de pierres précieuses et étaient éclairées d'une manière si ingénieuse que la lumière, passant au travers, et se trouvant chargée des différentes couleurs de ces cristaux, se répandait par tout le haut du plafond, [37] où elle faisait des effets si admirables qu'il

semblait que ce fussent les couleurs mêmes d'un véritable arc-en-ciel. De cette corniche et du tour que formait
l'ouverture du petit dôme, pendaient plusieurs festons de
toutes sortes de fleurs attachés avec de grandes écharpes
de gaze d'argent, dont les bouts, tombant entre chaque
feston, paraissaient avec beaucoup d'éclat et de grâce sur
tout le corps de cette architecture, qui était de feuillages,
et dont l'on avait si bien su former différentes sortes de
verdure que la diversité des arbres qu'on y avait employés,
et que l'on avait su accommoder les uns auprès des autres,
ne faisait pas une des moindres beautés de la composition
de cet agréable édifice.

Au-delà du portique, qui était vis-à-vis de celui par où
l'on entrait, on avait dressé un buffet d'une beauté et d'une
richesse toute extraordinaire. Il était enfoncé de dix-huit
pieds dans l'allée, et l'on y montait par trois grands degrés
en forme d'estrade. Il y avait des deux côtés de ce buffet
deux manières d'ailes élevées d'environ dix pieds de haut,
dont le dessous servait pour passer ceux qui portaient les
viandes ; sur le milieu de chacune de ces ailes était un socle
de verdure qui portait un grand guéridon d'argent chargé
d'une girandole, aussi d'argent, allumée de bougies [E iij]
[38] de cire blanche ; et à côté de ces guéridons plusieurs
grands vases d'argent. Contre ce socle était attachée une
grande plaque d'argent à trois branches, portant chacune
un flambeau de cire blanche.

Sur la table du buffet il y avait quatre degrés, de deux
pieds de large, et de trois à quatre pieds de haut, qui
s'élevaient jusques à un plafond de feuillée de vingt-cinq
pieds d'exhaussement. Sur ce buffet et sur ces degrés l'on
voyait, dans une disposition agréable, vingt-quatre bassins
d'argent d'une grandeur extrême et d'un ouvrage merveilleux ; ils étaient séparés les uns des autres par autant

de grands vases, de cassolettes et de girandoles d'argent d'une pareille beauté. Il y avait sur la table vingt-quatre grands pots d'argent remplis de toutes sortes de fleurs, avec la nef du roi[46], la vaisselle et les verres destinés pour son service. Au-devant de la table on voyait une grande cuvette d'argent en forme de coquille, et aux deux bouts du buffet quatre guéridons d'argent de six pieds de haut, sur lesquels étaient des girandoles d'argent allumées de dix bougies de cire blanche.

Dans les deux autres arcades qui étaient à côté de celle-ci étaient deux autres buffets, moins hauts et moins larges que celui du milieu ; chaque table avait deux degrés, sur lesquels étaient [39] dressés quatre grands bassins d'argent, qui accompagnaient un grand vase chargé d'une girandole allumée de dix bougies, et entre ces bassins et ce vase il y avait plusieurs figures d'argent. Aux deux bouts du buffet l'on voyait deux grandes plaques portant chacune trois flambeaux de cire blanche ; au-dessus du dossier, un guéridon d'argent chargé de plusieurs bougies, et à côté plusieurs grands vases d'un prix et d'une pesanteur extraordinaire, outre six grands bassins qui servaient de fond. Devant chaque table il y avait une grande cuvette d'argent pesant mille marcs, et ces tables, qui étaient comme deux crédences pour accompagner le grand buffet du roi, étaient destinées pour le service des dames.

Au-delà de l'arcade, qui servait d'entrée du côté de l'allée qui descend vers les grilles du grand parc, était un enfoncement de dix-huit toises de long, qui formait comme un avant-salon.

---

46 *Nef* « est aussi un certain vase en forme de navire, ordinairement en vermeil doré, où l'on met les serviettes qui doivent servir à la table du roi, aux reines, etc. » (*Dictionnaire de l'Académie*, 1694).

Ce lieu était terminé d'un grand portique de verdure, au-delà duquel il y avait une grande salle bornée, par les deux côtés, des palissades de l'allée, et par l'autre bout, d'un autre portique de feuillages. Dans cette salle l'on avait dressé quatre grandes tentes très magnifiques, sous lesquelles étaient [40] huit tables accompagnées de leurs buffets, chargés de bassins, de verres et de lumières, disposées dans un ordre tout à fait singulier.

Lorsque le roi fut entré dans le salon octogone, et que toute la cour, surprise de la beauté et de la disposition si extraordinaire de ce lieu, en eut bien considéré toutes les parties, Sa Majesté se mit à table, le dos tourné du côté par où Elle avait entré, et lorsque Monsieur eut aussi pris sa place, les dames qui étaient nommées par Sa Majesté pour y souper prirent les leurs, selon qu'elles se rencontrèrent sans garder aucun rang. Celles qui eurent cet honneur furent

Mesdemoiselles d'Angoulême.	*Mme la maréchale de Castelnau.*
Mme Aubry de Courcy.	*Mme de Comminge.*
Mme de Saint-Arbre.	*Mme la marquise de Castelnau.*
Mme de Broglio.	
Mme de Bailleul.	*Mlle d'Elbeuf.*
Mme de Bonnelle.	*Mme la maréchale d'Albret et*
Mme Bignon.	*Mlle sa fille.*
Mme de Bordeaux.	*Mme la maréchale d'Estrée.*
Mlle Borelle.	
Mme de Brissac.	*Mme la maréchale de La Ferté.*
Mme de Coulange.	
Mme la maréchale de Clérembaut.	*Mme de La Fayette.*
	Mme la comtesse de Fiesque.
Mme de Fontenay Hotman.	*Mme de Nemours.* [41]
	Mme de Richelieu.
Mme de Fieubet.	*Mme la duchesse de Richemont.*

Mme la maréchale de Grancay.
et Mlles ses deux filles.
Mme Des Hameaux.
Mme la maréchale de L'Hospital.
Mme la Lieutenante Civile[47].
Mme la comtesse de Louvigny.
Mlle de Manicham.
Mme de Mekelbourg.

Mme la grande Maréchale[48].
Mme de Marré.

Mlle de Tresme.
Mme Tambonneau.
Mme de La Trousse.
Mme la présidente Tubeuf.
Mme la duchesse de La Vallière.
Mme la marquise de La Vallière.
Mme de Vilacerf.
Mme la duchesse de Virtemberg et
Mme sa fille.
Mme de Valavoire.

Comme la somptuosité de ce festin passe tout ce qu'on en pourrait dire, tant par l'abondance et la délicatesse des viandes qui y furent servies, que par le bel ordre que le maréchal de Bellefond et le sieur de Valentiné, contrôleur général de la maison du roi, y apportèrent, je n'entreprendrai pas d'en faire le détail. Je dirai seulement que le pied du rocher était revêtu, parmi les coquilles et la mousse, de quantité de pâtes, de confitures, de conserves, d'herbages [F][42] et de fruits sucrés, qui semblaient être crûs parmi les pierres et en faire partie. Il y avait sur les huit angles qui marquent la figure du rocher et de la table huit pyramides de fleurs, dont chacune était composée de treize porcelaines remplies de différents mets. Il y eut cinq services chacun de cinquante-six grands plats ; les plats du dessert étaient chargés de seize porcelaines en pyramides, où tout ce qu'il y a de plus exquis et de plus rare dans la saison y paraissait à l'œil et au goût, d'une manière qui secondait bien ce que l'on avait fait dans cet agréable lieu pour charmer la vue.

---

47   Madame d'Aubray.
48   La grande maréchale de Pologne.

Dans une allée assez proche de là, et sous une tente, était la table de la reine où mangeaient Madame, Mademoiselle, Madame la Princesse, Madame la princesse de Carignan ; Monseigneur le Dauphin soupa au château dans son appartement.

Le roi était servi par monsieur le Duc[49], et Monsieur le sieur de Valentiné ; les sieurs Grotteau, contrôleur de la bouche, Gaut et Chamois, contrôleurs d'offices, mettaient les viandes sur la table.

Le maréchal de Bellefond servait la reine ; le sieur Courtet, contrôleur d'offices, servait Madame ; le sieur de La Grange, aussi contrôleur [43] d'office, mettait sur table ; les cents Suisses de la garde portaient les viandes ; et les pages et valets de pied du roi, de la reine, de Monsieur et de Madame servaient les tables de Leurs Majestés.

Dans le même temps que l'on portait sur ces deux tables, il y en avait huit autres que l'on servait de la même manière, qui étaient dressées sous les quatre tentes dont j'ai parlé, et ces tables avaient leurs maîtres d'hôtel, qui faisaient porter les viandes par les gardes suisses. La première était celle

> De Mad. la comtesse de Soissons, de 20 couverts.
> De Mad. la princesse de Bade, de 20 couverts.
> De Mad. la duchesse de Créqui, de 20 couverts.
> De Mad. la maréchale de La Mothe, de 20 couverts.
> De Mad. de Montausier, de 40 couverts.
> De Mad. la maréchale de Bellefond, de 65 couverts.
> De Mad. la maréchale d'Humières, de 20 couverts.
> De Madame de Béthune, de 20 couverts.

---

49   C'et le duc d'Enghien, le fils du grand Condé, appelé Monsieur le Prince.

Il y en avait encore trois autres dans une petite allée à côté de celle que tenait Madame la maréchale de Bellefond, de quinze à seize couverts chacune, dont les maîtres d'hôtel du roi avaient le soin.

Quantité d'autres tables se servaient de la desserte de la reine et des autres, pour les femmes de la reine et pour d'autres personnes. [F ij]

[44] Dans la grotte proche du château, il y eut trois tables pour les ambassadeurs, qui furent servies en même temps, de 22 couverts chacune.

Il y avait encore en plusieurs endroits des tables dressées où l'on donnait à manger à tout le monde, et l'on peut dire que l'abondance des viandes, des vins et des liqueurs, la beauté et l'excellence des fruits et des confitures, et une infinité d'autres choses délicatement apprêtées, faisait bien voir que la magnificence du roi se répandait de tous côtés.

Le roi s'étant levé de table pour donner un nouveau divertissement aux dames, et passant par le portique où l'allée monte vers le château, les conduisit dans la salle du bal.

À deux cents pas de l'endroit, où l'on avait soupé et dans une traverse d'allées qui forme un espace d'une vaste grandeur, l'on avait dressé un édifice de figure octogone, haut de plus de neuf toises et large de dix. Toute la cour marcha le long de l'allée sans s'apercevoir du lieu où elle était, mais comme elle eut fait plus de la moitié du chemin, il y eut une palissade de verdure, qui s'ouvrant tout d'un coup de part et d'autre, laissa voir au travers d'un grand portique un salon rempli d'une infinité de lumières, et une longue allée au-delà, dont l'extraordinaire beauté surprit tout le monde.

[45] Ce bâtiment n'était pas tout de feuillages comme celui où l'on avait soupé ; il représentait une superbe salle revêtue de marbre et de porphyre, et ornée seulement en

quelques endroits de verdure et de festons. Un grand portique, de seize pieds de large et de trente-deux de haut,
servait d'entrée à ce riche salon ; il avançait environ trois
toises dans l'allée, et cette avance servait encore de vestibule et faisait symétrie aux autres enfoncements qui se
rencontraient dans les huit côtés. Du milieu du portique
pendaient de grands festons de fleurs, attachés de part et
d'autre. Aux deux côtés de l'entrée et sur deux piédestaux
on voyait des termes représentant des satyres, qui étaient
là comme les gardes de ce beau lieu. À la hauteur de huit
pieds ce salon était ouvert, par les six côtés, entre la porte
par où l'on entrait et l'allée du milieu ; ces ouvertures formaient six grandes arcades qui servaient de tribunes, où
l'on avait dressé plusieurs sièges en forme d'amphithéâtres,
pour asseoir plus de six-vingts[50] personnes dans chacune.
Ces enfoncements étaient ornés de feuillages qui, venant
à se terminer contre les pilastres et le haut des arcades, y
montraient assez que ce bel endroit était paré comme à un
jour de fête, puisque l'on y mêlait des feuilles et des fleurs
pour l'orner ; [F iij] [46] car les impostes[51] et les clefs[52] des
arcades étaient marquées par des festons et des ceintures
de fleurs.

Du côté droit dans l'arcade du milieu, et au haut de
l'enfoncement, était une grotte de rocaille, où dans un large
bassin travaillé rustiquement l'on voyait Arion porté sur
un dauphin, et tenant une lyre[53] ; il avait à côté de lui deux
tritons. C'était dans ce lieu que les musiciens étaient placés.

---

50   120.

51   Rappelons que *l'imposte* est la pierre ou l'élément en saillie qui couronne
le pied-droit d'une arcade et reçoit la retombée de l'arc.

52   La *clé* est le claveau central (la pierre taillée en coin) d'un arc ou d'une
voûte, qui bloque les autres pierres dans la bonne position.

53   Ce poète grec, jeté à la mer par des pirates, aurait été sauvé, selon
Hérodote, par des dauphins que charma sa lyre.

À l'opposite l'on avait mis tous les joueurs d'instruments. L'enfoncement de l'arcade où ils étaient formait aussi une grotte où l'on voyait Orphée sur un rocher, qui semblait joindre sa voix à celle de deux nymphes assises auprès de lui. Dans le fond des quatre autres arcades il y avait d'autres grottes, où par la gueule de certains monstres sortait de l'eau qui tombait dans des bassins rustiques, d'où elle s'échappait entre des pierres, et dégouttait lentement parmi la mousse et les rocailles.

Contre les huit pilastres qui formaient ces arcades, et sur des piédestaux de marbre l'on avait posé huit grandes figures de femmes, qui tenaient dans leurs mains divers instruments, dont elles semblaient se servir pour contribuer au divertissement du bal.

Dans le milieu des piédestaux il y avait des [47] masques de bronze doré, qui jetaient de l'eau dans un bassin. Au bas de chaque piédestal, et des deux côtés du même bassin s'élevaient deux jets d'eau qui formaient deux chandeliers. Tout autour de ce salon régnait un siège de marbre sur lequel, d'espace en espace, étaient plusieurs vases remplis d'orangers.

Dans l'arcade qui était vis-à-vis de l'entrée, et qui servait d'ouverture à une grande allée de verdure, l'on voyait encore sur deux piédestaux deux figures, qui représentaient Flore et Pomone[54]; de ces piédestaux il en sortait de l'eau comme de ceux du salon.

Le haut de ce salon s'élevait au-dessus de la corniche par huit pans, jusques à la hauteur de douze pieds; puis, formant un plafond de figure octogone, laissait dans le milieu une ouverture de pareille forme, dont l'enfoncement était de cinq à six pieds. Dans ces huit pans étaient huit grands

---

54   *Flore* est la déesse des fleurs, *Pomone* celle des fruits.

soleils d'or, soutenus de huit figures qui représentaient les douze mois de l'année avec les signes du zodiaque. Le fond était d'azur semé de fleurs de lys d'or, et le reste enrichi de roses et d'autres ornements d'or, d'où pendaient trente-deux lustres portant chacun douze bougies.

Outre toutes ces lumières qui faisaient le plus [48] beau jour du monde, il y avait dans les six tribunes vingt-quatre plaques, dont chacune portait neuf bougies ; et aux deux côtés des huit pilastres au-dessus des figures, sortaient de la feuillée de grands fleurons d'argent, en forme de branches d'arbres, qui soutenaient treize chandeliers disposés en pyramides. Aux deux côtés de la porte, et dans l'endroit qui servait comme de vestibule, il y avait six grandes plaques en ovale enrichies des chiffres du roi ; chacune de ces plaques portait seize chandeliers allumés de seize bougies.

L'allée qui aboutit au milieu de ce salon avait plus de vingt pieds de large. Elle était toute défeuillée[55] de part et d'autre et paraissait découverte par le haut. Par les côtés elle semblait accompagnée de huit cabinets, où, à chaque encoignure, l'on voyait sur des piédestaux de marbre des termes qui représentaient des satyres ; à l'endroit où étaient ces termes, les cabinets se fermaient en berceau.

Au bout de l'allée il y avait une grotte de rocaille, où l'art était si heureusement joint à la nature, que parmi les figures qui l'ornaient, on y voyait cette belle négligence et cet arrangement rustique, qui donne un si grand plaisir à la vue.

[49] Au haut, et dans le lieu le plus enfoncé de la grotte, on découvrait une espèce de masque de bronze doré, représentant la tête d'un monstre marin. Deux tritons argentés ouvraient les deux côtés de la gueule de ce masque, duquel

---

55   Tel est le texte de l'édition originale que nous suivons : mais il doit falloir corriger en *de feuillée*, selon le texte de 1679.

s'élevait, en forme d'aigrette, un gros bouillon d'eau, dont la chute augmentant celle qui tombait de sa gueule extraordinairement grande, faisait une nappe, qui se répandait dans un grand bassin d'où ces deux tritons semblaient sortir.

De ce bassin se formait une autre grande nappe accompagnée de deux gros jets d'eau, que deux animaux d'une figure monstrueuse vomissaient en se regardant l'un l'autre. Ces deux animaux, qui ne paraissaient qu'à demi hors de la roche, étaient aussi de bronze doré. De cette quantité d'eau qu'ils jetaient, et de celle de ce bassin qui tombait dans un autre beaucoup plus grand, il se formait une troisième nappe, qui, couvrant tout le bas du rocher, et se déchirant inégalement contre les pierres d'en bas, faisait paraître des éclats si beaux et si extraordinaires qu'on ne les peut bien exprimer.

Cette abondance d'eau qui, comme un agréable torrent, se précipitait de la sorte par différentes chutes, semblait couvrir le rocher de [G][50] plusieurs voiles d'argent, qui n'empêchaient pas qu'on ne vît la disposition des pierres et des coquillages, dont les couleurs paraissaient encore avec plus de beauté parmi la mousse mouillée, et au travers de l'eau qui tombait en bas, où elle formait de gros bouillons d'écume.

De ce dernier endroit où toute cette eau finissait sa chute dans un carré qui était au pied de la grotte, elle se divisait en deux canaux qui, bordant les deux côtés de l'allée, venaient à se terminer dans un grand bassin, dont la figure était d'un carré long, augmenté par les quatre côtés de quatre demi-ronds, lequel séparait l'allée d'avec le salon. Mais cette eau ne coulait pas sans faire paraître mille beaux effets ; car vis-à-vis des huit cabinets, il y avait dans chaque canal deux jets d'eau, qui formaient de chaque côté seize lances de douze à quinze pieds de haut ; et d'espace en espace l'eau de ces canaux, venant à tomber, faisait des cascades qui composaient autant de petites nappes argentées, dont la longueur de chaque canal était agréablement interrompue.

Ces canaux étaient bordés de gazon de part et d'autre. Du côté des cabinets et entre les termes qui en marquaient les encoignures, il y avait, dans de grands vases, des [51] orangers chargés de fleurs et de fruits, et le milieu de l'allée était d'un sable jaune qui partageait les deux lisières de gazon.

Dans le bassin qui séparait l'allée d'avec le salon, il y avait un groupe de quatre dauphins, dans des coquilles de bronze doré posées sur un petit rocher ; ces quatre dauphins ne formaient qu'une seule tête, qui était renversée, et qui, ouvrant la gueule en haut, poussait un jet d'eau d'une grosseur extraordinaire. Après que cette eau, qui s'élevait de plus de trente pieds de haut, avait frappé la feuillée avec violence, elle retombait dans le bassin en mille petites boules de cristal.

Aux deux côtés de ce bassin, il y avait quatre grandes plaques en ovale, chargées chacune de quinze bougies ; mais comme toutes les autres lumières qui éclairaient cette allée étaient cachées derrière les pilastres et les termes qui marquaient les cabinets, l'on ne voyait qu'un jour universel qui se répandait si agréablement dans tout ce lieu, et en découvrait les parties avec tant de beauté, que tout le monde préférait cette clarté à la lumière des plus beaux jours. Il n'y avait point de jet d'eau qui ne fît paraître mille brillants ; et l'on reconnaissait principalement [G ij] [52] dans ce lieu, et dans la grotte où le roi avait soupé, une distribution d'eaux si belle et si extraordinaire, que jamais il ne s'est rien vu de pareil. Le sieur Joly, qui en avait eu la conduite, les avait si bien ménagées que, produisant toutes des effets différents, il y avait encore une union et un certain accord qui faisait paraître partout une agréable beauté, la chute des unes servant en plusieurs endroits à donner plus d'éclat à la chute des autres. Les jets d'eau, qui s'élevaient de quinze pieds sur le devant des deux canaux, venaient peu à peu à se diminuer de hauteur et de force à mesure qu'ils s'éloignaient de la vue ; de sorte que, s'accordant avec la belle manière dont l'on avait disposé l'allée, il semblait que cette allée, qui n'avait guère plus de quinze toises de long, en eût quatre fois davantage, tant toutes choses y étaient bien conduites.

Pendant que, dans un séjour si charmant, Leurs Majestés et toute la cour prenaient le divertissement du bal, à la vue de ces beaux objets, et au bruit de ces eux qui n'interrompait qu'agréablement le son des instruments, l'on préparait ailleurs d'autres spectacles dont personne ne s'était aperçu, et qui devaient surprendre tout le monde. Le sieur Gissey, outre [53] le soin qu'il avait pris du lieu où le roi avait soupé, et des dessins de tous les habits de la comédie, se trouvant encore chargé des illuminations qu'on devait mettre au château, et en plusieurs endroits du parc, travaillait à mettre toutes ces choses en ordre, pour faire que ce beau divertissement eût une fin aussi heureuse et aussi agréable que le succès en avait été favorable jusques alors ; ce qui arriva en effet par les soins qu'il y prit. Car, en un moment, toutes les choses furent si bien ordonnées que, quand Leurs Majestés sortirent du bal, Elles aperçurent le tour du Fer-à-cheval et le château tout en feu, mais d'un feu si beau et si agréable, que cet élément, qui ne paraît guère dans l'obscurité de la nuit sans donner de la crainte et de la frayeur, ne causait que du plaisir et de l'admiration. Deux cents vases, de quatre pieds de haut, de plusieurs façons, et ornés de différentes manières, entouraient ce grand espace qui enferme les parterres de gazon, et qui forme le Fer-à-cheval. Au bas des degrés qui sont au milieu, on voyait quatre figures représentant quatre fleuves ; et au-dessus, sur quatre piédestaux qui sont aux extrémités des rampes, quatre autres figures, qui représentaient les quatre parties du mon[G iij][54]de. Sur les angles du Fer-à-cheval et entre les vases, il y avait trente-huit candélabres ou chandeliers antiques de six pieds de haut. Et ces vases, ces candélabres et ces figures étant éclairées de la même sorte que celles qui avaient paru dans la frise du salon où l'on avait soupé, faisaient un spectacle merveilleux. Mais la cour étant arrivée au haut du Fer-à-cheval, et découvrant encore mieux tout le château, ce fut alors que tout le monde demeura dans une surprise qui ne se peut connaître qu'en la ressentant.

Il était orné de quarante-cinq figures : dans le milieu de la porte du château, il y en avait une qui représentait Janus ; et des deux côtés dans les quatorze fenêtres d'en bas, l'on voyait différents trophées de guerre. À l'étage d'en haut, il y avait quinze figures qui représentaient diverses Vertus, et au-dessus, un soleil avec des lyres et d'autres instruments ayant rapport à Apollon, qui paraissaient en quinze différents endroits. Toutes ces figures étaient de diverses couleurs, mais si brillantes et si belles, que l'on ne pouvait dire si c'étaient différents métaux allumés, ou des pierres de plusieurs couleurs qui fussent éclairées par un artifice inconnu. Les balustrades qui environnent le fossé [55] du château, étaient illuminées de la même sorte ; et dans les endroits où durant le jour on avait vu des vases remplis d'orangers et de fleurs, l'on y voyait cent vases de diverses formes, allumés de différentes couleurs.

De si merveilleux objets arrêtaient la vue de tout le monde, lorsqu'un bruit qui s'éleva vers la grande allée, fit qu'on se tourna de ce côté-là ; aussitôt on la vit éclairée d'un bout à l'autre, de soixante et douze termes faits de la

même manière que les figures qui étaient au château, et
qui la bordaient des deux côtés. De ces termes il partit, en
un moment, un si grand nombre de fusées, que les unes,
se croisant sur l'allée, faisaient une espèce de berceau, et
les autres, s'élevant tout droit, et laissant jusques en terre
une grosse trace de lumière, formaient comme une haute
palissade de feu. Dans le temps que ces fusées montaient
jusques au ciel et qu'elles remplissaient l'air de mille clartés plus brillantes que les étoiles, l'on voyait, tout en bas
de l'allée, le grand bassin d'eau qui paraissait une mer de
flamme et de lumière, dans laquelle une infinité de feux,
plus rouges et plus vifs, semblaient se jouer au milieu d'une
clarté plus blanche et plus claire.

À de si beaux effets se joignit le bruit de plus [56] de cinq
cents boîtes qui, étant dans le grand parc et fort éloignées,
semblaient être l'écho de ces grands éclats dont les grosses
fusées faisaient retentir l'air lorsqu'elles étaient en haut.

Cette grande allée ne fut guère en cet état, que les trois
bassins de fontaines qui sont dans le parterre de gazon au
bas du Fer-à-cheval parurent trois sources de lumières.
Mille feux sortant du milieu de l'eau, qui, comme furieux
et s'échappant d'un lieu où ils auraient été retenus par
force, se répandaient de tout côté sur les bords du parterre.
Une infinité d'autres feux, sortant de la gueule des lézards,
des crocodiles, des grenouilles, et des autres animaux de
bronze qui sont sur les bords des fontaines, semblaient
aller secourir les premiers, et se jetant dans l'eau sous la
figure de plusieurs serpents, tantôt séparément, tantôt joints
ensemble par gros pelotons, lui faisaient une rude guerre.
Dans ces combats accompagnés de bruits épouvantables,
et d'un embrasement qu'on ne peut représenter, ces deux
éléments étaient si étroitement mêlés ensemble, qu'il était
impossible de les distinguer : mille fusées qui s'élevaient

en l'air paraissaient comme des jets d'eau enflammés ; et l'eau qui bouillonnait de toutes parts ressemblait [57] à des flots de feu et à des flammes agitées.

Bien que tout le monde sût que l'on préparait des feux d'artifice, néanmoins, en quelque lieu qu'on allât durant le jour, l'on n'y voyait nulle disposition, de sorte que dans le temps que chacun était en peine du lieu où ils devaient paraître, l'on s'en trouva tout d'un coup environné. Car non seulement ils partaient de ces bassins de fontaines, mais encore des grandes allées qui environnent le parterre ; et en voyant sortir de terre mille flammes qui s'élevaient de tous côtés, l'on ne savait s'il y avait des canaux qui four-nissent [*sic*] cette nuit-là autant de feux, comme pendant le jour on avait vu des jets d'eau qui rafraîchissaient ce beau parterre. Cette surprise causa un agréable désordre parmi tout le monde, qui, ne sachant où se retirer, se cachait dans l'épaisseur des bocages et se jetait contre terre.

Ce spectacle ne dura qu'autant de temps qu'il en faut pour imprimer dans l'esprit une belle image de ce que l'eau et le feu peuvent faire quand ils se rencontrent ensemble et qu'ils se font la guerre. Et chacun croyant que la fête se terminerait par un artifice si merveilleux, retournait vers le château, quand, du côté du grand étang, l'on vit tout d'un coup le ciel [H][58] rempli d'éclairs, et l'air d'un bruit qui semblait faire trembler la terre ; chacun se rangea vers la grotte pour voir cette nouveauté, et aussitôt il sortit de la tour de la pompe qui élève toutes les eaux[56], une infinité de grosses fusées qui remplirent tous les environs de feu et de lumière. À quelque hauteur qu'elles montassent, elles

---

56   Le premier système hydraulique du château pour abreuver les fontaines du parc, constitué d'un modeste réservoir, était alimenté par une pompe mue par un cheval et tirant l'eau du lac de Clagny. En 1663, fut installé une nouvelle pompe actionnée par deux manèges de chevaux.

laissaient attachée à la tour une grosse queue qui ne s'en séparait point que la fusée n'eût rempli l'air d'une infinité d'étoiles qu'elle y allait répandre. Tout le haut de cette tour semblait être embrasé, et de moment en moment elle vomissait une infinité de feux, dont les uns s'élevaient jusques au ciel, et les autres, ne montant pas si haut, semblaient se jouer par mille mouvements agréables qu'ils faisaient ; il y en avait même qui, marquant les chiffres du roi par leurs tours et retours, traçaient dans l'air de doubles L toutes brillantes d'une lumière très vive et très pure. Enfin, après que de cette tour il fut sorti à plusieurs fois une si grande quantité de fusées que jamais on n'a rien vu de semblable, toutes ces lumières s'éteignirent, et comme si elles eussent obligé les étoiles du ciel à se retirer, l'on s'aperçut que de ce côté-là la plus grande partie ne se voyait plus, mais [59] que le jour, jaloux des avantages d'une si belle nuit, commençait à paraître.

Leurs Majestés prirent aussitôt le chemin de Saint-Germain avec toute la cour, et il n'y eut que Monseigneur le Dauphin qui demeura dans le château.

Ainsi finit cette grande fête, de laquelle si l'on remarque bien toutes les circonstances, on verra qu'elle a surpassé en quelque façon ce qui a jamais été fait de plus mémorable. Car, soit que l'on regarde comme[57] en si peu de temps l'on a dressé des lieux d'une grandeur extraordinaire pour la comédie, pour le souper et pour le bal ; soit que l'on considère les divers ornements dont on les a embellis, le nombre de lumières dont on les a éclairés, la quantité d'eau qu'il a fallu conduire, et la distribution qui en a été faite, la somptuosité des repas où l'on a vu une quantité de toutes sortes de viandes qui n'est pas concevable, et enfin toutes

---

57 Comment.

les choses nécessaires à la magnificence de ces spectacles et à la conduite de tant de différents ouvriers, on avouera qu'il ne s'est jamais rien fait de plus surprenant et qui ait causé plus d'admiration.

Mais comme il n'y a que le roi qui puisse en si peu de temps mettre de grandes armées sur [H ij][60] pied et faire des conquêtes avec cette rapidité que l'on a vue, et dont toute la terre a été épouvantée, lorsque dans le milieu de l'hiver Elle triomphait de ses ennemis, et faisait ouvrir les portes de toutes les villes par où Elle passait[58], aussi n'appartient-il qu'à ce grand prince de mettre ensemble avec la même promptitude autant de musiciens, de danseurs et de joueurs d'instruments, et tant de différentes beautés. Un capitaine romain[59] disait autrefois qu'il n'était pas moins d'un grand homme de savoir bien disposer un festin agréable à ses amis, que de ranger une armée redoutable à ses ennemis ; ainsi l'on voit que Sa Majesté fait toutes ses actions avec une grandeur égale, et que, soit dans la paix, soit dans la guerre, Elle est partout inimitable.

Quelque image que j'aie tâché de faire de cette belle fête, j'avoue qu'elle n'est que très imparfaite, et l'on ne doit pas croire que l'idée qu'on s'en formera sur ce que j'en ai écrit approche en aucune façon de la vérité. L'on donnera au public les figures des principales décorations ; mais ni les paroles, ni les figures ne sauraient bien représenter tout ce qui servit de divertissement dans ce grand jour de réjouissance.

FIN.

---

58   Allusion à la campagne rapide de juin 1667-janvier 1668.
59   Paul Émile, selon Plutarque.

RELATION DE MONTIGNY

Cette relation parut d'abord anonymement ; elle est attribuée à l'abbé Jean de Montigny, confesseur de la reine Marie-Thérèse, qui entra à l'Académie française un an avant sa mort en 1671 ; il avait prononcé l'oraison funèbre d'Anne d'Autriche en 1666. On la trouve dans le volume suivant : Recueil de diverses pièces faites par plusieurs personnes illustres, *publié à La Haye, chez Jean & Daniel Stencker, 1669, in-12, avec des paginations différentes ; notre texte se lit dans la troisième partie. Nous suivons évidemment cette édition, conservée à la BnF (Z-20020).*

Montigny est beaucoup plus rapide, plus superficiel, plus anecdotique en un mot que Félibien ; et il ne dit rien du spectacle théâtral. Mais sa relation laisse bien transparaître l'atmosphère de cette fête de soirée et de nuit, en plein air, au milieu de la verdure et des eaux.

LA
FÊTE DE VERSAILLES

Du 18 *juillet*
1668

À MONSIEUR LE MARQUIS DE LA FÜENTE[60]

Quand vous ne seriez plus aussi sensible aux belles choses que vous l'avez paru autrefois, et quand en vous engageant dans le sacré lien[61] vous auriez renoncé à toutes sortes de fêtes et de galanteries, il serait impossible que vous ne fussiez touché de celle que j'ai à vous conter, et que vous ne reçussiez agréablement une relation que la reine elle-même m'a commandé de vous écrire. Il est vrai, Monsieur, que je ne me trouve pas médiocrement [A2] [4] empêché à dresser l'instruction dont vous avez besoin ; tant d'objets éclatants ont frappé à la fois mon esprit, qu'il ne peut revenir de son éblouissement ; et je connais[62] par expérience qu'il n'en coûte pas tant au roi pour faire des choses extraordinaires, qu'il en coûte aux autres pour les décrire. La surprise et le ravissement ont je ne sais quoi de stupide[63] et de muet ; et telle est enfin la magnificence de Sa Majesté, qu'on a peine à se l'imaginer quand on l'a vue, et plus de peine encore à l'exprimer quand on l'a imaginée.

La scène était à Versailles, et ne pouvait sans doute être mieux ; c'est une maison[64] favorisée, et qui mérite bien de l'être. L'assignation y étant marquée au dix-huitième de ce mois ; on ne peut concevoir le monde qui s'y rendit. Tout ce qu'il y a de personnes de qualité de l'un et l'autre sexe à Paris, et dans les provinces circonvoisines ; plusieurs

---

60 Le marquis de Fuentès était venu en France en qualité d'ambassadeur extraordinaire du roi d'Espagne en 1662.
61 Les liens du mariage, sans doute.
62 *Connaître* : savoir.
63 La surprise et le ravissement rendent hébété (*stupide*).
64 Une demeure royale.

même, qui [5] à la suite du duc de Monmoulth[65] avaient passé la mer, y étaient accourus ; jamais assemblée ne fut si nombreuse, si choisie, ni si parée. Le Roi souhaitant qu'en cette occasion toute la dépense fût pour lui, et que les autres n'en eussent que le plaisir, avait défendu sévèrement toute sorte de clinquants et de dorures. Mais que peuvent les lois contre la mode : c'est une folle, qui trouve le secret de perdre en façons[66] ce qu'on pense lui épargner en étoffe, et qui ne s'échappe jamais tant que lorsqu'elle se sent liée et contrainte.

De tant de dames qui s'y trouvèrent, il n'y en avait qu'environ trois cents qui fussent conviées, et qui dussent avoir l'honneur de manger aux tables du roi ; elles trouvèrent en arrivant tous les appartements du château ouverts, parfumés et prêts à les recevoir. Afin même de ne les pas contraindre, la famille roy[A3][6]ale s'était retranchée dans un des pavillons de la Basse Cour[67] ; on leur laissa le temps de se rafraîchir. Après quoi vers le soir, que[68] la douceur de l'air conviait à la promenade, elles suivirent la reine dans le jardin, où des calèches les attendaient, pour les mener vers un de ces bois qu'on trouve à droite en entrant, qui a quelque chose de plus solitaire et de plus mystérieux que les autres ; la beauté du jour et du lieu, les obligea d'y descendre. C'est une espèce de labyrinthe coupé de plusieurs allées, dont il y en a une plus grande, qui fait la circonférence de cinq autres, lesquelles partant toutes d'un même centre aboutissent dans celle-là, et forment une très agréable étoile. Mille arbres nains, chargés des plus excellents fruits de la

---

65   James Scott, 1° duc de Monmouth, fils illégitime de Charles II d'Angleterre.

66   À côté de la matière – le tissu, *l'étoffe* –, il y a la *façon* – la manière dont le vêtement est fait, la forme et les ornements qu'on lui a donnés.

67   Une des cours intérieures du château.

68   Alors que, au moment où.

saison, bordaient ces allées, embellies dans les cinq angles d'autant de niches semées de fleurs, où reposait quelque divinité champêtre. Au milieu de l'étoi[7]le jaillissait une fontaine, dont le bassin était environné de cinq tables sans nappes ni couverts, où le naturel était si ingénieusement imité, que quelque splendide que fût la collation, elle y paraissait plutôt née que servie.

La première table était bornée, au bout qui tombait sur le bassin, par une montagne moussue, couverte de truffes et de champignons, ayant six entrées garnies de pâtés et de viandes froides, et le reste de la table, comme un fertile vallon, était jonché de salades et de verdures.

La seconde avait pareillement à l'un de ses bouts, comme en perspective, un corps d'architecture de différentes pâtes, et le reste était fourni de tourtes et d'autres pièces de four.

La troisième était terminée par des pyramides de confitures sèches, et le reste de la table figuré comme un parterre régulier, par l'arrange[A4][8]ment des massepains[69] et des compotes.

La quatrième semblait sortir d'un rocher escarpé, où la nature avait commencé à former divers cristaux, et les restes de la table chargés de vases de cristal, pleins de toutes sortes d'eaux glacées.

La cinquième était bornée par des tas de caramels, semblables à ces amas informes d'ambre, que la mer pousse quelquefois au rivage, et la table était couverte de porcelaines remplies de crèmes.

Tout cela, Monsieur, tenait plus de l'enchantement des fées que de l'industrie humaine. En effet personne ne parut en ce lieu quand la compagnie y entra ; on entrevoyait

---

69   *Massepain* : « pâtisserie faite d'amandes pilées, de sucre et de blancs
     d'œufs, colorée, parfumée et façonnée de diverses manières » (*Trésor de
     la langue française*).

seulement au travers des palissades des mains, qui sur des soucoupes très propres présentaient à boire à tous ceux qui en voulaient. On demeura quelque temps suspendu à cet appareil[70]. Mais enfin la tentation l'emportant sur le scrupule, on se mit à manger [9] de toutes ces choses, comme si on ne les avait pas cru enchantées.

On remonta aussitôt dans les mêmes calèches, qui après quelques détours s'arrêtèrent à un édifice d'apparence rustique, qui s'élevant presque à la hauteur des arbres, et n'ayant pour décoration extérieure que la dépouille des forêts et des jardins, effaçait la pompe des palais, et donnait de l'éclat à des choses simples et champêtres. Au temps des druides on l'aurait pris pour le palais où ils rendaient leurs jugements, ou pour le temple des dieux qui présidaient aux forêts. On reconnut en entrant, que c'était un temple destiné pour des spectacles. On y voyait un théâtre, superbe par sa grandeur et par ses ornements ; deux colonnes torses, éclatantes d'or et d'azur, entre lesquelles on avait posé des statues de marbre blanc, soutenaient de chaque côté un très riche plafond extrêmement exhaussé, [A5] [10] pour faciliter le jeu des machines. La scène, le parterre, proprement parqueté, était de quarante pas de long sur 32 de large, le haut-dais[71] planté au milieu avec des amphithéâtres tout autour, qui gémissait[72] sous la foule incroyable des spectateurs. Qui aurait pensé, Monsieur, qu'un ouvrage où il éclatait tant d'ordre, tant d'industrie[73] et tant d'invention, aurait pu être achevé en moins de quinze jours, pour ne durer peut-être que 24 heures ? Qui se serait imaginé que tant de dépense

---

70 *Appareil* : apprêts.
71 *Haut-dais* : « Lieu élevé sur lequel le Roi ou la Reine se mettent dans les cérémonies publiques, soit qu'il y ait un dais dessus, soit qu'il n'y en ait point », dit le *Dictionnaire de l'Académie* (1798).
72 Ce sont les amphithéâtres qui « gémissaient » ; il faudrait le pluriel.
73 *Industrie* : activité ingénieuse.

et de profusion n'eût eu pour but que la gloire d'un jour et la représentation d'une comédie ? La troupe de Molière y en joua une de sa façon, nouvelle et comique, agréablement mêlée de récits et d'entrées de ballet, où Bacchus et l'Amour, s'étant quelque temps disputé l'avantage, s'accordaient enfin pour célébrer unanimement la fête.

La nuit cependant s'était beau[11]coup avancée. Elle qui arrête tous les travaux de la nature, n'est pas ennemie des plaisirs ; elle ne gâta rien par sa venue. On la trouva paresseuse plutôt que pressée ; on en bénit les ombres, soit pour leur fraîcheur, qui passait l'ordinaire[74] de la saison, soit pour leur obscurité, qui rehaussait l'éclat des parures, soit enfin parce qu'elles amenaient avec elles l'heure du souper, que la faim avait déjà prévenue[75]. On ne songeait plus qu'à la satisfaire ; mais on crut bien que Sa Majesté n'y songeait pas, quand elle convia la compagnie d'aller, à l'heure qu'il était, à l'autre côté du jardin, visiter une espèce de palais enchanté, d'une structure aussi rare et aussi singulière que les faiseurs de romans en aient jamais imaginée.

Ses murs étaient tapissés en dehors d'un tissu de feuillages verdoyants, et en dedans tout riait aux yeux par la diversité, qui était jointe avec la symétrie : huit portiques de [A6][12] plus de 40 pieds de haut, et 16 fenêtres, ornées de festons, ouvraient de tous côtés un vaste salon de figure ronde ; des pilastres, qui paraissaient de porphyre, et dont les corniches dorées étaient un plafond à l'italienne, enrichi de certaines grotesques, à qui une lumière extérieure et cachée donnait une vivacité surprenante. Tout cela était couronné d'un dôme admirablement bien peint, où au travers de quelques nuages d'or, mêlés de gros bouillons d'argent, éclatait un azur céleste, qu'on discernait avec peine, et qu'on regardait

---

74   Qui dépassait la fraîcheur ordinaire.
75   *Prévenir* : devancer.

avec plaisir. Tout autour du salon, d'espace en espace, trois bassins en forme de coquilles, élevées l'une sur l'autre, où l'eau formait diverses cascades, tempéraient doucement le feu que jetaient des girandoles d'argent et plus de 60 lustres de cristal, qui pendaient du plafond à différentes hauteurs. À trois de ces portiques, que nous avons [13] marqués, répondaient autant de cabinets[76], où sur des crédences à plusieurs étages paraissaient étalés les tours des cuvettes[77], ces profondes bures[78], ces liviers[79], ces plaques et tant d'autres chefs-d'œuvre d'orfèvrerie, qui n'ont point d'autres usages dans les festins que d'éblouir les conviés et de faire éclater la magnificence du maître. Au milieu des salons s'élevait un des rochers du Parnasse, sur les point[e]s duquel les Muses,

---

76 *Cabinets* : espaces séparés où était exposée l'orfèvrerie.

77 Furetière et Richelet donnent une définition semblable de la *cuvette*, ce vaisseau de diverses matière, « large au fond, d'un grand pied de bord, et long de deux pieds, ou environ » (Richelet) ; voici celle de Furetière : « Petit vaisseau en forme de cuve, fait de cuivre, d'argent, etc., qu'on met dans les lieux où on mange, auprès d'un buffet, pour y jeter les eaux sales et superflues et pour tenir le lieu propre ».

78 *Bure* : « Vase de cuivre, d'argent ou de verre, en forme de cruche, muni d'une anse et d'un bec » (*Grand Larousse de la langue française* de 1971) ; on disait aussi *buire*.

79 Ce mot, qu'on trouve bien dans l'édition originale, est inconnu aussi bien des dictionnaires anciens que des dictionnaires modernes. Madame Michèle Bimbenet-Privat, Conservateur générale des Objets d'art au Louvre, veut bien me faire savoir qu'il est aussi inconnu en orfèvrerie ; elle suggère une erreur du prote qui aurait composé *liviers* pour éviers – ces vasques dans lesquelles on mettait les bouteilles à rafraîchir. C'est une solution. Une meilleure s'impose quand on revient au manuscrit de la Relation de Montigny (dans le Recueil Conrart, t. IX, p. 1112) : ce manuscrit (qui présente d'autres divergences avec l'état imprimé) porte clairement, au lieu de *ces liviers* : « *ces civières* », qui nous mènent en pays connu. En effet, il s'agit de petits brancards pour le transport ; je cite ce que m'écrivit Mme Bimbenet-Privat, qui préfère évidemment cette solution : « Parmi les premiers ouvrages du mobilier d'argent figuraient 24 brancards, précisément, qui servaient à transporter les 24 grands bassins dont l'orfèvre Claude Ballin avait commencé la confection ».

en relief d'argent, paraissaient méditer les louanges de leur héros, [pendant] que Pégase, aux ailes étendues, semblait prêt à porter par toute la terre des sources, qui par la violence d'une ruade s'étaient ouvertes sous ses pieds, et qui au travers des cavités du rocher tombaient tantôt en pluies, tantôt en ruisseaux, excitaient un murmure agréable, propre à faire rêver des gens, qui n'eussent eu rien de mieux à faire. Cet endroit, si vanté par les poètes, était [14] environné d'une table à 80 couverts, éclairée de cent petits flambeaux de cristal, et servie du plus grand souper du monde[80], qui fut toujours égayé par la symphonie[81] ; quatre-vingts des dames conviées eurent l'honneur d'y manger avec le roi. Je vous en mettrai les noms à la fin de cette relation, qui pourront rafraîchir dans votre mémoire quelque idée qui ne vous sera peut-être pas encore indifférente.

Pour éviter la confusion parmi tant de personnes priées, on les avait partagées en neuf bandes, à chacune desquelles sa Majesté avait préposé quelque dame principale pour chef, et autant de ses gentilshommes ordinaires[82] pour guide ; chaque chef de quadrille eut soin de régaler la sienne à une table particulière.

La première était tenue par la reine, où ne mangèrent que les princesses du sang.

La deuxième, de 20 couverts, [15] par Mme la comtesse de Soissons.

La troisième, de 20 couverts, par Mme la princesse de Baden.

La quatrième, de 40 couverts, par Mme la duchesse de Montausier.

---

80   Comprendre que sur cette table était servi la plus grand souper du monde.

81   Par la musique de l'orchestre.

82   Un *gentilhomme ordinaire* transmet les ordres du roi.

La cinquième, de 20 couverts, par Mme la duchesse de Créquy.

La sixième, de 20 couverts, par Mme la maréchale de La Motte.

La septième, de 20 couverts, par Mme la maréchale d'Humières.

La huitième, de 60 couverts, par Mme la maréchale de Bellefonds.

La neuvième, de 20 couverts, par Mme la comtesse de Béthune.

Outre ces tables, qui n'étaient que pour les dames conviées, il y en avait encore plusieurs autres dans diverses allées, où purent manger tous ceux qui en avaient envie ; et dans la grotte, que vous savez être le plus bel endroit de Versailles, on avait dressé trois tables, de 20 couverts [16] chacune, pour régaler Messieurs les ambassadeurs. On s'aperçut bien, Monsieur, que vous y manquiez tant pour la gloire du régale[83], que pour votre propre satisfaction. Ami de la magnificence comme vous êtes, vous en auriez été plus touché qu'un autre. Ne mettez pas toutefois cela au nombre de vos malheurs : si vous saviez de quelle part vous y avez été souhaité[84], vous seriez bientôt consolé du plaisir que vous avez perdu, et l'honneur du souvenir de Leurs Majestés vous tiendrait aisément lieu de toutes les fêtes du monde.

La bonne chère, Monsieur, n'inspire pas ordinairement des pensées mélancoliques : la gaité brillait sur tous les visages, le cœur en cachait encore davantage ; la soirée était fraîche, on eût été ravi de danser. Dans cette disposition le roi fit marcher la compagnie vers un superbe salon, où les

---

83   Comprendre : votre absence manquait à l'éclat du festin (*régale*)
84   C'est-à-dire *regretté*.

ordres[85] était si régu[17]lièrement observés, les ornements si naturels et si pompeux, le plan si vaste et si nouveau, qu'il était aisé de juger que ce devait être l'ouvrage de l'architecte du Louvre[86], c'est-à-dire d'un homme accoutumé aux grands desseins et aux plus nobles idées.

Imaginez-vous, Monsieur, un spacieux octogone de 40 pas de diamètre, ouvert de quatre côtés par autant de portiques, entre lesquels on avait creusé, comme dans l'épaisseur des murs, six profondes grottes, où étaient posés des châteaux[87] pour les spectateurs oisifs et pour les violons. Les statues des plus fameux musiciens ornaient les angles de la salle, et au-dessous s'élançaient autant de pieds[88] d'eau, qui retombant dans les eaux de plomb[89], le plafond à l'italienne brillait de ces agréables nuances, que le soleil a accoutumé de peindre en se levant. Le salon avait pour issue une galerie de 60 pas de [18] long, ornée de verdure et de figures plates, que l'art de la perspective relevait merveilleusement aux yeux. Dans l'enfoncement on découvrait un masque énorme accompagné de deux chiens marins, qui tous ensemble dégorgeaient un fleuve entier, qui tombant dans de larges coquilles, s'étendait en nappes et formait, à chaque côté de la galerie, une cascade de trente jets d'eau, puis semblable à un torrent venait se précipiter dans une espèce de lac qui battait au pied du salon, et qui

---

85 Il s'agit très probablement, non de l'arrangement général du salon, mais des *ordres* au sens architectural (proportions et ornements qui distinguent la colonne et l'entablement dans la construction des édifices).

86 Au long des siècles, nombre d'architectes participèrent à la construction et aux réaménagements du palais du Louvre. À l'époque ici en question, des projets furent proposés par Louis Le Vau, Charles Le Brun, Claude Perrault..., et même, en vain, par le célèbre Italien Le Bernin.

87 Des espaces construits et aménagés où pouvaient s'installer spectateurs ou musiciens.

88 Il s'agit de la mesure de longueur.

89 Syntaxe très relâchée : la relative n'a point de verbe et reste en suspens.

semblait l'aller inonder sans des gouffres souterrains qui en détournaient loin de là le déluge et le danger.

Je ne vous parlerai point de l'ordre ni de la pompe du bal, ni de l'éclat, ni de la grâce de Leurs Majestés, de la beauté ni de la parure des personnes qui dansèrent ; je ne me mêle de peindre que des paysages, et des feuillées[90], et je suis bien aise de vous laisser à penser[91] quelque chose qui vous plaise.

[19] Vous le savez, Monsieur, les plaisirs ont beau être naturels, il faut de l'art pour les conduire ; leur instinct ne doit pas toujours être leur règle, ils se détruiraient eux-mêmes, si on les laissait faire leur philosophie[92] ; car enfin ils en ont une qui ne permet pas qu'on les épuise. Il faut les quitter avec regret, et non pas avec lassitude. Le roi la sut prévenir en finissant le bal plus tôt qu'on n'aurait voulu ; on se leva donc avec Sa Majesté, et personne ne songea plus qu'au repos et à la retraite.

Mais à peine fut-on sorti de l'épaisseur du bois et parvenu au premier parterre, où nous n'avions vu un moment aupa-ravant que des eaux et des fleurs, que nos yeux furent tout à coup frappés de la plus étrange et de la plus prodigieuse illumination que l'on puisse jamais imaginer. L'ordre de la nature paraissait confondu : il semblait que les ténèbres tombassent du ciel, et que le [20] jour sortît de la terre ; une morne et éblouissante lueur faisait resplendir toute la contrée circonvoisine, sans que nulle fumée épaissît l'air, sans que nul pétillement de flamme ni d'étincelles rompît le silence de la nuit. Le long de l'allée principale du jardin paraissait une légion de géants immobiles, et intérieurement enflammés ; à toutes les fenêtres du château s'avançaient

---

90   *Feuillée* : construction faite ou couverte de feuillage.
91   À imaginer.
92   Si on laissait les plaisirs aller selon leur gré naturel.

de grands fantômes lumineux et flambants, qui sans se
consumer paraissaient pénétrés d'un feu plus vif et plus
ardent que n'est le feu élémentaire[93]. Tout le fer à cheval
qui est du côté du jardin, toute la balustrade qui règne
autour du fossé, étaient bordés d'urnes luisantes et de globes
pareils à celui de la lune lorsque dans son plein on la voit
comme allumée d'un feu rougeâtre s'élever sur l'horizon.

Ce spectacle, terrible et surprenant, troublait les regards
et les occupait. Il y a des horreurs qui plai[21]sent, et l'âme
avide de nouveauté se repaît de ce qui l'étonne. Comme
on était avidement attaché à ces visions, on fut tout à coup
réveillé par des éclats de tonnerre souvent redoublés, accompagnés d'une infinité d'éclairs et de feux, qui s'élançant
tantôt vers le ciel comme des fusées, tantôt dans les airs
comme des étoiles qui s'éclateraient en pièces, tantôt dans
un rond d'eau où ils se rallumaient au lieu de s'éteindre,
tantôt contre la terre comme des serpenteaux, augmentaient
l'horreur des ténèbres en les dissipant, et semblaient menacer
l'univers de son dernier embrasement. Mais, Monsieur, on
reconnut bientôt l'ingénieuse imposture de ces fantômes
de lumières, qui nous avaient éblouis de ce tonnerre arti-
ficiel qui nous avait étonnés. On jouit agréablement de ce
spectacle jusques à ce que l'aurore, commençant à poindre,
semblât donner à tout le monde le signal de [22] la retraire ;
et c'est, Monsieur, ce qui couronna heureusement cette
galante et magnifique fête, dont Sa Majesté semble avoir
voulu régaler ses sujets, pour leur faire goûter les premiers
prémices de la paix qu'il vient de leur donner, et pour leur
faire entendre qu'il borne désormais son ambition à assurer
le repos, et à épandre la joie par toute le terre.

---

93 Le *feu élémentaire* est une des quatre substances pures que distinguait
     l'ancienne chimie.

TABLE DU ROI

Mesdames les duchesses d'Angoulême.
Madame la duchesse d'Elbeuf.
Mademoiselle d'Elbeuf.
Madame la duchesse de Nemours.
Madame la princesse de Mecklebourg.
Madame et Mlle de Virtemberg.
Madame la duchesse de Bouillon.
Madame la princesse de Monaco.   [23]
Madame la duchesse de Saint-Simon.
Madame la duchesse de Richelieu.
Madame la duchesse de La Vallière.
Madame la duchesse de Vitry.
Madame la maréchale de Villeroy.
Madame la maréchale de La Ferté.
Madame la maréchale de Clérambault.
Madame la maréchale de Castelnau.
Madame la maréchale de Grancey.
Madame la maréchale de L'Hospital.
Madame la grande maréchale de Pologne.
Madame la duchesse de Richemont.
Madame la marquise de Villeroy.
Madame la marquise de La Vallière.
Madame la marquise de Castelnau.
Madame la comtesse de Fiesque.
Madame et Mademoiselle d'Albert.
Madame de Broglio.
Madame de Brancus.
Madame de Louvigny.
Madame de Comminge.
Madame de Fienne.   [24]
Madame de Maré.

Mademoiselle de Mannicamp.
Madame de La Fayette.
Madame et Mademoiselle de Sevigny.
Madame de Thiange.
Mademoiselle de Barelle.
Mademoiselle de Tresmes.
Madame de Vallavoir.
Madame d'Avaux.
Madame du Bailleul.
Madame de Bordeaux.
Madame de Bignon.
Madame de Bonnelle.
Madame de Goulange.
Madame de Villeucest.
Madame de Fieubet.
Madame de Fontenay Ortemant.
Madame de Hamraux.
Madame Daubary.

TABLE   [25]

DE LA REINE

Madame Mme la duchesse d'Orléans.
Mademoiselle sa fille.
Madame Mme la duchesse de Guise.
Madame Mme la Princesse.
Madame Mme la princesse de Carignan.

TABLE

DE MADAME *la comtesse de Soissons.*

Madame la comtesse d'Auvergne.
Madame la duchesse de Duras.

Mademoiselle de Duras.

Madame Daluy.

Madame de Flavacour.

Madame de Vertamont.

Madame de Sourdy.

Madame et Mademoiselle Doradou.

Madame de Herjan.

TABLE　　　　　　　[B][26]

DE MADAME *la princesse de Baden*

Madame la princesse de Soubize.

Madame la duchesse de Chevreuse.

Madame Colbert.

Madame Colbert l'ambassadrice d'Angleterre.

Madame de Piennes.

Madame Démarest.

Madame de Saumery.

Madame de Monbron.

Madame de Jonsac.

Madame de Nerestan.

Mademoiselle de Launay.

Madame et Mademoiselle de Saint-Maurice, ambassadrice de Savoie.

Madame de Refuge.

Mademoiselle de Fontaines.

Madame la comtesse de Roye.

Madame de Saint-Martin.

TABLE　　　　　　　[27]

DE MADAME *la duchesse de Montausier*

Madame la princesse d'Harcourt.

Madame la duchesse de Rohan.

Madame la comtesse de Crussol.

Madame de Montespan.

Madame de Gesures.

Madame de Saucour.

Madame de Froulé.

Madame de Rouvroy.

Mademoiselle de Coëtlogon.

Mademoiselle de Longueval.

Mademoiselle de Saint-Gelais.

Mademoiselle de La Marq.

Madame la marquise de Crussol.

Madame Dudicourt.

Madame Mme de Nogent.

Mademoiselle d'Aucourt.

Mademoiselle de Fauseuse.

Madame la marquise de Roquelaure.   [B2][28]

Madame la comtesse Du Plessis.

Mademoiselle Chabot.

Mademoiselle Du Bellay.

Madame du Ludes.

Madame Sanguin.

Mademoiselle de Sourdy

Mademoiselle Du Coudray.

Madame de Mirepoix.

Madame et Mlle de Rarré.

Mademoiselle de Scudéry.

Madame Scarron.

Madame Marsé.

Madame de Beaumelets.

Madame de Bretonvilliers.

Madame Tallemant.

Madame de Verneuil.
Madame de Vaux.

TABLE
DE MADAME *la maréchale de la Motte*

Madame la princesse d'Espinoy.
Madame la maréchale Du Plessis.   [29]
Madame la comtesse de Grammont.
Madame la marquise de Coasquin.
Mademoiselle de Toussy.
Mademoiselle de La Motte.
Madame de Périgny.
Madame de Marillac.
Mademoiselle de Roquelaure.
Mademoiselle de Richelieu.
Mademoiselle de Govesleau.
Mademoiselle de Brogle.
Madame Du Fresnoy.
Madame de Moraisan.
Madame de Ricourt.
Madame de Dreux.

TABLE
DE MADAME *la duchesse de Créqui*

Madame la princesse de Coaslin.
Madame Du Rovre.
Madame et Mlle Doually.
Madame de Sourche.
Madame de La Falure.   [B3][30]
Mademoiselle de La Malmaison.
Madame et Mademoiselle de Bouts.

Madame et Mademoiselle de Saintot.
Madame et Mademoiselle Maillot.
Madame de Syran.
Madame Desruaux.

TABLE
DE MADAME *la maréchale d'Humières*

Madame de Rembures.
Madame la comtesse d'Olonne.
Mademoiselle Faber.
Madame Laré.
Madame de Forcourt.
Madame et Mademoiselle de Sainte-Mesme.
Mademoiselle de L'Hospital.
Mademoiselle de Sales.
Mademoiselle de Bussi Lamet.
Madame de Saint-Lou.
Madame de Chauvry.

TABLE   [31]
DE MADAME *la maréchale de Bellefonds*

Madame la marquise de Villars.
Madame de Rosmade.
Madame Du Chastel.
Madame de La Boulaye.
Mademoiselle de Beaucé.
Madame de Beauchel.
Mademoiselle de Kerfily.
Madame et Mademoiselle de Villeregy.
Madame de Saint-Gilles.
Madame et Mademoiselle de Beringhen.

Madame de Grieux.

Madame de Granges.

Mademoiselle de Minuer.

Mademoiselle d'Aquest.

Madame Benoist.

Madame et Mademoiselle de La Fuie.

Madame de Bechamel.   [B4][32]

Madame Le Camus.

Mademoiselle Serrat.

Mademoiselle de La Martinière.

Madame de Pirut.

Madame de Kergré.

Mademoiselle de Canillac.

Madame Perrault.

Madame de Pluvaux.

Madame de Joyac.

Madame Buar.

Madame Galland.

Madame de Laitre.

Madame Du Sel.

Mademoiselle Du Boulley Favie.

Madame Brault.

TABLE
DE MADAME *la comtesse de Béthune*

Madame la duchesse de Saint-Agnan.

Mademoiselle de Saint-Agnan.   [33]

Madame de Rouville.

Madame la comtesse de Béthune.

Madame de La Baulme.

Madame Despoisse.

Mademoiselle de Chavigny.

Mademoiselle Danguien.
Madame la comtesse de Guiche.
Madame de Senais.
Madame la comtesse de Claire.
Madame de Saint-Martin.
Madame Piçon.
Madame Daquin.
Madame de Monceaux.
Mademoiselle Dorgeval.
Madame Desembré.
Madame de La Voche, etc.

INDEX NOMINUM[1][2]

---

1   On trouvera ici tous les noms propres, anciens ou modernes, cités dans l'ouvrage, à l'exception des 212 noms des convives féminines invitées aux dix tables dressées, sur ordre du roi, pour le souper de la fête de Versailles, en juillet 1668 (*Grand Divertissement royal de Versailles*), dont la liste est dressée par Montigny dans sa Relation.

2   Les critiques contemporains sont distingués par le bas-de-casse.